FICHTE-STUDIEN

Fichte-Studien

Beiträge zur Geschichte und Systematik der Transzendentalphilosophie

Begründet von Klaus Hammacher, Richard Schottky (†) und Wolfgang Schrader (†)

Band 25

im Auftrage der Internationalen Johann-Gottlieb-Fichte-Gesellschaft

herausgegeben von

Marco Ivaldo (Neapel)
Hartmut Traub (Mülheim an der Ruhr)

Jörg Jantzen / Thomas Kisser / Hartmut Traub (Hrsg.)

Grundlegung und Kritik

Der Briefwechsel zwischen Schelling und Fichte 1794 – 1802

Dokumentation zur Lektüretagung der
Internationalen Schelling-Gesellschaft in Zusammenarbeit mit
der Internationalen Johann-Gottlieb-Fichte-Gesellschaft
in Leonberg 2003

Amsterdam - New York, NY 2005

Die *Fichte-Studien* erscheinen in unregelmäßiger Folge. Publikationssprachen sind Deutsch, Englisch und Französisch.

Adressen des Vorsitzenden des Wissenschaftlichen Beirats und der Herausgeber

Dr. Hartmut Traub
Dimbeck 52
D-45470 Mülheim an der Ruhr

Prof. Dr. Marco Ivaldo
Dipartimento Filosofia
Via Porta di Massa
I-80133 Napoli

Prof. Dr. Jörg Jantzen
PD Dr. Thomas Kisser
Philosophie-Department der
Ludwig-Maximilians-Universität
Geschwister-Scholl-Platz 1
D-80539 München

Für den Rezensionsteil der *Fichte-Studien* zuständig:

PD Dr. Christoph Asmuth
Technische Universität Berlin
Ernst Reuter Platz 7
D-10587 Berlin

Manuskripte werden erbeten an die Adresse von Hartmut Traub.

Typographie und Satz: Holger Ostwald (Duisburg)

ISBN: 90-420-1667-1
ISSN: 0925-0166

The paper on which this book is printed meets the requirements of »ISO 9706:1994, Information and documentation – Paper for documents – Requirements for permanence«.

Printed in the Netherlands

Inhalt

Zur Diskussion

Rezensionen

Vorwort der Herausgeber

Der vorgelegte Band 25 der Fichte-Studien dokumentiert die erste gemeinsame Tagung der Internationalen Schelling-Gesellschaft und der Internationalen Johann-Gottlieb-Fichte-Gesellschaft. Die Tagung fand vom 11. bis 13. September 2003 in Leonberg, dem Geburtsort Schellings, statt. Damit kommt die Verbundenheit insbesondere der Internationalen Schelling-Gesellschaft zur Stadt Leonberg zum Ausdruck, die sich in beispielhafter Weise um das Andenken ihres Sohnes Friedrich Wihelm Joseph Schelling bemüht und die nicht abreißende Arbeit an der Philosophie Schellings unterstützt.

Der Titel der Tagung zum Briefwechsel zwischen Schelling und Fichte 1794 – 1802 lautete: *Grundlegung und Kritik*. Damit sollte das Problem eines philosophischen Gespräches angedeutet werden, in dem sich zunehmend unterschiedliche fundamentale Standpunkte verdeutlichen, ja, zum Teil erst herausbilden und dieses Gespräch so unter die paradoxe Bedingung stellen, dass der gemeinsame Boden, der für ein Gespräch nötig scheint, gerade verlassen wird. Zu fragen war, ob und inwieweit aus der jeweiligen Position heraus noch eine Wahrnehmung der anderen ebenso fundamentalen Position und ein Gespräch mit ihr möglich ist. Tatsächlich entwickeln sich die Positionen Fichtes und Schellings in der zunehmenden Abgrenzung im Gespräch des Briefwechsels selbst weiter, so dass sich auf beiden Seiten ein produktives und kreatives Moment zeigt. Im Gegenzug dazu bauen beide Denker den Grundlegungsaspekt ihrer Philosophien aus, der eine durchaus konsequente Tendenz zur Einarbeitung, ja Vereinnahmung des jeweils anderen Standpunktes ergibt. Die Aufgabe, den Briefwechsel auf diese Gesprächssituation einerseits und auf die Dimension und die Entwicklung der Transzendentalphilosophie und die Anfänge der Systembildungen des Deutschen Idealismus andererseits hin zu befragen, wurde in den hier abgedruckten Vorträgen unter verschiedenen sachlichen und systematischen, wie unter Entwicklungsgesichtspunkten verfolgt. In gewissem Sinne stellt sich die Frage nach dem Verhältnis der beiden Positionen in ungebrochener Aktualität und verleiht der systematischen und historischen Beschäftigung mit dem Briefwechsel seine Bedeutung. Die komplexe Problemstellung betrifft dabei nicht nur die philosophischen Standpunkte im engeren Sinne, sondern reicht darüber hinaus in die tiefgreifende geistesgeschichtliche Wende um 1800, die in den Werken Fichtes und Schellings ja entscheidend mitgestaltet wird und unser Denken nach wie vor prägt. So stellte die Tagung auch einen vielversprechenden Anfang und eine Perspektive für eine weitere Zusammenarbeit der Gesellschaften dar.

Unser besonderer Dank gilt der Stadt Leonberg für die Gastfreundschaft und der Geschäftsführerin der Internationalen Schelling-Gesellschaft, Frau Ute Schönwitz M.A., für die gelungene Organisation und Betreuung der Tagung, sowie den Herausgebern und der Redaktion der Fichte-Studien für die Aufnahme in die Reihe.

Die beiden Aufsätze von Petra Lohmann und Thomas Kisser zur Rolle von Kunst und Ästhetik bei Fichte und bei Schelling wurden nicht auf der Tagung selbst gehalten.

Neben der Tagungsdokumentation enthält der Band einen Editionsbericht über die laufende Arbeit an der kritischen Edition der Werke Friedrich Heinrich Jacobis bei der Bayerischen Akademie der Wissenschaften, den Bericht einer Reise zum Kongress der Russischen Fichte-Gesellschaft in Ufa, eine Erklärung von Prof. Potepa sowie Rezensionen.

Die Herausgeber

Einleitung

Wilhelm G. Jacobs (München)

Im Zeitalter höchstentwickelter Telekommunikation dürfte es schwierig sein, die Bedeutung, die Briefwechsel vor zweihundert Jahren gehabt haben, einzuschätzen. Der Brief ist seinerzeit das einzige Mittel der Telekommunikation. Es gibt nur eine Weise der Beförderung der Briefe, nämlich durch Boten, entweder zu Fuß oder zu Pferde, respektive mit dem Pferdewagen. Je nach der Entfernung der Orte voneinander, war ein Brief eine Woche oder länger unterwegs. Zudem war das Reisen beschwerlich. Fichte ging zu Fuß von Leipzig nach Zürich, als er dort eine Stelle als Hauslehrer erhielt. Er hätte auch reiten oder mit der Postkutsche fahren können, wenn er damals das Geld dazu gehabt hätte. Unsere modernen Transportmöglichkeiten gab es nicht. Man konnte also nicht schnell einmal irgendwo hin reisen, um ein Gespräch zu führen. Unter diesen Umständen sahen sich Briefpartner oft ein Leben lang überhaupt nicht. So hat Fichte seine Briefpartner Jacobi und Reinhold nie gesehen. Diese Distanz von Briefpartnern voneinander führte dazu, daß man sich ein Bild vom Partner, welches aber nicht unbedingt der anderen Person entsprechen mußte, machte.

Es ist ferner zu bedenken, daß ein Brief nicht zu jeder Zeit dieselbe Funktion hatte. Spinozas und Leibnizens Briefe sind wissenschaftliche Mitteilungen. Daher können sie auch ohne weiteres abgeschrieben und dritten Personen zugänglich gemacht werden. Das ist im spätesten 18. Jahrhundert anders. Der Brief wird zur persönlichen Mitteilung, ja geradezu zum Herzenserguß. Zudem findet er Eingang in die Literatur, sowohl in die schöne als auch in die wissenschaftliche. Jacobis »Allwill« ist ein

Briefroman und sein Buch »Über die Lehre des Spinoza« fährt im Titel fort »in Briefen an den Herrn Moses Mendelssohn«. Auch einer der Briefpartner dieses Bandes, Schelling, veröffentlichte 1795/96 »Philosophische Briefe über Dogmatismus und Kriticismus«. Die literarische Karriere des Briefes dürfte nicht ohne Rückwirkung auf den privaten Brief geblieben sein.

Soviel ist jedenfalls klar: Briefe, die um 1800 herum geschrieben sind, haben eine andere Bedeutung als unsere heutigen, und sie sind kaum verständlich, wenn man nicht ihren Sitz im Leben berücksichtigt. Wenden wir uns also kurz den Biographien zu.

Der erste Brief datiert vom 26. September 1794; der Tübinger Student der Theologie, Magister Schelling, übersendet dem Jenenser Professor supernumerarius Fichte sein Büchlein »Ueber die Möglichkeit einer Form der Philosophie überhaupt«. Fichte war zuvor zweimal in Tübingen gewesen, zuletzt im Frühjahr auf der Reise von Zürich nach Jena. Die Interpreten streiten sich, ob Schelling Fichte gesprochen hat oder nicht. Der Brief jedenfalls nimmt keinerlei Bezug auf eine persönliche Begegnung. Ein Antwortbrief Fichtes liegt nicht vor; es ist wenig wahrscheinlich, daß es einen gegeben hat; es wäre anzunehmen, daß Schelling Hegel, der damals von Bern aus mit ihm korrespondierte, davon Mitteilung gemacht hätte; eine solche Mitteilung gibt es nicht.

Der Briefwechsel wird erst im Jahr 1799 fortgeführt, nun allerdings dichter. Schelling hatte inzwischen sein Studium abgeschlossen und war als Hofmeister zweier junger Adeliger nach Leipzig gezogen, wo er vom Frühjahr 1796 bis zum Sommer 1798 blieb. In Leipzig hatte Fichte ihn im Oktober 1797 besucht, ihn aber auf dem Krankenlager angetroffen.[1] Wiedergesehen hatten sich beide dann in Dresden beim sogenannten Romantikertreffen im September des folgenden Jahres, kurz bevor Schelling nach Jena kam.[2]

Bald nach Schellings Ankunft in Jena begann der Atheismusstreit mit der Konfiskation desjenigen Heftes des »Philosophischen Journals«, in dem sich Fichtes Aufsatz »Ueber den Grund unsers Glaubens an eine göttliche WeltRegierung« befand. Der Streit endete im April 1799 mit Fichtes Entlassung. Beide Philosophen waren in dieser Zeit auf unterschiedliche Weise sehr belastet. Für Fichte trat neben die Lehrtätigkeit die Abfassung und Publikation seiner Streitschriften. Schelling wiederum hatte seine Vorlesung zu halten; damit die Hörer diese nicht mitzuschrei-

1 Fichte im Gespräch 5, 265.
2 Fichte im Gespräch 5, 269.

ben brauchten, gab er sie zugleich zum Druck und lieferte sie bogenweise an seine Hörer aus. Zudem scheint es, daß schon um diese Zeit die Liebe zwischen Caroline Schlegel und Schelling entstand. Beide Philosophen waren also von ihren eigenen Problemen reichlich in Anspruch genommen.

Anfang Juli 1799 reiste Fichte von Jena nach Berlin und blieb dort bis zum Dezember. Dann kehrte er nach Jena zurück, um die Übersiedlung nach Berlin zu organisieren. Im März 1800 siedelt die Familie um. Mit Fichtes Weggang aus Jena setzt der Briefwechsel zwischen Fichte und Schelling mit einem Brief Fichtes aus Berlin an Schelling in Jena vom 20. Juli 1799 wieder ein. Fichte scheint einiges Zutrauen zu Schelling gehabt zu haben. Am 22. Mai 1799 schreibt er an Reinhold bezüglich des Atheismusstreites »Edel hat in meiner Sache *Schelling* [...] sich genommen.«[3] An anderen läßt er dagegen kein gutes Haar. Daß Schelling wenig später an seine Seite trat, als Kant sich öffentlich von Fichte distanzierte, dürfte Fichtes Zutrauen gemehrt haben. Schelling hatte sich philosophisch auch nicht so rückhaltlos zu Fichte bekannt wie Reinhold. Daß dieser sich alsbald zu Bardilis Philosophie wandte, dürfte Fichte gekränkt haben. Auch in diesem Fall stand Schelling zu Fichte. Die Differenzen, die zwischen dem Denken beider bestanden, waren ihnen zwar bewußt, wurden aber noch nicht als trennend wahrgenommen.

Diese Differenzen zeigen sich uns heutigen auch nicht festgelegt. Jeder von beiden Philosophen war in einer Phase der Entwicklung seines Systems, wie man seinerzeit sagte. Für Fichte war mit dem Atheismusstreit die Frage, wie er es mit Gott und der Religion halte, dringlich geworden. Sie trieb ihn zu seinen späteren Wissenschaftslehren. Einen Abschluß fanden seine Reflexionen in der Gestalt, welche die Wissenschaftslehre 1804 zeigt. Schelling wiederum hatte seine Naturphilosophie zu einem ersten Abschluß gebracht, dieser die Transzendentalphilosophie gegenübergestellt und sah sich nun genötigt, deren Einheit zu bedenken. Damit trieb ihn sein Denken in die Identitätsphilosophie. Aus der Unsicherheit bzgl. des je eigenen Denkens mag sich neben anderem die Gereiztheit des Tones erklären, welche die letzten Briefe spüren lassen. Man war jeweils schon weiter, als der Briefpartner wissen konnte. Es ist verständlich, daß sich keiner von beiden auf einen Standpunkt festlegen lassen wollte, den er gerade weiterentwickelt hatte. Ausführliche Gespräche hätten hier vielleicht helfen können; sie waren aber nicht möglich. So

3 GA III, 3, 259.

stand der Briefwechsel, bzw. die Auseinandersetzung unter einem ungünstigen Stern.

Weil man sich in der Philosophie nicht einig war, konnte man sich auch nicht auf ein Zeitschriftenprojekt, von dem im Briefwechsel viel die Rede ist, einigen. Es scheint so zu sein, daß der Atheismusstreit die Schlegels, Schelling und andere aufgeschreckt hat. Es sieht so aus, als sollte die geplante Zeitschrift durch Aufklärung des Publikums zunächst dessen Bewußtsein ändern, damit dann auch die Verhältnisse geändert würden. Der von Fuhrmans sogenannte große Zeitschriftenplan mußte aber scheitern, weil die Beteiligten ganz selbstverständlich ihre Vorstellung von einer Zeitschrift, von wahrer Philosophie und Aufklärung als die einzig mögliche annahmen. An ein Minimalkonzept dachte niemand. So geisterte der Plan durch die Briefe; weiter kam er nicht.

In diesem Band soll vom Zeitschriftenplan ebenso wie von der persönlichen Seite des Verhältnisses nur zu Beginn die Rede sein. Vor allem werden in den Beiträgen die philosophischen Probleme diskutiert. Es sind zentrale Probleme des Deutschen Idealismus. Allerdings sind sie Probleme, die an einem bestimmten Ort der philosophischen Entwicklung sowohl überhaupt als auch besonders der beiden Denker formuliert wurden. Wenn aber, wie angeführt, die Denker selber noch auf dem Wege sind, so kann hier keine Diskussion über die Philosophie Fichtes und Schellings im Ganzen stattfinden. Beide hatten noch Zeit, ihre Philosophie zu durchdenken, Fichte mehr als zehn, Schelling gar mehr als fünfzig Jahre. Die Auseinandersetzung zwischen der ganzen Philosophie beider bleibt uns vorbehalten, wenn wir sie denn führen wollen.

Über die Freundschaft

Vier Bemerkungen zum Briefwechsel zwischen Schelling und Fichte

Hartmut Traub (Mülheim an der Ruhr)

Für meinen Freund Manfred

Mit Blick auf die inhaltlichen Schwerpunkte unseres Tagungsprogramms, deren Erörterung und Diskussion den einzelnen Arbeitssitzungen vorbehalten bleiben sollen, möchte ich zu Beginn einige persönliche Eindrücke schildern, die mir für eine Beschäftigung mit dem Briefwechsel zwischen Schelling und Fichte wichtig erscheinen. Es handelt sich dabei um vier spekulativ nicht ganz so fundamentale, gleichwohl aber philosophisch auch nicht ganz unbedeutende Bemerkungen.

- Die erste Bemerkung betrifft das Thema: »Schelling kontra Fichte?«
- Die zweite Bemerkung beschäftigt sich mit der Freundschaft der Philosophen.
- Als Drittes möchte ich eine Bemerkung zur werkimmanenten Fortsetzung des Briefwechsels, insbes. bei Fichte machen.
- Und viertens soll an der Formulierung »Verwilderung der Leute« ein zeitkritisches Schlaglicht auf den Idealismus geworfen werden.

1. *Schelling kontra Fichte?*

Der polnische Philosoph Marek Siemek hat mit dem Titel: *Schelling gegen Fichte, zwei Paradigmen des nachkantischen Denkens* den konfrontativen Charakter der Beziehung zwischen Fichte und Schelling hervorgehoben und unterstrichen.[1] Diese konfrontative Sichtweise hat eine lange Tradition. An ihr haben einschlägige Werke der Forschungsliteratur, etwa die Schelling-Bücher von Karl Jaspers oder Reinhard Lauth, kräftig mitgewirkt. Die Folge dieser konfrontativen Perspektive ist, dass nicht nur Schelling und Fichte durch gegenseitige Abgrenzung »zu ihrem Eigenen kommen«, wie Jaspers das nennt, sondern dass auch Fichtianer und Schellingianer durch die konfrontative Abgrenzung gegen die Vertreter der jeweils anderen Philosophie ein Stück weit ihr eigenes Selbstverständnis begründen. Auch das ist eine Feststellung Siemeks. Vielleicht bestätigt sich in dieser konfrontativen Haltung die These Heraklits vom »Streit als dem Vater aller Dinge« oder auch Fichtes Grundsatz, dass die »Klarheit [...] stets durch den Gegensatz [gewinnt]«. (GA I, 9, S. 130)

Es mag sein, dass *die Werke* Schellings und Fichtes, wie Jaspers behauptet, durch eine »Monadenstrategie« des »Abschließens« und der »Kommunikationslosigkeit« gekennzeichnet sind. Vielleicht beruhen selbst Tiefe, Fülle, Energie und Einfallsreichtum der »spekulativen Musik« ihrer Philosophie auf der »Genialität eines geistigen Lebens, das *existenziell* wie ein Nichts anmutet.«[2] *Der Briefwechsel*, den die beiden Philosophen miteinander geführt haben, kann diese Sichtweise nicht stützen! Im Gegenteil: Weder zeigt sich hier ein Zustand der »Kommunikationslosigkeit«, noch ist der Stil der Auseinandersetzung bloß konfrontativ und »polemisch«. Auch begegnen uns hier nicht zwei Menschen, die nicht in der Lage sind, »sich die Hände zu reichen.«[3] Und auch die Behauptung, dass Schellings und Fichtes philosophische Projekte »durch den fehlenden Ernst einer sie ergreifenden Existenz unfähig sind, zu Dasein und Lebensform zu werden«[4], wird durch den Briefwechsel eher widerlegt als bestätigt. Über die gelegentlich entworfenen Charakterstudien zu den Hauptpersonen des Deutschen Idealismus – Fichte, der Plebejer, Schelling, der Aristokrat, Hegel, der pflichtbewusste Beamte – möchte ich gar nicht re-

1 Marek Siemek. Schelling gegen Fichte. Zwei Paradigmen nachkantischen Denkens. In: Transzendentalphilosophie als System. Hrsg. von A. Mues. Hamburg 1989, S. 388-395.

2 K. Jaspers. Schelling. Größe und Verhängnis. München 1955, S. 278. Hervorhebung H.T.

3 Daselbst, S. 284.

4 Daselbst.

den. Sie sind allesamt Projektionen. Nun hat sich aber die konfrontative Perspektive auf Fichte und Schelling dennoch erhalten. Und vielleicht wird das auch weiterhin so sein. Da sich diese Sichtweise aber, wenn überhaupt, nur bedingt und zeitweilig auf den Briefwechsel berufen kann, muss das seinen Grund in dem haben, was wir, die Interpreten, in der Beziehung zwischen Fichte und Schelling sehen und betonen wollen. Womit auch für dieses Thema Fichtes Satz gelten würde: Welchen Gesichtspunkt man bei der Beurteilung des Verhältnisses zwischen Schelling und Fichte wählt, hängt davon ab, was für ein Mensch man ist.

In diesem Sinne möchte ich Ihnen einige meiner Gesichtspunkte für den Briefwechsel vorstellen, ohne, wie gesagt, den Sektionen und den »eigentlich« philosophischen Fragestellungen vorzugreifen.

2. *Die Freundschaft:* Von »Euer Wohlgeboren zum innigst geliebten Freund«

Diesem Aspekt des Briefwechsels sei ein Aristoteles Zitat vorangestellt. Im *VII Buch der Nikomachischen Ethik* lesen wir: »Es bleibt uns die Aufgabe, auch von der Freundschaft zu sprechen. [...], denn sie ist irgendwie eine Trefflichkeit [des] menschlichen Wesens oder eng mit ihr verbunden. Und weiter: sie ist in Hinsicht auf das Leben (in der Gemeinschaft) höchst notwendig. Denn ohne Freunde möchte niemand leben, auch wenn er die übrigen Güter alle zusammen besäße: gerade auch den reichen Leuten und denen, die Amt und Herrschaft haben, tun Freunde bekanntlich ganz besonders not. [...] Und in Armut oder sonstigem Mißgeschick gelten Freunde als die einzige Zuflucht. Freundschaft ist Hilfe. Den Jüngling bewahrt sie vor Irrtum, dem Alter bietet sie Pflege und Ersatz für die aus Schwäche abnehmende Leistung, den Mann auf der Höhe des Lebens spornt sie zu edlen Taten.[...] Und manche sind überzeugt, ein trefflicher Mann und ein Freund sei ein und dasselbe.«[5] So weit Aristoteles

Die Beziehung zwischen Fichte und Schelling ist im Hinblick auf ihre Freundschaft, so wie sie sich im Briefwechsel darstellt, ein Wechselbad der Gefühle. Ein Hin und Her zwischen Distanz und Nähe, zwischen dem Wagnis persönlicher Offenheit, und dem damit verbundenen Risiko von Enttäuschung und Verletzung, zwischen dem Enthusiasmus für gemeinsame Projekte bis schließlich zur absoluten Sprachlosigkeit auf bei-

5 Aristoteles. Nikomachische Ethik, Buch VII/VIII. Übersetzt und kommentiert von F. Dierlmeier. Berlin 1999, S. 171 ff.

den Seiten. In diesem Auf und Ab dokumentiert sich das ernsthafte Bemühen zweier Menschen, eine vielversprechende Beziehung, die über Jahre gewachsen und sich in Konflikten gefestigt hat, nicht so ohne Weiteres abzuschreiben.

Diese Seite der Freundschaft zwischen Schelling und Fichte erschließt sich uns ganz formal über die verwendeten Anrede- und Abschlussformeln ihrer Briefe. Was in den beiden Philosophen vorgegangen ist oder vorgegangen sein mag, lässt sich an der Skala der verwendeten Formulierungen der Brieferöffnungen und der Schlussformeln, wenn nicht mit letzter Sicherheit, so doch mit einiger Wahrscheinlichkeit ablesen.

Bei *Schelling* erstreckt sich die Entwicklung seines gefühlsmäßigen Ausdrucks in den Anredeformeln von »Euer Wohlgeboren«, über den »verehrungswürdigen«, dann den »innigst verehrten«, den »theuersten«, bis zum »innigst geliebten Freund«. Bei dem dreizehn Jahre älteren *Fichte* changiert die Skala seiner Freundschaftsempfindung vom »verehrten Freund«, über den »theueren und theuersten Freund« bis ebenfalls zum »geliebten«, ja »innigst geliebten Freunde«.

Auch die Schlussformeln der Briefe drücken ganz unterschiedliche Gefühlsfärbungen und Beziehungsqualitäten aus. Vom »gehorsamsten Diener«, zu »ganz der Ihrige«, über »Achtung«, »Hochachtung« und »Verehrung« bis schließlich zu den »innigsten Wünschen«, sich einander »gewogen und lieb« zu behalten.

Dem Wechsel der Grußformeln korrespondieren deutlich unterschiedliche Phasen der Beziehung, die sich jeweils ganz bestimmten Themen der brieflichen Verhandlung zuordnen lassen. Dabei zeigt sich die in der Literatur zum Briefwechsel verbreitete Sichtweise auf das Verhältnis zwischen Schelling und Fichte, die einen kontinuierlichen Spannungsbogen: »von der Freundschaft bis zum Bruch«, behauptet, als viel zu schematisch. Vielmehr lassen sich zu unterschiedlichen Zeitpunkten sowohl Nähe als auch Distanz zwischen den Beiden feststellen. So etwa die von Schelling und Fichte ganz unterschiedlich bewertete Stellungnahme Kants zur *Wissenschaftslehre* im August 1799, die schließlich in Schellings Zurücknahme seiner Attacke: »mit Fichte gegen Kant« ausläuft. Dann Fichtes Enttäuschung im September 1799 über Schellings zeitintensives Projekt seiner naturwissenschaftlichen und medizinischen Studien. Diesen Verstimmungen in ihrer Beziehung steht der tatkräftige Enthusiasmus für das gemeinsame Zeitschriftenprojekt und Fichtes – auch von Schelling gestützter – Plan einer philosophisch-künstlerischen Wohn- und Lebensgemeinschaft in Berlin bzw. Bamberg im November desselben Jahres gegenüber.

Auch das gemeinsame Schlegel-Schelling-Schleiermacher-Fichte-Projekt zeigt deutlich einen spürbaren Wechsel der freundschaftlichen Beziehung zwischen Schelling und Fichte. Einige Äußerungen der beiden Philosophen sind hier aufschlussreich. Von »Schellings wirksamem Wort bei Fichte« ist die Rede, oder, stärker, von einem Fichte, der »ohne Schelling nichts tun kann«. Auch Fichtes Kampf um die Freundschaft mit Schelling zur Zeit der Auseinandersetzung mit Schlegel im Oktober 1800 ist ein anschauliches Beispiel für die krisenhafte, aber gleichwohl starke emotionale Bindung der beiden Philosophen zueinander. So schreibt Fichte: »Nein, theurer Freund, so ganz leicht soll es denen, die Uneinigkeit zwischen uns stiften wollen, denn doch nicht fallen«.[6]

Eine nächste Hochphase hat die Freundschaftsbeziehung dann in der Vereinigung der Beiden zu ihrem gemeinsamen Zeitschriftenprojekt. Der »wiedergewonnene Sohn der Transzendentalphilosophie«, Schelling, rechnet mit F. Schlegel in Jena ab, den er dort als »dilettierenden Philosophen«, wie es drastisch heißt, in drei Tagen »totgeschlagen« hatte. Und im November 1800 entschließt sich Fichte endlich zum gemeinsamen Zeitschriftenprojekt mit dem Versprechen, zukünftig »keine Trennung mehr der gemeinsamen Kräfte zuzulassen« und mit Schelling »wie eine Person« zu stehen. (BW 52f.)

Von diesem Zwischenhoch aus gibt es dann wieder eine Abkühlung bis zum Frühjahr 1801. Das gemeinsame Projekt lahmt, Fichte kündigt die *Neue Darstellung der Wissenschaftslehre* mit der »bitter-süßen« Bemerkung »über seinen Mitarbeiter« Schelling an. Das Barometer ihrer Freundschaft sinkt weiter während des Frühjahres 1801 im Streit um die Klärung der Prinzipien der Natur- und Transzendentalphilosophie.

Aber auch aus diesem Tief kommt die Freundschaft wie ein Phönix aus der Asche wieder hervor. Schelling erhält endlich »das langersehnte Zeichen der unerschütterlichen Einigkeit mit Fichte«, nämlich: Fichtes »Sendschreiben« an K. L. Reinhold. Im Mai 1801 befinden wir uns jetzt auf dem emotionalen Höhepunkt der Beziehung der sich »innig liebenden Freunde« Fichte und Schelling.

Von hier aus geht es nun langsam, mal in großen, mal in kleinen Abstürzen, dem Ende ihrer Freundschaft entgegen. Dabei ist bemerkenswert, dass diese Beziehung für Schelling bis in den Januar des Jahres 1802 hinein noch nicht endgültig aufgegeben ist. (Schellings »warmer Brief« vom 4. Januar 1802, von dem uns Caroline berichtet, und den Schelling

---

6 Schelling-Fichte Briefwechsel. Kommentiert und herausgegeben von H. Traub. Neuried 2001, S. 154. Im Folgenden zitiert als BW.

wohl in der Hoffnung geschrieben hatte, »Fichte würde ihm wieder gut«. BW 96 / 211ff.)

Schließlich senkt sich der durch Höhen und Tiefen verlaufende Spannungsbogen der Freundschaftsbeziehung zwischen Schelling und Fichte in die Unpersönlichkeit von zwei Briefen, die die Unsicherheit und Verlegenheit ihrer Absender darin zum Ausdruck bringen, dass beide nicht einmal mehr wissen, wie sie einander ansprechen sollen und daher auf eine Anrede gänzlich verzichten.

Aristoteles hat die Freundschaft nach ihrer *Nützlichkeit*, ihrer *Annehmlichkeit* und ihrer *Wahrheit* unterschieden. Wie Fichtes und Schellings Beziehung zu einander in diesem Spektrum einzuordnen ist, lässt sich nur schwer mit letzter Bestimmtheit und abschließend beurteilen. Jedoch enthält der Briefwechsel Indizien für alle drei Aspekte.

Sicher ist Fichtes und Schellings Freundschaft zunächst zweckorientiert. Das gemeinsame Zeitschriftenprojekt in seinen unterschiedlichen Phasen, die Allianz gegen die Berliner Aufklärung, gegen Reinhold und Jacobi, gegen Schleiermacher und zeitweise auch gegen die Geschwister Schlegel.

Unter der Oberfläche des Nützlichkeitsbündnisses ist aber auch der starke Wunsch nach persönlichem Umgang, nach gemeinsamer Arbeit, ja sogar nach einem gemeinsamen Leben erkennbar. So fragt Schelling im September 1799 Fichte, beinahe bittend: »Ist es möglich, dass wir künftig im Sommer zusammenleben?« (BW 128) Andere Indizien dieser Dimension ihrer Freundschaft sind etwa Schellings Drängen, Fichte möge ihm nach Bamberg folgen, aber auch Fichtes beinahe eifersüchtige Enttäuschung über die verpassten Begegnungen mit Schelling in Jena zur Zeit der Anbahnung und Vertiefung von Schellings Beziehung zu Caroline Schlegel. Und schließlich ist da der bereits erwähnte Kampf um die gemeinsame Freundschaft bis zuletzt. (BW 154 f.) Diese Seite der Annehmlichkeit und Echtheit ihrer Freundschaft findet überzeugenden Rückhalt an den Reaktionen der Empfindlichkeit und Verletzlichkeit gegen vermeintliches oder gerechtfertigtes Misstrauen, gegen »Klatscherei« und Indiskretion. Für eine rein geschäftsmäßige Beziehung, deren Zweck die Nützlichkeit des Anderen für eigene oder gemeinsame Zwecke darstellt, sind solche Reaktionen eher untypisch.

Über diese Ebene hinaus lassen sich in Fichtes und Schellings ehrlichem Bemühen zum Einlenken in ihren Streitigkeiten auch Anzeichen *wahrer* Freundschaft erkennen, die den Anderen um seiner selbst Willen achtet und liebt. Horst Fuhrmans hat auf diese Dimension des

Briefwechsels zwischen Fichte und Schelling besonders abgehoben.[7] Wie tief diese Seite ihrer Beziehung bei beiden reicht, wage ich nicht zu entscheiden. Einige Indizien dafür gibt es zweifellos. Sicher aber gilt für den Briefwechsel insgesamt, dass das, was er uns über die freundschaftliche Beziehung zwischen Schelling und Fichte offenbart, nicht weniger kompliziert verzweigt, hintergründig, vielleicht sogar auch abgründig ist, als die zwischen beiden Philosophen geführte Diskussion über die im engeren Sinne philosophischen Fragen.

3. *Sachliche Auswirkungen des Briefwechsels: Ein Beispiel*

Die Sachdiskussion zwischen Schelling und Fichte hat das Besondere an sich, dass die im Briefwechsel aufgeworfenen und diskutierten Fragen beide Philosophien weit über den Briefwechsel hinaus beschäftigt haben. Dabei gilt für Schelling wie auch für Fichte, dass sich die Entwicklung ihres Denkens ohne die im Briefwechsel geführte fruchtbare Auseinandersetzung so nicht vollzogen hätte. Diese These, die die philosophiegeschichtliche Einschätzung des Briefwechsels eher dem Urteil der beiden Söhne Schellings und Fichtes annähert, hat in der Schelling- und Fichte-Forschung einige Unterstützung erhalten. Wodurch die eher schwächere philosophische Bewertung des Briefwechsels durch Walter Schulz ein Stück weit als relativiert angesehen werden kann.[8]

In Fichtes bedeutsamem zweiten Vortrag der *Wissenschaftslehre von 1804*, aber auch in Schellings Schriften dieses Zeitraums, etwa in *Über Philosophie und Religion*, sind deutlich Spuren der im Briefwechsel geführten Auseinandersetzung zu erkennen. Zwar verläuft die Entwicklungsgeschichte der Beziehung zwischen Schelling und Fichte zum Ende der Korrespondenz, aber auch über das Ende hinaus, im Wesentlichen polemisch. Aus diesen Quellen ließe sich ein Arsenal an konfrontativen Argumenten sammeln, so wie es in der Forschungsliteratur ja auch reichlich vorhanden ist. Jedoch spricht es für die selbstkritische Lernfähigkeit beider Philosophen, dass sich etwa in Fichtes Spätphilosophie explizit

---

7 Vgl. H. Fuhrmans (Hg.). F.W.J Schelling. Brief und Dokumente Bd.1. Bonn 1962, S. 201ff.; H. Traub. BW 20ff.

8 Vgl. R. Lauth. Kann Schellings Philosophie von 1804 als System bestehen? In: Ders. Vernünftige Durchdringung der Wirklichkeit. Neuried 1994, S. 261-300. H. Traub. Schellings Einfluss auf die Wissenschaftslehre von 1804. In: Ders. BW 281-301.

auch ganz andere Töne, ja ein offenes Bekenntnis zu einer Annäherung an Schelling finden lassen.

Für diese Lernwilligkeit und auch Lernfähigkeit in sachlicher Hinsicht enthielt schon der Briefwechsel eine Reihe überzeugender Belege. Etwa die ausführliche Systemerörterung der beiden Philosophen, die Feststellung der prinzipiellen Systemoffenheit der Wissenschaftslehre und nicht zuletzt die im Zusammenhang mit Kants Erklärung gefallene Bemerkung über die »feurigen jungen Köpfe«, die »daran arbeiten, über die Prinzipien der *Wissenschaftslehre* hinauszugehen und dieser Unrichtigkeit und Unvollständigkeit nachzuweisen«. (BW 130)

Über den Briefwechsel hinaus sei auf eine sachliche Annäherung des späten Fichte an Schelling hingewiesen, auf die ich kurz eingehen möchte. Es handelt sich dabei um Überlegungen Fichtes zu seiner Philosophie der Geschichte.

Fichtes Geschichtsphilosophie lässt – nach mehr oder weniger einhelliger Meinung der Fichte-Forschung – eine Beurteilung des historischen Geschehens *entweder unter den Kategorien moralischer Freiheit*, die das historische Geschehen als Ort, Aufgabe und Material für die Verwirklichung moralischer Freiheitsprojekte begreift, *oder in spekulativer Hinsicht*, d.h. unter der metaphysischen Idee des Weltplans bzw. der moralischen Weltordnung zu. In beiden Hinsichten drückt sich die Prävalenz apriorischen Denkens gegenüber der Kontingenz historischer Faktizität aus. Realgeschichtliches Denken, d.h. eine Philosophie des »objektiven Geistes«, steht bei Fichte stets unter transzendentalkritischem Reflexionsvorbehalt. Zwar hatte der Gedanke der *Reflexibilität*, *Modifikabilität* und *Bestimmbarkeit* immer schon an dem zu Bestimmenden eine »ichhafte Qualität« festgemacht, an der die Reflexion ihre unendliche Klärungs- und Begriffsarbeit ansetzen und durchsetzen konnte. Für die Beurteilung des realgeschichtlichen Prozesses war dieses Entsprechungsverhältnis bis in die Spätphilosophie von Fichte nicht durchdacht worden. Es geht um die Frage nach dem Verhältnis zwischen den *gegebenen* realpolitischen Institutionen objektiver Vernunft, d.h. um die *Naturgeschichte der Vernunft* einerseits, und um die *aufgegebene*, d.h. freiheitsbegründete *Kulturgeschichte der Vernunft* andererseits. Mit anderen Worten, es geht um das Verhältnis zwischen den ersten und letzten beiden Geschichtsepochen der *Grundzüge des gegenwärtigen Zeitalters*. Im Fragment zur Staatsphilosophie von 1813 heißt es zu diesem Problem: »Alle Geschichte entstände darum [...] aus dem Unverstande, und sie wäre unendlich, weil das ***Unbegreifliche***, d.i. das noch nicht in den ***Begriff*** des Thuns Gefasste, unendlich ist. [...] Das Factische ist die ***unendliche*** Aufgabe für den ***Begriff***.

Daher eine frühere Idee von mir, dass jede gegenwärtige Welt durch ihre künftige erklärt werde. [...] Aber ist in diesem Elemente des Unbegreiflichen, Unverstandenen, nicht zugleich ein Weltplan, drum allerdings eine Vorsehung und ein Verstand? Welches ist denn das Gesetz der Weltfacten, d.i. desjenigen, was der Freiheit ihre Aufgabe liefert? Diese Frage liegt sehr tief: bisher habe ich durch Ignoriren und Absprechen mir geholfen! Ich dürfte da allerdings einen tieferen, eigentlich ***absoluten*** Verstand bekommen, an der unendlichen Modifikabilität der Freiheit, und dieser den inneren Halt gebend. Was ich daher als absolut factisch gesetzt habe, möchte doch durch einen ***Verstand*** gesetzt seyn.« (SW VII, 585 f.).

Worin sich die Vorsehung und der weltgeschichtliche Verstand real äußern, das exemplifiziert Fichte an den Institutionen der Familie und des Staates. Diesen Formen natürlicher Vernunftentwicklung in der Geschichte korrespondiert im Gebiet der Freiheit ein ebenfalls »ursprüngliches Bewusstsein ihrer Gebundenheit«. Die Form eines ursprünglichen Bewusstseins der Gebundenheit der Freiheit an geschichtlich gewachsenen Formen des Vernünftigen nennt Fichte »*Glaube*, an die Autorität gewisser Satzungen, und unmittelbaren Gehorsam gegen dieselben«. (SW VII, 586) Der Freiheitsgeschichte des Menschen, so kann man sagen, wachsen aus der Naturgeschichte der Menschheit Anknüpfungspunkte entgegen, die dann zur »unendlichen Aufgabe des Begriffs« und zu Zwecken einer freiheitlichen Vernunftkultur werden. Mitten in dieser Reflexion auf die notwendige Annahme einer realgeschichtlichen Vorsehung und eines sich darin realisierenden Verstandes steht der Satz: »Hierdurch würde ich mich Schellingen wieder mehr nähern!« (SW VII, 586) Wir sehen Fichte hier auf dem Wege, seine apriorisch bzw. metaphysisch oder gar rein hypothetisch konstituierte und konstruierte Geschichtsphilosophie nun auch *realgeschichtlich* zu verifizieren.[9]

Durch den Tod des Philosophen ist es zur Lösung des sich hier auftuenden Problems nicht mehr gekommen, der Frage nämlich, wie sich die anbahnende, nicht nur intelligible Idee, sondern die Philosophie des objektiven Geistes, zu dem zentralen Scheidethema des Briefwechsels, dem evidenztheoretischen Begründungsfundament der Wissenschaftslehre, verhält. (BW 167 und 196). Interessant ist hier die Klärung der Frage, ob sich in diesem Spannungsfeld zwischen der evidenztheoretischen Begründung der *Wissenschaftslehre* und der realgeschichtlichen Philosophie des Geistes nicht ein spezifisch Fichtescher Denkansatz anwenden ließe.

---

9 Vgl. H. Traub. Vollendung der Transzendentalphilosophie. In: H. Girndt (Hg.). Zur Wissenschaftslehre. Fichte-Studien Bd. 20. Amsterdam/Atlanta 2003, S. 267 – 284)

Ich denke hier an die aus Fichtes Philosophie der Vernunftnatur bekannten und dort entwickelten Strukturelementen des Triebs, des Gefühls und des Strebens. Über diesen Punkt erhoffe ich mir persönlich einige Aufklärung von unserer gemeinsamen Arbeit.

Im Hinblick auf das mit Schelling umkämpfte Gebiet der »Naturphilosophie« ist auch der folgende Beleg für Fichtes offene Idee einer Systementwicklung bemerkenswert.

In seinen »Nachüberlegungen« zu der Anfang 1805 in Berlin gehaltenen Vorlesung »Über die Prinzipien der Gottes-, Sitten- und Rechtslehre« stellt Fichte selbstkritisch fest: In diesen Vorlesungen »ist immer noch die Frage *übrig geblieben*, inwiefern in Gott selbst der Grund der Qualität des Objekts liegt. Ehe diese Frage nicht entschieden ist, ist, ob Gott in sich ganz leer sey [,] u. der Streit mit der NaturPhilosphie doch noch nicht ganz im Reinen.« (GA II, 9, 5)[10]

4. *»Verwilderung« – eine zeitkritisch-systematische Anmerkung*

Zum zeitgeschichtlichen Hintergrund des Briefwechsels, dem Atheismusstreit und dem damit verbundenen »Streit um die göttlichen Dinge«, der Auseinandersetzung um das ideelle Erbe der Aufklärung, die politischen Verwerfung in der Folge der Französischen Revolution usw., ist viel geschrieben worden. Ich möchte hier auf einen spezifischen Aspekt aus dem Briefwechsel hinweisen, der nicht nur für Fichtes und Schellings gemeinsames Urteil über ihre Zeit, sondern auch für die Klärung eines zwischen beiden strittigen Grundbegriffs von Bedeutung ist. Wir haben schon darauf hingewiesen, dass Fichte zu Anfang seiner Freundschaft mit Schelling darüber nicht erfreut war, dass dieser sich über längere Zeit aus dem geplanten Zeitschriftenprojekt zurückziehen wollte, um seinen medizinischen Studien nachzugehen. Leicht entrüstet schreibt Fichte am 20. September 1799 »*So lange* [ein bis zwei Jahre] soll unser grosser Plan aufgeschoben werden? Das ist mir nicht ganz recht. Die Leute verwildern indessen zu sehr.« (BW 135 mit Bezug auf 128)

Das zentrale kulturkritische Motiv des frühen Briefwechsels liegt in dem intensiven Bemühen um das »große Zeitschriftenprojekt«. Für alle Beteiligten war es nicht nur als ein Unternehmen gedacht, dessen Zweck sich in der Herausgabe der Zeitschrift erschöpfte. Vielmehr sollte die Zeit-

---

10 Vgl. H. Traub. Natur, Vernunftnatur und Absolutes. In: C. Asmuth. Sein-Reflexion-Freiheit. Amsterdam/Philadelphia. 1997, S. 175-190.

schrift das Sprachrohr für die um Schelling, Fichte und Schlegel versammelte künstlerische und philosophische Avantgarde, die Dokumentation des Anbruchs einer neuen geistesgeschichtlichen und kulturellen Epoche sein. Ihren konkreten Ausdruck findet diese Idee in dem Plan der Gründung einer künstlerisch-philosophischen Lebens- und Arbeitsgemeinschaft, die Schelling »die jenaische Kolonie« und Fichte »die kleine unsichtbare Kirche« (GA III, 4, 392) genannt hatte. Die Bereitschaft, oder vielleicht auch nur der Wunsch Schellings, Fichtes, Tiecks, v.a. auch Caroline Schlegels, *Philosophie und Kunst als Lebensform* in einer Wohn- und Arbeitsgemeinschaft Wirklichkeit werden zu lassen, d.h. Philosophie und Leben unmittelbar miteinander zu verbinden, ist an der Emphase abzulesen, in der Fichte und Schelling im Jahre 1799 darüber sprechen. Es ist die Rede von »einer unzertrennlichen Verbindung für immer«, die dadurch gestiftet würde, von einem »Leben für die gemeinsame Sache«, von dem »Herz und Geist reizenden Gedanken« usw.

Der Plan und »innigste Wunsch«, eine Künstler- und Philosophen-Kolonie ins Leben zu rufen, entwickelt sich vor einem gesamtgesellschaftlichen Hintergrund, den Fichte im Brief vom 20 September 1799 »die geistige Verwilderung der Leute« nennt. Die »Jenaische Colonie« und die »kleine unsichtbare Kirche« sind Schellings und Fichtes »Rettungsinseln« und auch die Keimzellen, von denen aus sich – nach ihrer optimistischen Perspektive – die »Republik der Gelehrten«, ja vielleicht sogar das Zeitalten der »Vernunftkunst« entwickeln sollte. (Eine Idee und Hoffnung übrigens, die bei Fichte nach der Gründung der Berliner Universität um 1810 wieder stärker aufkeimt.) Das hier aufscheinende Bild von einer Insel der Seligen, einer Enklave der Kultur und des Geistes, die von einem Meer philosophischer und künstlerischer Verwilderung bedrohlich umspült wird, ist ein Bild, dass insbesondere für Fichte weitläufig interpretierbar ist, und an dem sich v.a. sein Streit mit Schelling um das rechte Verständnis der Naturphilosophie untergründig ausrichtet.

Für Fichtes Denken sind »Wildnis« und »Verwilderung« konkretisierbare Begriffe, die man statt des eher diffusen Naturbegriffs seiner Konzeption von Kultur und vernünftiger Entwicklung gegenüberstellen kann. Nicht das gängige Begriffspaar »Natur und Kultur oder Kunst« (Goethe »Natur und Kunst scheinen sich zu fliehen«) ist für Fichte prägend, sondern der Gegensatz *Wildnis und Kultur* bzw. Kunst. Wir finden den Kulturgegensatz der »Wildnis« und »Verwilderung« bei Fichte in den für einen Philosophen eher untypischen detailreichen Schilderungen über die »stickigen Sümpfe«, die »lebensfeindlichen Urwälder und Wüsteneien«, über das »Chaos des Todes und der Zerstörung« gleichermaßen in seinen wissenschaftlichen wie in seinen populärphilosophischen Schriften, etwa der *Rechtslehre* von 1796 oder der *Bestimmung des Menschen* von 1800. Für Fichte gilt dieses Bild der »fürchterlichsten Unordnung« nicht nur für das Leben in freier Wildbahn, sondern v.a. auch für die Entwicklung der menschlichen Zivilisation, die »in ihren kultiviertsten Völkern der neuen Welt [...] von Wilden abstammt« (GA I, 6, 271). Seinen Niederschlag findet diese Vorstellung ganz allgemein in Fichtes Kritik an der Rechtlosigkeit politischer Willkürherrschaft und an einem Lebensstil des ungezügelten »sich treiben Lassens vom blinden Ungefähr«, in all den Missständen also, die Fichte in seiner Kulturkritik und seinen »Publikumsbeschimpfungen« angreift. Konkret wendet sich die Verwilderungskritik natürlich auch gegen die Repräsentanten dieses Unwesens und deren unheilvollen Einfluss auf das Publikum. Als solche Repräsentanten »geistig-moralischer« Verwilderung gelten für Schelling und Fichte gleichermaßen: das »schwankende Rohr«, der »erbärmliche Wicht«, K. L. Reinhold, der »antikritische« F.H. Jacobi, der »philosophische Dilettant« F. Schlegel, nicht zu vergessen, der Berliner »Ausklärer« F. Nicolai und das »Lumpeninstitut« der Allgemeinen Literaturzeitung in Jena. In diese Brutstätten der geistigen Verwilderung galt es für Fichte und Schelling »kräftig dreinzuschlagen« und deren Repräsentanten gehörig zu »zerlegen«. (BW 40ff.)

Das sind starke Worte. Sie zeigen nicht nur, wie kritisch Schelling und Fichte ihr gesellschaftliches und kulturelles Umfeld eingeschätzt haben. Sondern vielmehr zeugen diese Worte von der überaus vitalen Bereitschaft des Idealismus, konkret gegen die »geistige Verwilderung« der Zeit anzuarbeiten. Im *Briefwechsel* zwischen Schelling und Fichte ist dieser vitale Drang zum Eingriff in das Räderwerk des Zeitgeschehens, die »Überkraft« und der »Übermut« der Idealisten besonders deutlich spürbar, ursprünglicher, offener, direkter und unumwundener als in ihren rein philosophischen Werken.

Das führt uns in einen bedeutsamen Unterschied. Fichte und Schelling sind danach nicht nur *Verfasser philosophischer Werke*, die es textkritisch und argumentationslogisch zu analysieren gilt, sondern sie sind v.a. auch *Besitzer, Träger und Übermittler einer Idee*, für die sie sich persönlich in Anspruch genommen fühlten und für die sie die in »ihrer Schule Gebildeten« in Anspruch nehmen wollten. Gerade in diesem engagierten und zeitkritischen Element ist der Briefwechsel zwischen Schelling und Fichte ein lebendiger Widerspruch gegen das vom Existenzialismus und Marxismus, aber auch von Nietzsches »Lebensphilosophie« durch die Geschichte kolportierte Vorurteil gegenüber der vermeintlich so

»abstrakten«, »lebensflüchtigen« und »feigen« Philosophie des Idealismus. Der Briefwechsel zwischen Schelling und Fichte dokumentiert eindringlich, dass der Idealismus nicht nur weit mehr beanspruchte, sondern auch weit mehr war und vielleicht auch heute noch viel mehr ist, als transzendentalphilosophische Prinzipienreflexion auf die Grundlagen apriorischen Wissens. Das ist er zweifellos auch, und auf eine einmalig herausfordernde Weise. Das Motiv und der Zweck dieser Philosophie aber erschöpft sich darin nicht. Sondern Antrieb, Ziel und Auftrag des Idealismus ist das vernünftige, freie und glückselige Leben. Zu diesem Leben gehört, wie Aristoteles so schön und wahr gesagt hat, die Freundschaft, die die beiden Philosophen wenigstens für eine Zeit genossen haben, und ohne die »niemand leben möchte, selbst wenn er die übrigen Güter alle zusammen besäße.«

Ein Wort des Dankes und der Begrüßung

Dass die kleine Pflanze des Lektüreseminars zum Schelling-Fichte Briefwechsel, die P.L. Oesterreich und ich für die Fichte-Gesellschaft an der Augustana *einsetzen* wollten, durch den großen Einsatz von Thomas Kisser zu einer so herrlichen Kooperation zwischen den beiden philosophischen Gesellschaften *erblüht* ist, dafür möchte ich ihm von dieser Stelle aus persönlich ganz herzlich danken.

Gedankt sei auch Ihnen allen, die sie sich durch Vorträge und Gesprächsleitungen oder durch kritisch-konstruktive Begleitung der Tagung bereit erklärt haben, das Unternehmen *fruchtbar* werden zu lassen und ihm damit einen Rahmen zu geben, der der Bedeutung des Dokuments, mit dem wir uns hier befassen wollen, angemessen ist.

Ich freue mich sehr, Sie alle auch im Namen der *Internationalen-Johann- Gottlieb-Fichte-Gesellschaft* begrüßen zu dürfen.

Ich wünsche der Tagung, dass sie unsere Einsichten in die komplexe Gelenkstelle der Entwicklung der Geschichte der klassischen deutschen Philosophie vertiefen und vermehren, und dass sie uns in der gemeinsamen Begegnung als philosophierende Forscher und Forscherinnen menschlich bereichern möge.

Herzlichen Dank.

Raumkonstruktion, Deduktion der Dimensionen und idealistische Prinzipientheorie

Problemlagen im Fichte-Schelling-Briefwechsel vom November 1800

Paul Ziche (München)

1. *Deduktion von Raumstrukturen nach Kant*

Der Raum und seine Strukturen nehmen seit Kants Charakterisierung des Raumes als eine Form der Anschauung eine zentrale Stelle in prinzipientheoretischen Debatten der idealistischen Philosophie ein. Damit stellt sich auch die Frage nach dem epistemischen Charakter der unterschiedlichen Operationen im Raum. Als eine der Formen der Anschauung kann der Raum bei Kant nicht weiter diskursiv hinterfragt, seine Strukturen können nicht streng bewiesen oder deduziert werden. Dennoch trifft Kant, auf der Grundlage der Anschauung selbst und in Form einer nicht als solche ausgewiesenen Konstruktion im Raum, weitreichende Aussagen über die Struktur des Raumes, insbesondere über die Zahl der Raumdimensionen (z.B. KrV B 41; ausführlicher dazu unten, Abschnitt 2). Einen gegenüber Kant grundlegend anders ansetzenden, im Rahmen der etablierten Mathematik verbleibenden Zugang zur Struktur des Raumes liefern die verschiedenen Typen einfachster geometrischer Objekte, die ihrerseits mit der Zahl der Dimensionen in Zusammenhang stehen. Hierbei ergibt sich die zusätzliche Komplikation, daß vier Grundklassen geometrischer Objekte (nämlich, kanonisiert mindestens seit Euklid, Punkt, Linie, Fläche und dreidimensionale Körper) verfügbar sind, die mit den drei Dimensionen des Raumes der Anschauung in Beziehung zu bringen sind.

In beiderlei Gestalt, als Problem der Strukturierung grundlegender Erkenntnisformen und als Problem der korrekten Zuordnung einfachster Objekttypen (die, wie insbesondere Punkt und Linie, auch sinnbildlich für Erkenntnisprozeduren stehen), werden diese Fragen im Fichte-Schelling-Briefwechsel erörtert. In den Briefen vom November 1800 wird der inhaltliche Disput zwischen Fichte und Schelling – erstmals im Briefwechsel – wirklich explizit ausgetragen.[1] In zwei Briefen vom November 1800, dem Brief von Fichte an Schelling vom 15.11.1800 und dem Gegenbrief Schellings an Fichte vom 19.11.,[2] bilden Fragen zur Deduktion der Raumstruktur überhaupt einen Einstieg in die sich immer verschärfende inhaltliche Auseinandersetzung zwischen Schelling und Fichte.

Das Problem der Konstruktion des Raumes erhält im Fichte-Schelling-Briefwechsel als Problem der Deduktion der Dimensionen des Raumes Bedeutung. Dieses Problem und Fichtes bzw. Schellings jeweilige Stellungnahmen sollen im folgenden unter der Leitfrage nach den weiterführenden prinzipientheoretischen Fragen und Implikationen, die sich im Hintergrund dieser Stellungnahmen ermitteln lassen, genauer erörtert werden, wobei die Frage, ob der Raum (und gegebenenfalls welcher Raum eigentlich) wirklich drei Dimensionen hat, ausgeklammert bleibt. Das Problem einer Ableitung – der starke Anspruch an diese Ableitungen wird sowohl bei Fichte als auch bei Schelling mit dem Begriff »Deduktion« angegeben (GA III,4,361, 367; Traub Nr. 24. S. 176; Nr. 25. S. 182) – der Dreidimensionalität des Raumes kann nur deshalb eine so große Bedeutung erlangen, weil hieran wesentliche inhaltliche Problemlagen greifbar werden. Man kann dies aus der Bedeutung begründen, die eine derartige Deduktion im Projekt eines Fortschritts über Kant hinaus erlangt. Wenn nämlich eine Deduktion der Dimensionalität des Raumes möglich ist, dann geht man hiermit tatsächlich über Kant hinaus, bei dem die Struktur des Raumes, als fundiert in den Formen der Anschauung, gerade wegen ihres Anschauungsbezugs nicht Gegenstand einer Deduktion werden

---

1 Hartmut Traub betont in seiner Ausgabe des Fichte-Schelling-Briefwechsels, daß sich bereits in früher gewechselten Briefen andeutende Vorwegnahmen des sich entfaltenden Diskussionsgefüges finden lassen (vgl. Hartmut Traub: NaturPhilosophie oder Transscendentalismus? Analyse und Kommentar des Briefwechsels zwischen Schelling und Fichte. In: Ders. (Hg.): Schelling-Fichte Briefwechsel. Neuried 2001. S. 13-117 (i.f. Traub)). Ungeachtet dessen wird die wechselseitige Kritik erst ab November 1800 deutlich ausgesprochen.

2 Die Briefe werden nach der GA zitiert; zusätzlich werden die Nummer und Seitenzahl der Briefe in der Ausgabe von Traub angegeben.

konnte. Eine Deduktion der Raumdimensionen würde also mit dem starken methodischen Anspruch der Ableitung Aussagen noch über die – nach Kant – letzten Grundlagen des Erkennens ermöglichen. Vor diesem Hintergrund wird verständlich, warum dieses Problem bei Fichte und Schelling ausdrücklich verhandelt wird; man hat sogar den Eindruck, daß Schelling Fichte direkt auf dieses Problem angesetzt hat, ohne daß sich hierfür allerdings ein eindeutiger Beleg finden läßt.[3]

Fichte erkennt diese Rolle des Raumproblems im Rahmen eines größeren Projekts des Fortschreitens über Kant hinaus ganz klar; am Ende des *Grundrisses des Eigenthümlichen der WL* (i.f. GdE) von 1795 sieht er sogar, ganz im Sinne der von ihm und dann auch von Schelling verwendeten Terminologie, gerade in der Deduktion dessen, was bei Kant nur in der Anschauung gegeben werden könne, das »Eigenthümliche der Wissenschaftslehre«:

> »*Kant* geht in der Kritik d. r. Vft. von dem Reflexionspunkte aus, auf welchem Zeit, Raum, und ein Mannigfaltiges der Anschauung gegeben, in dem Ich, und für das Ich schon vorhanden sind. Wir haben dieselben jetzt a priori deducirt, und nun sind sie im Ich vorhanden. Das Eigenthümliche der Wissenschaftslehre in Rüksicht der Theorie ist daher aufgestellt, und wir setzen unsern Leser vor jetzo gerade bei demjenigen Punkte nieder, wo *Kant* ihn aufnimmt.« (GdE GA I,3,208)

Konkreter Auslöser für eine kritische Diskussion des Raumproblems im Briefwechsel ist eine Publikation Schellings, das *System des transscendentalen Idealismus*, das zur Ostermesse 1800 erschienen war. Fichte nimmt in seinem Brief vom 15.11. erstmals eingehender zum *System* Stellung.[4] Angesichts der sonst so kurzen Reaktionszeiten im Fichte-Schelling-Briefwechsel ist dieser Zeitraum, von Ostern 1800 bis in den November hinein, bemerkenswert lang, was bereits darauf hindeutet, daß in der nun anhebenden Auseinandersetzung länger gehegte und gewachsene Vorbe-

---

3 Vgl. Fichtes abrupten Übergang im Brief vom 15.11. zu »Ihre[r] Deduction der drei Dimensionen des Raumes«, die er allerdings »nicht gegenwärtig« habe (GA III,4,361; Traub Nr. 24. S. 176); dieser Übergang ist eigentlich nur dadurch zu erklären, daß Schelling die Aufmerksamkeit Fichtes vorher auf seine Deduktion der Dimensionen im *System des transscendentalen Idealismus* gelenkt hatte.

4 Noch in seinem Brief vom 31.10. fragt Schelling, in besorgtem Tone, nach, ob Fichte das *System* tatsächlich erhalten habe (GA III,4,346; Traub Nr. 23. S. 173); Fichte bezieht sich vorher am 3.10. auf »Ihre von Zeit zu Zeit gegebnen Ansichten des transscendentalen Idealismus überhaupt«, wobei der Entwurf zu diesem Brief klarer von »Ihre[n] Aufsätze[n]« spricht (GA III,4,317, 322, Traub Nr. 20, 20a. S. 155, 162), womit er nicht das *System* meinen kann.

halte laut werden. Die Tatsache, daß der Fichte-Schelling-Disput seinen Ausgang von Schellings *System* von 1800 nimmt, bestätigt eine allgemeine Tendenz der Rezeption der Schellingschen Texte dieser Zeit: Die Rezeption des *Systems* von 1800 blendet sich kontinuierlich über in eine solche von Schellings ›Identitätsphilosophie‹, wie sie üblicherweise beginnend mit seinen Schriften von 1801 angesetzt wird.[5] Nicht nur seine Rezipienten, seien diese kritisch oder nicht, auch Schelling selbst konstatiert hier immer wieder eine echte Kontinuität. Hieraus resultieren Schwierigkeiten für jeden Kommentator des Fichte-Schelling-Briefwechsels; daß nicht immer klar entscheidbar ist, auf welchen Text Schellings sich eine Anmerkung Fichtes bezieht (insbesondere: ob mit »System« das *System des transscendentalen Idealismus* von 1800 oder die *Darstellung meines Systems* von 1801 gemeint ist), reflektiert diesen Aspekt der Rezeptionsgeschichte der Schellingschen Philosophie.[6]

These der folgenden Überlegungen ist, daß das Problem deduktiv abgesicherter Aussagen über die Struktur des Raumes, das in seiner Beziehung auf Kants Überlegungen zum Raum als Anschauungsform in einem für Fichte und Schelling gemeinsamen Problemhorizont steht, keineswegs zufällig am Anfang ihrer inhaltlichen und persönlichen Entzweiung steht. Beide sehen hierin ein Folgeproblem der bei Kant ausgebliebenen durchgehenden Systematisierung einer transzendental ansetzenden Philosophie, das sich als so gewichtig erweist, daß auch anfänglich verborgen gehaltene Unterschiede ihrer philosophischen Positionen in aller Schärfe aufbrechen.

---

5 Eingehender dokumentiert werden diese Rezeptionslinien im editorischen Bericht zu Bd. I,9 der historisch-kritischen Schelling-Ausgabe. – Schellings Werke werden nach der historisch-kritischen Ausgabe (AA) bzw. nach den Sämmtlichen Werken (Schelling-SW) zitiert.

6 So scheint sich Fichte (anders als die erläuternde Anmerkung des Hg. in Traub, S. 195, angibt) im gewichtigen Brief vom 31.5.1801 auf Schellings *Darstellung meines Systems* und nicht auf das *System des transscendentalen Idealismus* zu beziehen, wenn er schreibt, er habe »Ihr System der Philosophie« erhalten. Die folgende Bemerkung Fichtes, Schelling sage in der Einleitung »einiges problematisch über meinen [d.i. Fichtes] Idealismus« (GA III,5,45; Traub Nr. 30. S. 195) läßt sich sehr viel besser auf Passagen in der *Darstellung* beziehen (vgl. z.B. Schelling-SW I,4,109), und ein »erster Satz«, den Fichte im folgenden als nicht evident kritisiert, findet sich im systematisch strikten Sinne ebenfalls nur in der Darstellung.

2. *Schelling: »Linie, Fläche und Körper entstehen nur ursprünglich erst in der Naturphilosophie«*[7]

Wenn Schelling im Schreiben an Fichte vom 19.11. seine Ableitung der Dreidimensionalität in der knappen Formel zusammenfaßt, daß die Naturphilosophie den ursprünglichen Ort des Entstehens der drei Grundformen räumlicher Objekte angebe, formuliert er diese Zusammenfassung ausdrücklich gegen Fichtes Einwand aus dem vorausgegangenen Brief, daß nämlich eine solche Ableitung eigentlich einer Philosophie der Mathematik angehöre (GA III,4,361; Traub Nr. 24. S. 176). Hiermit trifft er bereits den Nerv der Fichteschen Position, der entsprechend enerviert reagieren muß. Für Fichte ist die Idee, in einer Naturphilosophie könne etwas ursprünglich entstehen (oder genauer: die Idee, ein ursprüngliches Entstehen könne im Rahmen einer Naturphilosophie vollzogen oder nachvollzogen werden) schlichtweg unsinnig. Ursprünglichkeit ist für ihn immer auf einen Bezugspunkt ausgerichtet, und für Fichte kann nur ein Subjekt den Charakter eines beziehenden und damit Bezüge ermöglichenden Punktes haben.[8]

Schelling umgekehrt setzt hier seine Pointe gezielt. Bereits die typographische Hervorhebung der *Ursprünglichkeit* naturphilosophischen Entstehens gegenüber dem Aspekt des Entstehens zeigt, daß Schelling die Akzente anders verteilt. Im Zentrum steht nicht die bei Fichte immer auf ein erkennend/handelndes Ich bezogene genetische Erzeugung, sondern der Versuch, ein solches Entstehen als ursprünglich aufzufassen. Schelling versucht dabei, noch über die Fichtesche Lösung, ein Ich als reine Tätigkeit zu denken (eine Lösung, die auch Schelling akzeptiert, aber nicht als einzige und damit nicht als letztgültige Realisierung von Ursprünglichkeit sehen kann), hinauszugehen. Ein ursprüngliches Entstehen ist ihm nur in einer Philosophieform möglich, aus der sich eine Ich-Philosophie erst als höhere Potenz ergibt. Diesen Gedanken spielt er in seinem Antwortbrief an Fichte vom 19.11. mehrfach aus. Schelling nimmt eine ursprüngliche Stufe des Philosophierens an, in der »ich mich *mit* meinem Object in die höchste Potenz erhebe« (GA III,4,365; Traub Nr. 25. S. 186). Auf dieser Ebene setze eine »reine theoretische Philosophie« an, gegenüber derer der transzendentale Idealismus als eine Verengung auf das Wissen im Gegen-

7 GA III,4,367 (Traub Nr. 25. S. 188).

8 Vgl. beispielsweise, innerhalb des Fichte-Schelling-Briefwechsels, die Rede vom Vorrang des »Sehens« vor dem »Sein« im Brief Fichtes vom 31.5.1801 (GA III,5,46; Traub Nr. 30. S. 203).

satz zum Objekt des Wissens erscheine. Ursprünglichkeit und Produktivität kommen demnach für Schelling dem Subjekt wie auch dem Objekt zu. Wie wichtig Schelling diese Überlegung ist, zeigt sich daran, daß der Gegensatz von Natur- und Transzendentalphilosophie bzw. Idealismus für Schelling durchgehend den »Hauptpunkt« der Auseinandersetzung bildet (GA III,4,362; Traub Nr. 25. S. 178). Wesentlich für Schelling ist dabei insbesondere der Anspruch, in seiner Naturphilosophie eine ursprüngliche Produktivität in der Natur entdeckt zu haben, die mit derjenigen Produktivität gleichzustellen sei, die das Subjekt auszeichnet und die für ihn durch diese Gleichstellung auf eine nochmals zugrundeliegende, jenseits der Gegenüberstellung von Natur und Subjekt anzusiedelnde Produktivität verweisen kann.[9]

Daß der Streit, der sich hiermit andeutet, notwendig gerade bei der Frage nach der Ableitung der Raumdimensionen ausbrechen muß, läßt sich im Blick auf die Vorgeschichte einer solchen Ableitung einerseits, auf Schellings eigene Ableitung der Raumdimensionen im *System des transscendentalen Idealismus* von 1800 andererseits deutlich machen. Aus der Sicht Fichtes ist Schellings Ableitung von Anfang an der Vorwurf zu machen, daß sie naturphilosophische Argumente in den transzendentalphilosophischen Kontext hineinträgt. Schelling argumentiert tatsächlich auf der Grundlage von Entsprechungen zwischen wesentlichen Eigenschaften der drei Grundprozesse der Natur, also aus naturphilosophischen Einsichten, tut dies aber in einem transzendentalphilosophischen Kontext in Form von Folgesätzen des von ihm auch gegenüber Fichte als zentral hervorgehobenen Abschnitts zur Theorie der produktiven Anschauung.[10] In der Tatsache, daß Schelling die Formen der Anschauung – also etwas, das prinzipiell dem Bereich des erkennenden Subjekts zugeordnet ist – in ihrer Strukturiertheit aus den Strukturen des Angeschauten ableiten will, muß für

---

9 Zur Rolle der Naturphilosophie in diesen Argumentationen vgl. Schellings Brief vom 19.11. (z.B. GA III,4,364f.; Traub Nr. 25. S. 185f.) sowie Schellings Brief vom 3.10.1801 mit der Bemerkung, sein Naturbegriff stehe höher als der, »den jeder Chemiker und Apotheker auch hat« (GA III,5,86; Traub Nr. 31. S. 217).

10 Vgl. GA III,4,363 (Traub Nr. 25. S. 178). – Der Abschnitt zur produktiven Anschauung in Schellings *System* von 1800 geht von einem zunächst Fichteschen Gedanken aus: »Die ganze Theorie der produktiven Anschauung geht von dem abgeleiteten und bewiesenen Satz aus: indem die über die Grenze hinausgegangene und die innerhalb der Grenze gehemmte Thätigkeit aufeinander bezogen werden, werden sie als einander entgegengesetzte fixirt, jene als Ding, diese als Ich an sich.« (Schelling-SW I,3,430) Diese Fixierung braucht aber ein Drittes, um bestehen zu können, und das ist dann weder Ich an sich noch Ding an sich, sondern ein Objekt der sinnlichen Anschauung (Schelling-SW I,3,435), als etwas, das in der »Mitte« zwischen beiden liegt. Hiermit deutet sich eine Verselbständigung der Objektseite an, die mit Fichtes Ansatz nicht mehr kompatibel ist.

Fichte eine echte Provokation liegen. Bei Schelling handelt es sich dabei nicht um eine vereinzelte Behauptung; er entwickelt um 1800 eine Reihe von Systemformen, auf die er seine Argumentation stützen kann, insbesondere die Konzeption eines symmetrischen, aber sich gegenläufig entsprechenden Gegenüberstehens von Natur- und Transzendentalphilosophie im *System* von 1800 und eine symmetrische Identitätskonzeption von Natur- und Transzendentalphilosophie als zwei Ausprägungen einer absoluten Identität im Identitätssystem von 1801.

Schelling hält sich einiges darauf zugute, im *System* von 1800 erstmals eine Deduktion der Zahl der Raumdimensionen geleistet bzw. eine »Erklärung« der Dimensionen vorgelegt zu haben (Schelling-SW I,3,444). Er sieht hierin eine wichtige, aus der Systematik von Transzendentalphilosophie folgende Neuerung, die einen sachlichen Fortschritt über Kant hinaus markiert. Auch Fichte gesteht, ungeachtet seiner Kritik, der Schellingschen Deduktion eine derartige Bedeutung zu.[11] Beweise für die Dreidimensionalität des Raumes wurden vielfach versucht, aber weder Euklid noch Kant – und damit die für Schelling vielleicht wichtigsten Quellen zur Mathematik – sind der Meinung, einen Beweis im strengen Sinne geben zu können. Der Grund ist für beide im Prinzip identisch: Es gibt ja gar keine Grundlage, auf die ein Beweis zurückgreifen könnte, da es jeweils um die einfachsten und allgemeinsten Sachverhalte bezüglich des Raumes und damit um die letzte Grundlage von Geometrie überhaupt geht. Kant macht zwar in der *Kritik der reinen Vernunft* – nach mehreren Beweisversuchen in vorkritischen Texten – eindeutige Aussagen über die Dimensionszahl des Raumes, aber auch hier ohne Beweis im strengen Sinn. Der Raum ist für ihn notwendigerweise dreidimensional, was, als Aussage über eine Form der Anschauung, vor aller Erfahrung vorher gewiß sei. Diese Aussage, als Aussage über die Grundlage aller geometrischen Beweise und Konstruktionen, kann ihrerseits nur als synthetisches Apriori begriffen werden und muß sich im Modus des Konstruierens, als der Verbindung von Begriff und Anschauung im apriorisch gewissen Zusammenhang des geometrischen Raumes, begründen. So argumentiert Kant in §12 der *Prolegomena*: »Daß der vollständige Raum (der selbst keine Grenze eines anderen Raumes mehr ist) drei Abmessungen habe,

11 Für eine ausführlichere Darstellung der i.f. zusammengefaßten Deduktion Schellings vgl. Paul Ziche: Raumdimension und Prinzipiendeduktion. Beweise für die Dreidimensionalität des Raumes bei Schelling und Hegel. In: Wolfgang Neuser / Vittorio Hösle (Hg.): Logik, Mathematik und Natur im objektiven Idealismus. Fs Dieter Wandschneider. Würzburg 2004. S. 157-173; hier auch Hinweise auf Schellings Behandlung der Dimensionalitätsproblematik in der Spätphilosophie und auf die unterschiedlichen Beweisversuche bei Kant.

und Raum auch nicht mehr derselben haben könne, wird auf den Satz gebaut, daß sich in einem Punkte nicht mehr als drei Linien rechtwinklicht schneiden können; dieser Satz aber kann gar nicht aus Begriffen dargethan werden, sondern beruht unmittelbar auf Anschauung, und zwar reiner a priori, weil er apodiktisch gewiß ist« (Akad-Ausg. 4, S. 284f.).[12] Kants Begründung bedient sich der reinen Anschauung, daß keine vierte, zu drei orthogonalen Geraden wiederum orthogonal stehende Gerade konstruiert werden kann. Wenn Schelling im *System des transscendentalen Idealismus* eine »Deduction« der drei Dimensionen des Raumes gibt, geht er also ausdrücklich über Kant hinaus. Auch wenn er dazu wiederum mit der Methode der Konstruktion vorgeht, verläßt er die von Kant vorgezeichneten Bahnen: Konstruktion meint bei Schelling ausdrücklich philosophische Konstruktion, also nicht einfach ein Verzeichnen im Raum, sondern ein Verzeichnen im erweiterten und übertragen so zu nennenden Raum der intellektuellen Anschauung (vgl. v.a. Schellings Aufsatz *Über die Construktion in der Philosophie* von 1802, Schelling-SW I,5,125-151)

Schellings Deduktion im *System* von 1800 entfaltet sich im Zusammenhang einer vermögenstheoretisch formulierten Geschichte des Selbstbewußtseins. Unter dem Titel einer »Theorie der produktiven Anschauung« greift Schelling hier eine zentrale Aussage seiner Naturphilosophie auf, nämlich das bereits in den *Ideen zu einer Philosophie der Natur* von 1797 und in einem eher transzendentalphilosophischen Zusammenhang in der *Allgemeinen Uebersicht der neuesten philosophischen Literatur* von 1797/98 verwendete Argumentationsmuster zur Parallelität von Materiestruktur und Anschauung. Am Anfang von Schellings naturphilosophischen Arbeiten steht die Einsicht in eine strukturelle Konvergenz, nämlich eine Konvergenz zwischen Fichtes Erklärung von Erkenntnis durch eine vom Ich nach außen gehende Kraft, die durch eine gegenwirkende Kraft beschränkt werden muß, auf der einen Seite und von Kants Herleitung der Materie aus einem Gleichgewicht von Kräften auf der anderen Seite.[13] Diese Konvergenz führt Schelling, im *System des transscendentalen Idealismus*, zur Annahme eines durchgehenden »Parallelismus« zwischen Geist und Natur (Schelling-SW I,3,331).

---

12 Vgl. noch KrV B 154, im Anschluß an den Paragraphen über die »Anwendung der Kategorien auf Gegenstände der Sinne überhaupt«: »Wir können [...] die drei Abmessungen des Raums gar nicht vorstellen, ohne aus demselben Punkte drei Linien senkrecht auf einander zu setzen«.

13 In diesem Zusammenhang werden bereits in der *Allgemeinen Uebersicht* und den *Ideen zu einer Philosophie der Natur* Überlegungen zur Dreidimensionalität angestellt (AA I,4,74f.; AA I,5,219).

Schelling überschreitet hier die Gegenüberstellung von Materie und Erkenntnis oder von Naturphilosophie und Transzendentalphilosophie bereits insofern, als Materiestruktur und Struktur des Erkenntnisaktes zusammen, ohne erkennbare hierarchische Abstufung, abgehandelt und abgeleitet werden. Auf der Grundlage dieser Argumentationsform kann Schelling im *System* von 1800 eine erste »Deduktion« liefern, nämlich eine »Deduktion der Materie« (Schelling-SW I,3,440ff.). Was genau wird hier abgeleitet? Schelling konstruiert die Materie, und zwar im Rückgriff auf die Grundkräfte, durch die Materie überhaupt konstituiert ist. Die Zahl dieser Grundkräfte ergibt sich einerseits aus der allgemeinen Überlegung, daß nur durch drei Kräfte ein ursprünglicher Dualismus stabilisiert werden könne (so auch in der Naturphilosophie, wenn Schelling im *Ersten Entwurf eines Systems der Naturphilosophie* von 1799 die »Schwere« als dritte materiekonstituierende Kraft einführt, AA I,7, v.a. 144ff.), andererseits folgt sie aus naturphilosophischen Argumenten zu den Grundformen naturaler Prozesse, die Schelling (hier allerdings in der konkreten Ausführung schwankend) in Magnetismus, Elektrizität und Chemie (z.T. auch im Galvanismus) findet. Die Dreidimensionalität alles Materiellen und damit auch die Dreidimensionalität des Raumes, innerhalb dessen alles Materielle angesiedelt ist, ergibt sich in Form von »Folgesätzen« (Schelling-SW I,3,444ff.) aus dieser »Deduktion der Materie«.

Schelling macht hier die Struktur des Raumes der Anschauung abhängig von dem, was im Raum ist. Die Struktur des letzteren ist vorgegeben durch die begrifflichen Mittel, mit denen Schelling in der Naturphilosophie Materie konstruiert. Die Deduktion des Raumes selbst arbeitet mit zwei Ansätzen. Der eine geht von den einfachsten geometrischen Objekten Punkt, Linie und Fläche aus und nutzt deren auch von Fichte immer wieder verwendete Veranschaulichungsleistung für Strukturen des Erkennens (vgl. Schellings ausführliche Anmerkung, Schelling-SW I,3,450ff.). Zum anderen übersetzt Schelling diese Strukturen sofort in konkrete Aussagen über Typen von Naturprodukten, die ihrerseits diesen geometrischen Grundformen zugeordnet werden. Hier kommen ganz direkt naturphilosophische Kategorien zum Tragen. Die Pointe dieser Argumentation liegt darin, daß Schelling nicht einfach die Struktur des Raumes aus rein geometrischen oder rein erkenntnisstrukturellen Überlegungen ableitet und dann Materie in diesen Raum setzt; Schelling möchte vielmehr innerhalb eines einzigen Deduktionsganges Erkenntnisstruktur, Raumstruktur und Materiestruktur ableiten. In dieser Deduktion tritt mithin die Materie in ihrer erkenntnisbegründenden Leistung neben Raum und Zeit, also neben Kants Anschauungsformen.

Die Struktur der Materie leitet sich nicht einfach aus der Struktur des Raumes ab, sondern wird simultan mit dieser gewonnen, und zwar so, daß jeder der Dimensionen – gefaßt als drei Typen geometrischer Grundobjekte, nämlich Linie, Fläche und Körper – ein Grundtyp materieller Reaktionen oder Kräfte entspricht, nämlich Magnetismus, Elektrizität und Chemie. Grundlage der Zuordnung sind dabei typische Raumcharakteristika dieser Naturphänomene: Typische Magnete – wie etwa die Kompaßnadel – sind linear ausgedehnt, und magnetische Kraftlinien lassen sich als Linien sichtbar machen; Elektrizität breitet sich auf der Oberfläche geladener Körper aus; bei chemischen Reaktionen – paradigmatisch die Reaktionen zwischen Gasen oder Flüssigkeiten – durchdringen sich ganze Volumina von Substanzen. Diese Ableitung unterscheidet sich vom systematischen Aufbau der Geometrie dadurch, daß Schelling nicht vom Punkt ausgeht. Dadurch gelangt er in genau drei Schritten über Linie und Fläche zum dreidimensionalen Körper. Zugleich kann er so die spezifische Weise des Erscheinens von Kräften im Hintergrund seiner Überlegung mitführen; insbesondere in der *Darstellung meines Systems* betont er, daß Kräfte notwendig unter dem Bild der Linie erscheinen (§46, Schelling-SW I,4,137).

Schelling hält auch in späteren Schriften an der Überzeugung fest, daß tatsächlich ein Beweis für die Dreidimensionalität des Raumes gegeben werden könne. In den Schriften, die auf das *System des transscendentalen Idealismus* folgen, wechseln nur die Akzentsetzungen. In der *Allgemeinen Deduktion des dynamischen Prozesses*, ebenfalls von 1800, aber später als das *System*, wiederholt er im Prinzip den Beweis aus dem *System*, aber unter der Prämisse, daß Aussagen zum Raum und seiner Dimensionalität die Grundlage der Aussagen über die Naturphänomene Magnetismus, Elektrizität und Chemie sein müssen. Hiermit deutet sich eine Tendenz an, die in den folgenden, eindeutig als identitätsphilosophisch zu bezeichnenden Schriften Schellings, insbesondere in der *Darstellung meines Systems* von 1801, eine Fortsetzung erfährt. Der Parallelismus von Natur und Geist wird nochmals in einer tieferliegenden Identität zu begründen gesucht. Jedes einzelne Sein, auch das von Natur oder von Geist, kann dann nur Ausformung dieser Identitätsstruktur sein. Die »Form des einzelnen Seins« als grundlegendes Muster einer Vereinzelung der absoluten Identität muß Grundlage aller Aussagen über Einzelnes sein. Materie überhaupt und alles Materielle ist auf der Grundlage dieser Form zu verstehen, zu deren Merkmalen Schelling auch die Dimensionalität rechnet

(§51, Schelling-SW I,4,142f.).[14] Dimensionalitätsaussagen werden damit nochmals an grundlegendere Aussagen über die Konstitution und Erkennbarkeit von Einzelnem in einem auf absoluter Identität basierenden System gebunden.

Gemeinsam ist allen diesen Beweisversuchen Schellings, daß durchgehend der Zusammenhang zwischen einer Ableitung der Raumformen und einem Konzept von Materie erhalten bleibt. Es gehört offensichtlich zu Schellings Auffassung von der Form einer Deduktion im Bereich der Prinzipien von Philosophie, daß beides gleichrangig behandelt werden kann. Dies hat Auswirkungen auf Schellings Auffassung von der Evidenz einer solchen Deduktion. Insbesondere muß er davon ausgehen, daß die naturphilosophischen Sachverhalte ebenso evident sind wie alle Aussagen aus der subjektivitätsphilosophischen Sicht. Wenn Schelling die Deduktion der Materie und diejenige der Raumdimensionen verbindet, nutzt er Kantische und Fichtesche Ansätze, um zu einer Position zu kommen, die sowohl mit Kants als auch mit Fichtes Philosophie nicht mehr kompatibel ist.

3. *Fichtes Dimensionalitätsdeduktion*

Im Briefwechsel mit Schelling bleibt Fichte zunächst beim Problem einer Deduktion der Raumdimensionalität. Er stellt der Schellingschen Deduktion direkt eine eigene Deduktion gegenüber. Angesichts des Gewichts, das diese Fragestellung in den Fichte-Schelling-Briefen vom November 1800 besitzt, formuliert Fichte dabei erstaunlich thetisch und läßt wichtige Probleme offen. Man muß hierin nicht ein Defizit an argumentativer Stringenz sehen. Vielmehr scheint es so zu sein, daß Fichte an anderen Argumentationsmöglichkeiten interessiert ist als Schelling und daß er, ohne Schellings Deduktion direkt zu kritisieren, diese in entscheidenden Punkten für irrig hält.

Fichtes Grundannahme zur Entstehung des Raumes und damit auch von dessen Strukturen spricht er in der *Bestimmung des Menschen*

---

14 Schelling versteht Materie an dieser Stelle als relative Totalität; diese wird gewonnen im Ausgang von relativer Identität, die wiederum, wie Schelling schon im vorangehenden §50 erörtert hat, im Bild der Linie zu fassen ist, während eine Duplizität, unter Beibehaltung des Bildes der Linie, durch eine Linie dargestellt wird, die einen Winkel bildet und dadurch in die zweite Dimension vorstößt. Die dritte Dimension ergäbe sich aus der Aufhebung der beiden ersten, im Übergang von Identität und Duplizität zur Totalität. – Vgl. auch die Deduktion der Raumdimensionen in Schellings Dialog *Bruno* (Schelling-SW I,4,263-267).

mit aller Deutlichkeit aus: Die Entstehung des Raumes müsse »aus dem bloßen Bewußtseyn begreiflich zu machen« sein (BdM GA I,6,237). Auch Fichte hat mehrere Entwürfe zur Begründung der Dimensionalität des Raumes vorgebracht. Alle diese Vorschläge gehen von einer gemeinsamen Überlegung aus, die sich aus Fichtes Auffassung davon verstehen läßt, was allein Grundlage einer ursprünglichen und von daher Prinzipiencharakter beanspruchenden Ableitung sein kann. Bevor überhaupt von Dimensionen im Raum oder von der Bestimmung eines Ortes im Raum gesprochen werden kann, muß für Fichte ein »*ursprüngliche*[r] Raum« (GA III,4,361; Traub Nr. 24. S. 181) zugrundeliegen, ein Raum bloßer Bestimmbarkeit, in dem jede einzelne Bestimmung erst stattfinden kann (vgl. hierzu z.B. auch GdE GA I,3,201). In einem von Fichte immer wieder verwendeten Bild wird eine solche bloße Bestimmbarkeit durch die Richtungslosigkeit eines Raumes dargestellt, der noch keine Elemente enthält, die eine Richtung auszeichnen könnten. Als Bild für das »*nicht hervorgebrachte, sondern angestammte Wissen*« wird hier »ein solches, in welchem man nach allen Richtungen hin Linien ziehen, und Punkte machen kann«, was »also als – *Raum*« zu denken sei (BdM, GA I,6,238), bestimmt. Wie das weiter unten angeführte Zitat aus Fichtes Brief an Schelling vom 15.11. deutlich ausspricht, impliziert für Fichte diese Richtungslosigkeit zugleich die Dimensionslosigkeit des Raumes. Ein anderes Bild wäre das einer Kugel, in der in allen Richtungen dieselben geometrischen Verhältnisse bestehen. Sobald innerhalb eines solchen Raumes ein Punkt ausgezeichnet wird, wird eine Richtung gesetzt; ein Punkt, wo auch immer er gesetzt wird, bringt eine Richtungsauszeichnung (von ihm weg – auf ihn hin) mit sich. Hieraus ergibt sich auch die Dynamik des Linienziehens als bildliche Darstellung eines Beziehens auf einen Punkt bzw. des Ausgehens von einem Punkt.[15] Aus diesen beiden Elementen, Punkt und Linie im bestimmungslosen Raum, gewinnt Fichte seine Grundelemente für eine Raumkonstruktion.

Die genaue Zahl der Dimensionen spielt dabei eine untergeordnete Rolle. Wesentlich ist die Operation der Bestimmung und deren Bedingungen. Punkt und Linie im Raum stehen für die Grundstruktur eines ursprünglichen Operierens überhaupt. Eine Begründung für die Stimmigkeit der Bildlichkeit des Linienziehens gibt Fichte nicht, er verzichtet in der *Bestimmung des Menschen* sogar ausdrücklich darauf, mit dem Argument, dies sei derart ursprünglich mit dem Dasein eines Ichs verbunden, daß es nicht mehr von einem Außenstandpunkt beobachtet werden könne:

---

15 Vgl. die Rede von der »inneren Agilität des Geistes« in BdM, GA I,6,237.

> »Mein geistiges Vermögen scheint sich innerlich hin und her zu bewegen, schnell von einem auf das andere zu fahren; kurz, es erscheint mir als ein *Linienziehen.* [...]
> D.G. Warum nun gerade als ein Linienziehen?
> Ich. Soll ich Gründe angeben für dasjenige, aus dessen Umkreise ich nicht heraus gehen kann, ohne aus meinem eignen Daseyn herauszugehen? – Es ist schlechthin so.« (BdM, GA I,6,237f.)

Wichtig an Fichtes Überlegung zur Raumdimensionalität ist zunächst die Unendlichkeit möglicher Bestimmungen, die auf einen einzigen, ihnen gegenüber willkürlich gesetzten, durch seine Setzung aber die Gesamtheit der unendlich vielen übrigen Punkte strukturierenden Punkt ausgerichtet sind. Diese Formulierung des Problems macht verständlich, warum Fichte immer wieder auf eine Frage eingeht und eingehen muß, die Schelling überhaupt nicht betrachtet, nämlich die Frage nach der Kontinuität oder Diskontinuität des Raumes (letzteres würde z.B. dann zum Problem, wenn man den Raum tatsächlich aus Punkten zu konstruieren versuchte).[16] Zugleich ist klar, daß für Fichte anders als für Schelling kein Argument denkbar ist, das über den Raum im Ausgang von einem Objekt oder einer Materie im Raum Aussagen trifft. Fichte muß also weitere Kriterien gewinnen, wenn er zu Aussagen über die Dimensionalität des Raumes kommen will. Solche Kriterien können nur aus dem Erkenntnisvermögen stammen. Genau auf dieser Grundlage verfährt Fichtes Begründung von Raumdimensionalität in seinem Brief an Schelling, nämlich durch die Zuordnung der Raumdimensionen bzw. genauer der Grundtypen geometrischer Formen zu Kantischen Erkenntnisvermögen, wobei diese Zuordnung allerdings eingestandenermaßen mit Unsicherheiten behaftet bleibt:

> »*Ihre Deduction der drei Dimensionen des Raumes ist* mir, indem ich diesen Brief schreibe, nicht gegenwärtig [...]. Ich für meine Person denke darüber so. 1.) Der *ursprüngliche* Raum oder der R. als *Anschauung* hat gar keine Dimensionen. Er ist überall, klein oder groß, *Kugel* [...]. Daher liegt die Deduction der 3. Dim. gar nicht der reinen W.L. sondern zunächst wohl der *Philosophie der Mathematik* ob; aus welcher die NaturPhilosophie jene Ded. Voraussezt. 2.) Die drei Dimensionen entstehen durch *abstrahirendes Denken* im Raume: und sind nichts anders, denn die *allgemeinen Formen des Denkens* selbst. Zuförderst der *Punkt*; Abstraction von

16 Vgl. die Überlegungen zum Verhältnis von »Ekigkeit« zu derjenigen Form eines »wirklich[en] Raums«, »wie die Anschauung ihn will«, in Fichtes Brief vom 15.11. (GA III,4,361; Traub Nr. 24. S. 181) oder Passagen wie GdE, GA I,3,200.

> den unendlichvielen in der Kugel ihn einschliessenden Punkten [...] Form *des* **Setzens** überhaupt. Dann die *Linie*: die im Punkte gemachte Abstraction dauert fort [...] Form: Kants *subsumirende Urtheilskraft*. Fläche (ich erinnere nicht mehr das über die Abstraction) Form: Kants *reflektirende* Urtheilskraft. *Körper*: Kants *Vernunft*, die da Totalität sezt: und der Anschauung sich am meisten nähert.« (GA III,4,361; Traub Nr. 24. S. 181)

Fichte stellt hier eine eindeutige Hierarchie philosophischer Teilgebiete auf, wobei die Deduktion der Raumdimensionalität bereits einen Schritt von der wahrhaft ursprünglichen Philosophie, wie sie bei Fichte nur die Wissenschaftslehre bieten kann, zurücktritt und die Naturphilosophie nochmals in einem Applikationsverhältnis von der Philosophie der Mathematik abhängig gemacht wird. Der von Schelling benannte »Hauptpunkt« wird also von Fichte in aller Schärfe beibehalten und gegen Schelling gewendet. Zudem beruht Fichtes Deduktion der Raumdimensionen eindeutig auf einer Betrachtung von Abstraktionen und den unterschiedlichen Formen von Abstraktion, also gerade nicht, wie bei Schellings naturphilosophischer Ableitung, auf dem konkretisierenden Anfüllen des Raumes mit Materie. Von Fichte aus wird man sagen müssen, daß eine solche Raumbetrachtung bei Schelling wiederum die hierarchische Struktur der Philosophie insgesamt unterlaufe. Drittens schließlich legt Fichte konsequent einen Dreischritt auf der Ebene von Erkenntnisvermögen zugrunde, so daß nicht nur der Raum überhaupt, sondern auch dessen Struktur, wie in BdM gefordert, »aus dem bloßen Bewußtseyn« entsteht. Schelling diskutiert in seiner Antwort Fichtes Ableitung aus diesen Vermögen, möchte sie aber wiederum an eine Ableitung auf der Grundlage von Naturprozessen anschließen, indem er beansprucht, daß die drei relevanten Vermögen (er nimmt gegen Fichte hier eine Änderung vor, indem er Selbstbewußtsein, Empfindung und produktive Anschauung auflistet und Fichtes Vermögensreihe lediglich auf dem »Standpunkt der *Reflexion*« akzeptiert) den drei als Akten aufgefaßten Klasen von Naturprozessen entsprechen (GA III,4,367f.; Traub Nr. 25. S. 182f.). Die hierin vorausgesetzte durchgehende Entsprechung von Natur- und Erkenntnisstrukturen setzt sich systemarchitektonisch fort, wenn Schelling die Logik und die Philosophie der Mathematik jeweils als Abstraktion, im Falle der Logik aus der Wissenschaftslehre und im Falle der Philosophie der Mathematik aus der Naturphilosophie, verstanden wissen will (GW III,4,367; Traub Nr. 25. S. 182). Wieder treten damit Naturphilosophie und Wissenschaftslehre für Schelling, nun bereits mit Fichtes eigenen Begriffen gegen diesen gerichtet, gleichberechtigt nebeneinander.

Noch mindestens ein weiteres Mal trifft Fichte weitreichende Aussagen über die Struktur des Raumes. Hieraus lassen sich weitere Aspekte seiner Behandlung des Raumes ablesen. Am Anfang der *Darstellung der WL* von 1801/02 verdeutlicht er sein Verständnis von Wissen und von dessen Begründung in Evidenzerlebnissen durch den Hinweis auf den mathematischen Sachverhalt, daß ein bestimmter Winkel nur durch eine ganz bestimmte Strecke zu einem Dreieck geschlossen werden könne (GA II,6,135ff.). Dabei wird implizit eine starke Annahme gemacht. Fichte setzt nämlich die Euklidizität des Raumes voraus. Nur unter dieser Annahme ist evident, daß ein Winkel nur in einer Weise geschlossen werden kann. Fichte nimmt hier etwas, was zwar unmittelbar anschaulich evident ist, aber der wissenschaftlichen Überprüfung in Mathematik bzw. Physik nicht standgehalten hat, als Paradigma für Evidenz an. Natürlich unterliegen auch Schellings Deduktionen der Dreidimensionalität derselben Schwierigkeit, daß ein (hier: natur-)wissenschaftlicher Fortschritt den Raum der Naturwissenschaften als nicht dreidimensional erweisen kann. Wesentlich erscheint aber, daß der Ort von Evidentialität bei Fichte und Schelling ein anderer ist. Für Schelling sind es nicht einzelne Konstruktionen im Raum, die als evidente Grundlagen für Aussagen über den Raum gelten, vielmehr setzt er auf einer abstrakteren Ebene an und geht von Struktureigenschaften ganzer Klassen von Naturprozessen aus, wobei Evidenz sicher nicht einem einzelnen individuellen Vollzug zukommen kann.

Bei Fichte läßt sich zusammenfassend eine Verknüpfung dreier Aspekte beobachten: Eine Abstufung des Aufbaus der Philosophie, wobei die Raumstruktur aus der ersten Linie von Prinzipienfragen herausgenommen wird; eine hiermit verbundene Absage an allzu strenge Anforderungen hinsichtlich der Aussagen über die Zahl der Raumdimensionen, verbunden drittens mit einem absolute Evidentialität beanspruchenden Appell an die unmittelbare Einsichtigkeit jedenfalls gewisser Raumstrukturen. Schelling hat es hier systematisch einfacher. Er kann den Raum direkt auf Prinzipienebene betrachten, aber auf Kosten eines doppelten, nach Natur- und Transzendentalphilosophie aufgefächerten Zugriffs. Methodische Grundbegriffe wie Ursprünglichkeit, Evidenz oder Prinzipienstruktur werden in diesen kritisch aufeinander bezogenen Überlegungen Fichtes und Schellings miteinander verkoppelt, und unterschiedliche Konzeptionen dieser Grundbegriffe werden kritisch gegeneinander ausgespielt. Genau dies zu bündeln, ist Leistung des Raumproblems, dessen Möglichkeiten zur zugespitzten Auseinandersetzung Fichte und Schelling Ende 1800 entdecken.

4. *Das kritische Potential des Dimensionsproblems*

In den Briefen vom November 1800 scheinen sich Fichte und Schelling zumindest noch insoweit einig zu sein, als sie die Frage, ob weiterreichende Aussagen über die Struktur des Raumes gewonnen werden können, zu den wesentlichen Grundlegungsproblemen einer idealistischen, an Kant anschließenden und zugleich über ihn hinausgehenden Philosophie rechnen. Allerdings lokalisiert Fichte das Problem anders als Schelling. Die genaue Zahl der Dimensionen scheint ihm sehr viel weniger wichtig zu sein; es ist die Dialektik von Bestimmung und Bestimmungslosigkeit bzw. Bestimmbarkeit, die seinen Überlegungen zugrundeliegt. Geht man von der Grundstruktur von Bestimmbarkeit, Bestimmung und Bestimmtwerden aus, lassen sich die aufbrechenden Differenzen zwischen Fichte und Schelling nochmals, anhand der Dimensionalitätsdeduktion, auf einer allgemeineren Ebene darstellen. Bei beiden steht eine Form von Identität, etwa der von Subjekt und Objekt oder von real und ideal, am Anfang. Bei Fichte ist eine solche Identität stets nochmals auf eine erkennende Instanz als ausgezeichneten Bezugspunkt bezogen. In epistemischer Sicht sichert dieser subjektive Bezugspunkt die Möglichkeit von Evidenz, wobei Evidenz immer als das jeweils subjektiv zu vollziehende Erlebnis von Evidenz verstanden wird. Auch Schelling braucht eine Dreierstruktur, in seinem Fall eine aus zwei Seiten und einem Dritten als Ort ihrer Identität. Was ihn nun tatsächlich von Fichte unterscheidet, ist, daß er andere Möglichkeiten für Abhängigkeiten und Abfolgen innerhalb dieser Dreierstruktur anerkennt als Fichte. Im Problem der Deduktion der Raumdimensionen, das nun die Funktion eines Modells für allgemeinere Strukturen übernimmt, liegt der entscheidende Unterschied in der unterschiedlichen systematischen Zuordnung von Überlegungen zur Dimensionalität. Für Fichte sind sie untergeordnet und abgeleitet, für Schelling können sie ursprünglich gewonnen werden, aber eben, indem man auf die Verfaßtheit dessen blickt, was im Raum erkannt wird, nämlich von Materie. Fichte versucht, durch seinen Deduktionsvorschlag Schelling doch noch einmal gänzlich auf die Seite einer Philosophieauffassung zu ziehen, die durchgehend von Leistungen des erkennenden Subjekts ausgeht, doch Schelling hat sich in den geschilderten Deduktionen bereits klar genug gegen eine solche Position abgesetzt.

Hierin liegt eine jeweils unterschiedliche Auffassung von methodischen Grundbegriffen wie Produktivität, Genetizität und Evidenz. Schelling sucht 1800/1801 nach einer grundlegenden Form von Philosophie, die jenseits der Gegenüberstellung von Transzendental- und Naturphilosophie zu stehen kommt. Dies deutet er in seinem Brief vom 19.11. in der Form an, daß er von einem ursprünglich identischen Subjekt-Objekt ausgehen möchte, das, wenn es in seinem Produzieren selbst aufgefaßt wird, bereits Natur ist (GA III,4,363; Traub Nr. 25. S. 183). Durch die Allgemeinheit des Produktivitätsgedankens und die Annahme, daß Natur ebenso Prinzipienstatus einnehmen könne wie das Subjekt, sieht er aber in dieser Aufwertung der Natur keine Entfernung vom Bereich des Subjekts, keine Naturalisierung; als Maxime seiner Naturphilosophie hatte Schelling bereits 1797 die Formel von der Natur als sichtbarem Geist und zugleich vom Geist als unsichtbarer Natur geprägt (AA I,5,107). Nur wenn eine solche Produktivitätsstruktur jenseits der Gegenüberstellung von Natur und Subjekt erweisbar ist, kann Schelling wirklich beanspruchen, Fichtes eindeutiger Forderung nach durchgehender, nur durch Subjektbezug zu gewinnender Evidenz mit einer begründeten Alternative gegenüberzutreten.

Schelling führt diese Überlegungen in seinem Antwortbrief vom 19.11. knapp aus (übrigens betont er gerade in diesem Zusammenhang, er habe diese Position schon länger vertreten, sei also nie bloßer Fichte-Anhänger gewesen; vgl. GA III,4,363; Traub Nr. 25. S. 184). Dabei fällt zweimal, in jeweils etwas unterschiedlichem Zusammenhang, dieselbe Formulierung, nach der das bewußte Ich, womit Schelling den subjektiven Ausgangspunkt Fichtes treffen will, »nur die höhere Potenz« einer anderen Instanz sei. Zum einen schildert Schelling, unter Aufnahme des für Fichte so wichtigen Verfahrens der Abstraktion, einen Übergang vom »reinen« Subjekt-Objekt zum bewußten Subjekt-Objekt:

> »Es bleibt nach jener Abstraction [der Abstraktion von der allgemeinen Wissenschaftslehre, die von der »subjectiven, (*anschauenden*) Thätigkeit« absieht, P.Z.] der Begriff des *reinen*, (bloß objectiven) Subject-Objects zurück [...]. Das *Ich*, welches das Subject-Object des Bewußtseyns, oder wie ich es auch nenne, das potenzirte Subject-Object ist, ist von jenem nur die höhere Potenz.« (GA III,4,364; Traub Nr. 25. S. 184)

Genauso formuliert Schelling aber für die Natur und ihre Rolle als Grundlage eines bewußten, aus ihr durch Potenzierung hervorgehenden Subjekts:

> »Der Grund [für den Gegensatz zwischen Natur- und Transzendentalphilosophie, so wie Schelling diesen auffaßt; P.Z.] liegt darin, daß eben jenes als ideal-real *blos* objective, ebendeßwegen zu-

> gleich producirende Ich, in diesem seinem Produciren selber nichts anders, als *Natur* ist, von der das Ich der intellectuellen Anschauung, oder das des Selbstbewußtseyns nur die höhere Potenz ist.« (GW III,4,363; Traub Nr. 25. S. 183)

Man sieht unmittelbar, daß Schelling hier die Überlegungen, die ihn von der Deduktion der Materie zu derjenigen von Raumstrukturen geführt hatten, systemarchitektonisch umsetzt; genauso wie die Materie neben die erkenntniskonstituierende Form der Anschauung getreten war, so tritt nun die Natur neben das reine Subjekt-Objekt in der Begründung von Philosophie überhaupt. Methodische Grundlage für die Beziehung des bewußten Subjekts auf diese grundlegende Ebene der Natur bzw. des reinen Subjekt-Objekts sind für Schelling die von ihm hervorgehobenen Parallelisierungen und Entsprechungen zwischen Materie- und Erkenntnisstruktur, die natürlich umgekehrt in einem Identitätsmodell ihrerseits theoretische Fundierung finden können. Das von Fichte herausgehobene Modell des Linienziehens eignet sich hingegen nicht für die Begründung solcher Entsprechungen; es weist sich als plausible Anschauungsform der inneren »Agilität« des Geistes aus, besitzt also einen eindeutig erkennbaren subjektivitätsphilosophischen Kern. Wenn Schelling davon spricht, das erkennende und handelnde Ich sei »nur« höhere Potenz der Natur, so ergibt sich, im Blick auf die nur scheinbar unscheinbare Qualifizierung durch »nur«, als vielleicht nicht hinreichendes, sicher aber notwendiges Definitionsmerkmal des hier verwendeten Begriffs von »Potenz«, daß dieses Ich zwar in einem genauer zu klärenden Sinne »höher« liegen soll, aber durch durchgehende Relationen der Entsprechungen auf die niedere Ebene zu beziehen ist. Hiermit läßt sich genauer angeben, an welcher Stelle der Vorwurf des unkritischen Vorgehens gegen Schelling einzubringen ist, nämlich bei der Frage, wie solche Entsprechungen ausgewiesen werden können (bei Schelling setzen sie mindestens eine elaborierte Naturphilosophie voraus, machen das philosophische Programm insgesamt also vom Funktionieren einer Naturphilosophie abhängig).[17]

---

17 Eine andere Ausprägung dieser Problemlage im Fichte-Schelling-Briefwechsel betrifft die Frage nach der Haltbarkeit einer realistischen Wissenschaftsauffassung. Schelling möchte eine solche Auffassung als Ergänzung zu einer (dann für sich genommen einseitigen) idealistischen Position vertreten. Genau diese von Schelling bereits in den *Philosophischen Briefen über Dogmatismus und Kriticismus* (vgl. auch das System von 1800, Schelling-SW I,3,428) geäußerte Ansicht benennt Fichte in seinem Brief vom 31.5.1801 als ersten Keim einer Differenz zu Schelling (GA III,5,43f.; Traub Nr. 30. S. 201). Im Brief an Fichte vom 19.11. nimmt Schelling ausdrücklich die Kennzeichnung als »realistisch« für seine theoretische Philosophie in Anspruch

Fichte reagiert direkt auf Schellings Formel vom Ich als »nur höhere Potenz« einer grundlegenderen Struktur, und Schelling kommentiert diese Bemerkung Fichtes nochmals. Anhand dieser Reaktion und ihrer Gegenkommentierung können bereits wesentliche Grundzüge nicht nur des sachlichen Umrisses, sondern auch der konkreten Ausgestaltung des Fichte-Schelling-Streites aufgezeigt werden. Fichte schreibt am 27.12.1800 an Schelling:

> »Ihren Saz, daß das Individuum nur eine höhere Potenz der Natur sey, kann ich nur unter der Bedingung richtig finden, daß ich die Natur nicht bloß als Phänomen (und insofern offenbar von der endlichen Intelligenz erzeugt, daher nicht wiedrum sie erzeugend) setze, sondern ein Intelligibles in ihr finde, von welchem überhaupt das Individuum die niedere, von *etwas* in ihm aber (dem *nur bestimmbaren*) die höhere Potenz (das bestimmte) ist.« (GA III,4, 406; Traub Nr. 26. S. 190)

Schelling akzeptiert, wie seine Randglossierungen zu diesem Schreiben Fichtes zeigen, eine solche Rekonstruktion seiner Position vollauf und schreibt sogar: »u. darauf beruht mein System«. Man könnte hierin einen Ansatz zur Einigung der gefährlich divergierenden Positionen sehen – läge nicht in Fichtes Formulierung und Schellings Reaktion darauf eine kleine, aber scharfe Pointe verborgen, die noch eine solche scheinbare Übereinstimmung wiederum in das sich bereits abzeichnende Muster der gegenseitigen Kritik einbindet. Fichte und Schelling meinen nämlich etwas grundlegend Verschiedenes, wenn sie vom »Finden« eines Intelligiblen in der Natur sprechen. Für Fichte wird ein solches Intelligibles notwendig nach immanenten Gesetzen der Intelligenz gefunden: »Etwas anderes ist die *Realität der Natur*. Die leztere erscheint in der TransscendentalPhilosophie als durchaus *gefunden*, und zwar *fertig* und *vollendet*; und dies zwar (gefunden nemlich) nicht nach *eignen* Gesetzen, sondern nach *immanenten* der *Intelligenz*« (GA III,4,360; Traub Nr. 24. S. 181). Für Schelling gilt gerade das nicht. Er hakt hier ein (GA III,4,363; Traub Nr. 25. S. 183f.), indem er die Allgemeingültigkeit dieses Gefundenwerdens anzweifelt: Wenn nach immanenten Gesetzen einer Intelligenz gefunden wird, dann kann dieses Finden nur einer Intelligenz gelingen, die nicht mit dem Objekt der Philosophie identisch ist, da von einem Finden nur dann die Rede sein kann, wenn etwas Neues, bislang Unbekanntes gefunden wird.

(GA III,4,364; Traub Nr. 25. S. 184); fortgesetzt werden diese Überlegungen in seinem Brief vom 3.10.1801 (GA III,5,85ff.; Traub Nr. 31. S. 215ff.)

Wer könnte über eine solche Intelligenz verfügen? Es könnte der darüber reflektierende Philosoph sein, der einen solchen Fund macht – aber auch das kann strikt nach Schelling nicht der Fall sein. Im eigentlichen Sinne finden kann nach Schelling wiederum nicht der Philosoph, sondern nur das gemeine Bewußtsein. Vermutlich ist das Argument dahinter dieses: Der Philosoph sollte Einblick in die Prozesse genetischen Hervorbringens haben und dürfte daher nichts einfach nur finden.

In diesem Versuch, Fichte den Standpunkt des gemeinen Bewußtseins zu unterstellen, liegt eine polemische Spitze, die übrigens in schöner Symmetrie und weniger schöner Aggressivität Fichte ebenfalls gegen Schelling wendet: Jeder wirft dem anderen mehr oder weniger unverblümt vor, auf dem Standpunkt des gemeinen Bewußtseins zu verbleiben. Fichte nominalisiert diesen Vorwurf, indem er Schelling mit dem gerade von Fichte heftigst gescholtenen Friedrich Nicolai als Personifikation des gemeinen Bewußtseins vergleicht. Diesen Vergleich spricht Fichte zwar nicht Schelling gegenüber aus, verwendet ihn aber in einem Brief an J.B. Schad vom 29.12.1801, der Schelling später zugänglich wird (GA III,5,101; vgl. Schellings Brief an Fichte vom 25.1.1802, GA III,115-117; Traub Nr. 35. S. 236f., wo Schelling wiederum auf den Nicolai-Vergleich eingeht). Wie einig sich Fichte und Schelling gerade in der Abwertung Nicolais sind, zeigt Schellings Brief vom 15.5.1801 (GA III,5,37; Traub Nr. 28. S. 196). Eine schärfere polemische Zuspitzung erscheint kaum mehr denkbar. Die zunächst gemeinsame Überzeugung, in der Behandlung des Raumproblems über Kant hinausgehen zu müssen und dafür auch die geeigneten Mittel bereitstellen zu können, hat sich endgültig in persönlich verletzend vorgetragene Kritik transformiert.

5. *Schlußbemerkung zur Dis-Harmonik*

Bereits in den Briefen vom November 1800 flicht sich ein Netz von einander durchkreuzenden Vorwürfen, verwoben mit anscheinend als Angebot zur Vereinigung der beiden Standpunkte gedachten Formulierungen, die aber rasch als Aufkündigung jeglicher Zusammenarbeit enthüllen werden und in scharfe Polemik abkippen. Einigkeit scheint jedenfalls noch in der Wahl des argumentativen Ausgangspunktes zu bestehen. Kants Ansatz, Anschauungsformen des erkennenden Subjekts als Bedingung der Erkenntnis von Objekten darzustellen, wird, über den Schritt einer Subjekt-Objekt-Identität, die ihrerseits auf die von Kant gestiftete Beziehung zwischen Raum als Anschauungsform und räumlich Angeschautem zurückgeht, zu einer Gegenüberstellung von zwei unterschiedlichen Ansatzpunkten der Philosophie zugespitzt. Dem Ausgang vom reinen Subjekt steht ein Ansatz gegenüber, der Subjekt und Objekt nebeneinander als Grundlage der Philosophie annimmt. Beide Formen von Philosophie bleiben über das Raumproblem eng miteinander verschränkt. Aus diesem Grund erweist sich die Strukturierung des Raumes als besonders geeignet, eine kritische Debatte zu eröffnen, aber auch dazu, eine solche Debatte radikal zuzuspitzen.

Das Raum-Problem scheint nicht zuletzt eine Art zentralen Terrains für das Ausprobieren argumentativer Mittel vor deren künftigem Einsatz im Kernbereich der philosophischen Debatte darzustellen. Der Raum steht aufgrund seiner erkenntniskonstituierenden Leistung nahe genug am Problem der Subjektivität und zugleich an dem der Natur, um die Beziehung von Subjekt und Natur zum Gegenstand zu machen. Zugleich verweist das Raumproblem zurück auf die Philosophie Kants, wo es bereits mit dem Problem letzter Prinzipien verbunden war. In der Zuspitzung, daß nun mit neuer Intensität gefragt wird, wie und auf welcher Grundlage noch begründete Aussagen über diese Prinzipien möglich seien, wird das alte Problem mit neuen Möglichkeiten aufgeladen.

Vor diesem Hintergrund ist nicht überraschend, daß Fichte und Schelling jeweils dieses Problem nutzen, um erste Vorwürfe gegeneinander formulierbar zu machen. Signifikant allerdings ist die genaue Entsprechung der gegenseitigen Vorwürfe. Jeder macht gegen den anderen genau das geltend, was ihm vorgehalten wird, in diesem Fall einen Nicolaitismus im Sinne einer schlechten Philosophie des gemeinen Bewußtseins. Eine solche Diskussionslage, das rhetorische Mittel der invers symmetrisch vorgebrachten identischen Vorwürfe, ist keineswegs ungewöhnlich; sie gehört etwa zum Standardrepertoire der nach-Kantischen Theorien.[18] Sie stellt sich typischerweise dort ein, wo zwei oder mehr Autoren an einem Problem arbeiten, das auf einen gemeinsamen Ausgangspunkt referiert, der aber systematisch divergente Weiterführungen zuläßt. Kein Diskussionshemmnis führt zu ähnlich tiefgehenden Zerwürfnissen wie derartige Unstimmigkeiten, die von einem gemeinsamen, von beiden Seiten hochgeschätzten Ausgangspunkt ausgehen. In einer solchen Situation scheint jeder der Partner annehmen zu müssen, der andere müsse ihn eigentlich

18 Ein Beispiel aus der mit ähnlicher persönlicher Schärfe, zumindest von Seiten Fichtes, vorgetragenen Auseinandersetzung zwischen Fichte und C.C.E. Schmid, wird in Temilo van Zantwijk / Paul Ziche: Fundamentalphilosophie oder empirische Psychologie? Das Selbst und die Wissenschaften bei Fichte und C.C.E. Schmid. In: Zeitschrift für philosophische Forschung 54, 2000. S. 557-580 vorgestellt.

verstehen oder müsse eigentlich zu denselben Aussagen kommen – und wenn er das nicht tut, liegt der Verdacht nahe, daß ein solches Nicht-Verstehen nur an einem Nicht-Verstehen-Wollen liegen könne, das dann moralisch abzuqualifizieren ist. Auch in dieser Hinsicht präfiguriert die Debatte über die Struktur des Raumes die weitere Auseinandersetzung zwischen Fichte und Schelling.

»Synthesis der Geisterwelt«

Fichtes Systemskizze im Briefwechsel mit Schelling

Christian Klotz (München)

In den Briefen vom 27. Dezember 1800 und vom 31. Mai 1801 gibt Fichte eine skizzenhafte Darstellung der Wissenschaftslehre, die eine Weiterentwicklung seines philosophischen Projekts bedeutet. Fichtes anfängliche Intention, durch die hier dargelegte Konzeption der Wissenschaftslehre die Vereinbarkeit der Position Schellings mit dem eigenen Standpunkt darzutun, weicht im Verlauf seiner Ausführungen dem Bewußtsein einer tiefgreifenden, die Grundannahmen und -intentionen betreffenden Differenz zu Schelling, die in den folgenden Briefen dann auch zunehmend manifest wird. Insofern markiert die Systemskizze einen Wendepunkt im Briefwechsel zwischen Fichte und Schelling. Im folgenden soll sie jedoch weniger im Hinblick auf das Verhältnis Fichtes zu Schelling denn als Dokument von Fichtes eigener Entwicklung untersucht werden. Zuerst sind die beiden Briefe je für sich zu betrachten (Abschn. I und II); dann soll die Stellung der Systemskizze innerhalb der Entwicklung Fichtes beleuchtet werden (Abschn. III).

I. *Fichtes Brief an Schelling vom 27. Dezember 1800*

Fichte hatte im Brief vom 15. November 1800 die Charakterisierung von Transzendental- und Naturphilosophie als entgegengesetzte Teile der Philosophie kritisiert, die sich in der Vorrede und der Einleitung von Schellings *System des Transzendendalen Idealismus* findet.[1] Als gegenläufig zur Transzendentalphilosophie angelegter Systemteil hat die Naturphilosophie die Aufgabe – so Schellings Formulierung im *System* –, das Subjektive aus dem Objektiven »abzuleiten«.[2] Schelling hatte diesen Gedanken im Brief vom 19. November verteidigt und dahingehend präzisiert, daß die Naturphilosophie vom Begriff eines »(bloß objektiven) Subjekt-Objekts« ausgehe und das Ich als dessen höhere Potenz erweise.[3] Die Natur ist demnach, auch wenn der Objekt-Charakter in ihr vorherrscht, bereits durch ein subjektives Moment gekennzeichnet; und nur weil dies so ist, kann das Ich in der Naturphilosophie aus ihr erklärt werden. Auf Schellings Begriff des »Subjektiven« in der Natur, der mit seinem Konzept von Naturphilosophie somit wesentlich verbunden ist, beziehen sich Fichtes Ausführungen in diesem Brief und in dessen Entwurf.[4] Dieser Begriff läßt sich, so Fichte, nicht in einer Weise explizieren, die sowohl vereinbar mit der Wissenschaftslehre als auch mit Schellings Erklärungsabsicht ist, wenn er auf die Natur als »Phänomen« bezogen wird. Denn die Natur als Erfahrungsgegenstand ist der Wissenschaftslehre zufolge aus dem Ich zu erklären. Sofern Strukuren, die als Aspekte von Subjektivität zu gelten haben, in der Natur als Phänomen auftreten, sind sie demnach aus dem Ich zu erklären – daraus also, daß das Bewußtsein Strukturen seiner selbst auf die Produkte der Einbildungskraft projiziert. Das so erklärte »Subjektive« in der Natur für die Erklärung des Ich heranzuziehen, wäre offenbar zirkulär.[5]

Diesen Zirkel will Fichte Schelling nun aber nicht vorwerfen. Vielmehr meint er zunächst noch, daß es eine Lesart der Schellingschen Rede vom »Subjektiven« in der Natur gibt, die sowohl mit der Wissenschaftslehre als auch mit Schellings Erklärungsabsicht vereinbar ist. Diese ergibt sich jedoch nicht aus den Prinzipien der Transzendentalphilosophie, wie sie bisher dargelegt wurden, sondern nur unter einer »Ausdehnung«

---

1 S. GA III, 4, S. 360/61.

2 Schellings Werke, hrsg. v. M. Schröter, Bd. 2 (München 1927), S. 342.

3 S. GA III, 4, S. 364.

4 S. ebd., S. 404-05 (Entwurf) und S. 406-07.

5 S. ebd., S. 404/05 und 406; vgl. Fichtes rückblickende Bemerkung im Brief vom 31. Mai 1801 (GA III, 5, S. 44).

ihrer Prinzipien, für die Fichte aber auch noch andere, dem »Zeitbedürfniß« entsprechende Motive gegeben sieht.[6] Der bisher in der Darstellung der Wissenschaftslehre noch fehlende Teil der Transzendentalphilosophie ist das »transcendentale System der intelligiblen Welt«. In diesem erweist sich die endliche Intelligenz (das »Individuum«) als eine nicht ursprüngliche, sondern abgeleitete Größe – ein Gedanke, den Fichte nun auch unter Verwendung von Schellingscher Terminologie ausdrückt: Die Intelligenz ist eine »höhere Potenz« von etwas, das im Intelligiblen enthalten ist.[7]

Fichte führt diesen Gedanken im Entwurf und im Brief in unterschiedlicher Weise aus: Im Entwurf wird die intelligible Welt als Erklärungsgrund für die Zustandsbestimmungen eingeführt, welche die wesentliche Begrenztheit der Intelligenz ausmachen: das »materielle Gefühl« und die Äußerungen des »Gewissens«. In den bisher gegebenen Darstellungen der Wissenschaftslehre sei die Setzung der Sinnenwelt aus dieser doppelten Begrenzung der Intelligenz erklärt worden, während diese selbst unerklärt geblieben sei. Mit ihrer Erklärung aus dem Intelligiblen sollen zwei Teile der Philosophie ihre Begründung finden, die »entgegengesetzt« sind (wie Natur- und Transzendentalphilosophie bei Schelling), die aber zugleich vereinigt werden durch den transzendentalen Idealismus, der somit Grundlage der ganzen Philosophie bleibt.[8] Im Brief selbst dagegen greift Fichte, um den derivativen Status der Intelligenz in der Wissenschaftslehre darzulegen, auf das Voraussetzungsverhältnis zwischen Bestimmtheit und Bestimmbarkeit zurück, das schon in der Wissenschaftslehre nova methodo bei der Einführung des Begriffs der intelligiblen Welt eine entscheidende Rolle gespielt hatte: Die Intelligenz muß sich, um sich als bestimmt, d.h. als »Individuum« zu setzen, als Bestimmung von etwas Bestimmbaren begreifen, das nur mit der intelligiblen Welt gegeben sein kann. Die intelligible Welt ist also eine notwendige Voraussetzung, die im

---

6 Fichte spricht an dieser Stelle in Bezug auf die eigene Prinzipiendarstellung von der Erforderlichkeit einer Erweiterung, und nicht etwa in Bezug auf die Transzendentalphilosophie Schellings, wie R. Lauth annimmt (Die Entstehung von Schellings Identitätsphilosophie in der Auseinandersetzung mit Fichtes Wissenschaftslehre (Freiburg/München 1975), S. 144). Hierin kommt erstmals Fichtes Absicht zum Ausdruck, die im dritten Buch der *Bestimmung des Menschen* ausgeführte Konzeption des Geisterreichs in den Zusammenhang der Grundlegung der Wissenschaftslehre aufzunehmen, wo sie dann allerdings nicht den Status eines ersten Prinzips, sondern eine Abschlußfunktion erhält (s. unten, Abschn. II).

7 S. GA III, 4, S. 406.

8 S. ebd., S. 405.

Bewußtsein der eigenen Individualität gemacht wird.[9] An diesem Konzept wird Fichte dann auch in der Systemskizze vom 31. Mai 1801 festhalten.

Damit hat Fichte nun zwar deutlich gemacht, daß die Intelligenz der Wissenschaftslehre zufolge hinsichtlich ihrer Begrenztheit ein nichtursprünglicher, abgeleiteter Sachverhalt ist. Eine der Wissenschaftslehre entsprechende Lesart der Schelling zugeschriebenen Behauptung der Erklärbarkeit der Intelligenz aus der Natur würde sich nun aber erst ergeben, wenn mit dem Konzept der intelligiblen Welt auch ein *Natur*begriff gewonnen wäre. Nur dann ließe sich sagen, daß die Intelligenz aus der Natur erklärt wird, wenn sie aus der intelligiblen Welt erklärt wird. Dies müßte ein anderer Naturbegiff sein als der der Natur qua »Phänomen«. Tatsächlich spricht Fichte nun auch vom »Intelligiblen als Natur« (so im Entwurf) und vom Intelligiblen »in« der Natur.[10]

Es bleibt hierbei jedoch unklar, in welchem Sinn die intelligible Welt selbst Natur ist oder in der Natur enthalten ist. Dies verständlich zu machen wäre aber entscheidend, um Schellings Begriff einer bereits durch Subjektivität gekennzeichneten Natur mittels des Systems der intelligiblen Welt innerhalb der Wissenschaftlslehre zu rekonstruieren. Es gelingt Fichte hier nur, eine von zwei Teilthesen der Schelling zugeschriebenen Position innerhalb der Wissenschaftslehre zu explizieren: Die These, daß die individuelle Intelligenz eine abgeleitete, zu erklärende Größe ist. Die zweite These, daß sie aus der *Natur* zu erklären sei, wird in Fichtes Darstellung dagegen nicht nachvollziehbar. Zu diesem Ergebnis kommt Fichte dann auch selbst im Brief vom 31. Mai 1801. Dort schreibt er: »Inwiefern man meinem Ich irgend eine Spur von Individualität aufrükte, müste man freilich auf ein Ableiten dieses Individuellen bedacht sein. Sie sehen aus dem obigen, daß ich gleichfals ableite [-] darin also sind wir einig; nur um's Himmels willen nicht aus einer Natur, oder einem begreiflichen Universum, oder irgend etwas, worauf der RealGrund anwendbar ist.«[11] Damit – mit der Einsicht, daß ein der Schellingschen Intention entsprechender Naturbegriff sich in der Wissenschaftslehre nicht einführen läßt – ist Fichtes Versöhnungsbestrebung deutlich abgeschwächt. Im Brief vom 31. Mai gibt Fichte dann auch eine Skizze der Wissenschaftslehre, die eher darauf angelegt ist, die Differenzen zu Schelling hervortreten zu lassen, als die Gemeinsamkeiten.

---

9 S. ebd., S. 406; für die Wissenschaftslehre nova methodo, s. Kollegnachschrift K.Chr.F. Krause (im folgenden: WLnm-K), GA IV, 3, S. 445 ff..

10 S. GA III, 4, S. 405 und 406.

11 GA III, 5, S. 51.

II. *Fichtes Brief an Schelling vom 31. Mai 1801*

In Fichtes Systemskizze vom 31. Mai wird die Erörterung des Systems der intelligiblen Welt – nun unter der Bezeichnung »System der Geisterwelt« – weitergeführt.[12] Hierbei wird eine Präzisierung des im Brief vom 27. Dezember Gesagten wichtig: Das System der intelligiblen Welt gehört zwar in den Zusammenhang der allgemeinen Grundlegung der Wissenschaftslehre, aber nicht als erstes Prinzip, sondern als deren »Vollendung«, d.h. als abschließende, »höchste Synthesis« der Grundlagen allen Wissens.[13] Diese will Fichte hier im Ausgang vom Prinzip der Wissenschaftslehre darlegen. So ergibt sich eine zwar skizzenhafte, aber doch umfassende Darstellung der allgemeinen Grundlagen der Wissenschaftslehre, die vom ersten Prinzip bis zu deren abschließender Synthese reicht.

Fichtes Skizze setzt mit der Bemerkung ein, der Ausgangspunkt der Wissenschaftslehre sei nicht als »Sein«, sondern als »Sehen« zu fassen.[14] Mit dieser Grundthese will Fichte sich offenbar von Schellings Position absetzen, wie diese inzwischen mit der *Darstellung meines Systems* vorliegt. Fichte illustriert den hier gemeinten Sachverhalt beispielhaft durch den Fall einer bestimmten Evidenz: durch die mathematische Einsicht nämlich, daß zwischen zwei Punkten nur eine Gerade möglich ist. Von einem solchen bestimmten Evidenzfall ist das als Prinzip der Wissenschaftslehre angesetzte »Sehen« jedoch zu unterscheiden. Fichte bezeichnet es in der Systemskizze mehrmals als »absolutes Bewußtsein«.[15] Damit ist offenbar das gemeint, was die Evidenz in sich und als solche ist, unabhängig von ihrer jeweiligen inhaltlichen Bestimmtheit und insofern als ein Absolutum. Fichte unterläßt es hier aber, die Struktur dieses Prinzips zu explizieren; die Skizze ist von der Intention bestimmt, die »Synthesis der Geisterwelt« zu erreichen und läßt hierüber das Prinzip selbst unterbestimmt. Man kann aber sagen, daß das als »Sehen« bezeichnete absolute Bewußtsein wenigstens drei Aspekte einschließt: Erstens ist es durch Selbstpräsenz ausgezeichnet, wodurch es wesentlich vom »Sein« unterschieden ist. Evidenz ist wesentlich selbsterschlossen – wenn sie eintritt, ist sie auch unmittelbar als solche bewußt. Zweitens ist das absolute Sehen kein Sachverhalt, zu dem wir nur Zugang nehmen können, indem wir ihn denkend annehmen oder voraussetzen. Es ist vielmehr etwas, woran wir

12 S. ebd., S. 43-53.

13 S. ebd., S. 45 (vgl. oben Fußn. 6).

14 S. ebd., S. 46.

15 S. ebd., S. 46 und 47.

selbst partizipieren, wann immer wir etwas einsehen. Drittens ist das absolute Sehen der Grund der synthetischen Struktur jedes bestimmtes Falles von Evidenz (also, z.B., der betrachteten mathematischen Einsicht). In diesem Sinn spricht Fichte von der »Form«, die das absolute Bewußtsein dem endlichen Bewußtsein erteilt.[16]

Dieser Form – der synthetischen Struktur jeder bestimmten Evidenz – wendet Fichte sich sogleich zu, indem er darauf hinweist, daß der betrachtete Gewißheitsfall wesentlich zwei Komponenten umfasst: das Bewußtsein eines bestimmten gewußten Inhalts, der »von« allen Elementen eines Gegenstandsbereichs gilt; und die Voraussetzung der Gesamtheit möglicher Intelligenzen, »für« die diese Einsicht gelten soll. Beide Aspekte sind nach Fichte in jeder Einsicht untrennbar: Die Geltung eines Satzes von einem Gegenstandsbereich ist wesentlich auch seine Geltung für alle Intelligenzen; und Geltung für alle Intelligenzen kommt wesentlich einem objektiven Inhalt zu, der von allen Elementen eines Gegenstandsbereichs gilt.[17] Man kann sagen, daß Fichte hier die von Kant in der *Kritik der Urteilskraft* eingeführte Unterscheidung zwischen »logischer« (objektiver) und »subjektiver« Allgemeinheit aufnimmt und diese als grundlegende Aspekte jeder inhaltlich bestimmten Gewißheit auslegt.[18]

Ausgehend von dieser geltungstheoretischen Dualität führt Fichte nun das Verhältnis zwischen »Individuum« und »Geisterwelt« ein. Die Bestimmtheit einer Einsicht, die ihr hinsichtlich ihres objektiven Inhalts zukommt, wird von Fichte hier offenbar als Individuationsprinzip angesetzt – durch den von ihm gewußten Inhalt setzt das Bewußtsein sich als Bestimmtes. Da der gewußte Inhalt aber zugleich wesentlich für alle möglichen Intelligenzen gilt, ist die Selbst-Individuation an den Gedanken einer alle möglichen Intelligenzen umfassenden Sphäre gebunden.[19] Wenn Fichte diese Sphäre nun als »Geisterwelt« bezeichnet, dann geht es ihm vor allem um deren *Einheit* – darum, daß hier der allgemeine Standpunkt einer allen gemeinsamen Vernunft konstitutiert wird (so spricht er von der Geisterwelt als der »Form der Ichheit« und dem »Universellen der menschlichen Vernunft«). Hieraus ist auch zu verstehen, warum Fichte sagt, daß ein jeder im Gedanken der Geisterwelt »sich« als bestimmbar setzt: Jeder bezieht hier eine allgemeine Warte, und nicht den Standpunkt des individuellen Bewußtseins. Der Ort des endlichen Bewußtseins ist

---

16 S. ebd., S. 46/47.

17 S. ebd., S. 46.

18 S. §8 der *Kritik der Urteilskraft*, AA 5, bes. S. 214/15.

19 S. GA III, 5, S. 46.

nach Fichte der »Wechselpunkt« zwischen beiden Standpunkten – zwischen der partikularen Weltsicht des Individuums, und der unpersönlichen Warte der mit allen anderen geteilten Vernunft.[20] Die Weise, in der beide Standpunkte aufeinander bezogen sind, beschreibt Fichte außer durch das Begriffspaar »bestimmbar«-»bestimmt« durch die Begriffe des »Ideal-« und des »Realgrunds«.[21] Damit ist gesagt, daß wir von der Geisterwelt wissen, weil wir sie unserer individuellen Bestimmtheit voraussetzen müssen; die Individualität ist also »Idealgrund« der Geisterwelt, Grund des Wissens von ihr. Zugleich müssen wir die Geisterwelt aber als »Realgrund« der eigenen Individualität denken – die eigene Bestimmtheit ist eine Bestimmung von ihr, d.h. des allgemeinen Vernunftstandpunkts.

Fichte unternimmt in der Systemskizze zuletzt noch einen Schritt, der über das Konzept der »Geisterwelt« als Individualitätsbedingung hinausführt. Im Gedanken des Geisterreichs wird sowohl die Diversität, als auch die Einheit der Intelligenzen gedacht. Beides bedarf aber eines Grundes. Dieser Grund ermöglicht die Geisterwelt, kann also nicht in ihr enthalten sein. Die Instanz, die Diversitäts- und Einheitsgrund – »ideales Band« – des Geisterreichs ist, bezeichnet Fichte nun als »Gott«.[22] Die »intelligible Welt« – die hier terminologisch von der »Geisterwelt« unterschieden wird – umfasst die Intelligenzen und Gott als die Instanz, welche die Einheit der Geisterwelt ermöglicht. Die Synthesis der Geisterwelt wird also erst im Gedanken von Gott vollzogen. Fichte sagt, dies sei die »höchste« Synthesis. Diese Stelle korrespondiert genau der früheren Bemerkung, die »höchste Synthesis«, die »Synthesis der Geisterwelt« sei erst noch auszuführen. Der Trennungs- und Einheitsgrund, der diese Synthesis ermöglicht, ist allerdings für uns – für die endliche Vernunft – hinsichtlich seiner inneren Verfassung unbegreifbar. Im Hinblick hierauf charakterisiert Fichte Gott auch als (absolutes) »Sein« (womit hier ein für das Denken nicht einholbares Bestehen gemeint ist). Dies ist er aber nicht »an sich«, sondern nur für die endliche Intelligenz. In sich ist er nur »Agilität« und »Licht«, also Tätigkeit, die für sich selbst durchsichtig ist. Im Gottesbegriff der Systemskizze zeichnet sich damit bereits die Trias »Sein-Licht-Leben« ab, die für Fichtes Spätphilosophie grundlegend ist.[23]

Eine – wenn auch nicht mehr die vorherrschende – Intention Fichtes in der Systemskizze ist es, sich zu Schellings Konzeption der Naturphi-

---

20 S. ebd., S. 47.

21 S. ebd., S. 46.

22 S. ebd., S. 48.

23 S., z.B., Zweiter Vortrag der Wissenschaftslehre 1804, GA II, 8, S. 96 und 142, sowie Wissenschaftslehre 1811, GA II, 12, S. 180 und 294.

losophie ins Verhältnis zu setzen. Dies erfordert es, den Ort des Naturbegriffs innerhalb des eigenen Systems anzugeben. Die Weise, in der dies hier geschieht, ist ganz der Strategie der Deduktion der »Weltbegriffe« in der Wissenschaftslehre nova methodo verpflichtet: Die Natur wird als Bedingung des Handlungsbewußtseins abgeleitet. Die freie Ausbildung eines Zweckbegriffs setzt demnach »Bestimmbarkeit«, d.h. das Gegebensein einer Pluralität von Möglichkeiten voraus. Diese Bedingung aber ist durch die Welt des im Raum Wahrnehmbaren erfüllt, die in verschiedenen Weisen veränderbare Gegenstände darbietet. Demnach ist also zu sagen, daß die Natur eine Setzung des Ich ist, die für dieses notwendig ist, um sich als praktisches, Zwecke setzendes Subjekt verstehen zu können.[24] Fichte macht hier allerdings nicht deutlich, in welcher Weise das Handlungsbewußtsein in seiner neuen Systematik ins Spiel kommt. Der handlungstheoretische Kontext, dem die Deduktion der Natur zugehört, wird in der Systemskizze ganz unvermittelt eingeführt. Bisher wurde das Bewußtsein hier ja nur als theoretische Evidenz beschrieben. Es würde daher eigener Deduktionsschritte bedürfen, um den *praktischen* Charakter des Bewußtseins behaupten zu können.

Fichte beschreibt die Natur in der Systemskizze jedoch auch noch in anderer Weise, nämlich als Erscheinung des »immanenten Lichts«, d.h. Gottes.[25] Hier wird der Naturbegriff direkt mit der Synthesis der Geisterwelt in Zusammenhang gebracht und auf diese Weise als »abgeleitet« dargestellt. Man hat hierin aber wohl keine Alternative zur Deduktion der Natur als Bedingung des praktischen Selbstbewußtseins zu sehen, sondern vielmehr deren weitere Fundierung: Aus der Sicht der »höchsten Synthesis« ist das praktische Selbstbewußtsein als endliche Manifestation des absoluten Lichts zu verstehen. Wenn die Natur direkt aus dem Selbstbewußtsein – als dessen Bedingung und Setzung – abzuleiten ist, dann ist sie daher mittelbar auch Erscheinung des Lichts selbst. Unmittelbar aber wird sie in der Wissenschaftslehre als Bedingung des Selbstbewußtseins abgeleitet. Für diese Lesart spricht nicht zuletzt Fichtes zustimmende Erwähnung der Besprechung von Schellings *Entwurf eines Systems der Naturphilosophie*, die im April 1801 in der *Erlanger Litteratur-Zeitung* erschienen war. An der ersten Stelle der Rezension, auf die Fichte hier Bezug nimmt, wendet der Rezensent gegen Schelling ein, daß die Naturphilosophie die Grundbestimmungen der Natur, von der sie ausgeht, a priori be-

---

24 S. GA III, 5, S. 48. Vgl. §10 der Wissenschaftslehre nova methodo, WLnm-K, GA IV, 3, S. 410-18.

25 S. GA III, 5, S. 49.

gründen müsse, daß dies aber nur möglich sei, wenn sie deren Ursprung im Selbstbewußtsein aufweise. Die Naturphilosophie sei somit als ein »Glied« der Transzendentalphilosophie zu betrachten, und nicht als ein ihr nebengeordneter, gegenläufig angelegter Systemteil.[26] An der zweiten von Fichte erwähnten Stelle der Rezension soll gezeigt werden, daß Schellings Grundbestimmung der Natur sich auch tatsächlich aus dem Selbstbewußtsein herleiten läßt: Der von Schelling der Natur zugeschriebene Trieb zur Hervorbringung eines absoluten Produkts sei nichts anderes als der unbewußte Produktionstrieb der Intelligenz, den diese nicht als solchen begreift und daher als gegenständlichen Produktionstrieb – als »Weltseele« – auffasst.[27] Dies ist nun offenbar eine andere Deduktion der Natur aus der Intelligenz als die von Fichte selbst skizzierte, in der die Natur als Bedingung des Entwurfs von Zweckbegriffen in den Blick kommt. Auf jeden Fall aber zeigt Fichtes Zustimmung zu den beiden Argumentationen des Rezensenten, daß er das Programm einer direkten Deduktion der Natur aus dem Selbstbewußtsein verfolgt. Als Erscheinung des absoluten »Lichts« ist die Natur dann insofern zu verstehen, als das endliche Selbstbewußtsein seinerseits dessen Erscheinung ist.

III. *Zur Stellung der Systemskizze in der Entwicklung der Wissenschaftslehre*

Die Stellung der Systemskizze innerhalb der Entwicklung Fichtes soll abschließend im Hinblick auf drei Sachzusammenhänge beleuchtet werden, die in der Skizze hervortreten: erstens, hinsichtlich der Bestimmung des Prinzips der Wissenschaftslehre; zweitens, hinsichtlich der systematischen Einführung des Verhältnisses zwischen Individualität und Geisterwelt; und drittens, hinsichtlich des Gedankens eines absoluten Einheitsgrundes, der die Geisterwelt ermöglicht.

(1) Im Hinblick auf die Konzeption des Prinzips der Wissenschaftlsehre ist die Skizze ein Dokument des Übergangs von der Wissenschaftslehre nova methodo zur Wissenschaftslehre von 1801/02. Von der in den vorausgehenden Darstellungen der Wissenschaftslehre leitenden Charakterisierung des Prinzips der Wissenschaftslehre als »Ich« oder »un-

26 Vgl. die Wiedergabe der Stelle in GA III, 5, S. 49/50 (Fußn. 15). Der Verfasser der anonym erschienenen Rezension ist A.C.A. Eschenmayer (s. den editorischen Bericht in: F.W.J. Schelling, Werke, Bd. 7, hrsg. v. Wilhelm G. Jacobs und Paul Ziche (Stuttgart 2001), S. 53f.).

27 Vgl. ebd., S. 50/51 (Fußn. 16).

mittelbares Selbstbewußtsein« nimmt Fichte hier bereits Abstand, wohl deshalb, weil sie das Mißverständnis nährt, die Wissenschaftslehre gehe vom je eigenen, individuellen Selbstbezug aus. Die an deren Stelle tretende Rede vom »Sehen« soll deutlich machen, daß die Wissenschaftslehre von nichts anderem als dem absoluten, inneren Wesen des Wissens ausgeht. Diese explizite Absetzung der Prinzipienebene von derjenigen, auf der die egologische Begrifflichkeit ihren Ort hat, verweist bereits auf die Darstellung der Wissenschaftslehre von 1801/02, wo der Ausgangspunkt der Wissenschaftslehre als »absolutes Wissen« gefasst wird.[28] Im Brief an Schelling vom 15. Januar 1802 wird Fichte dann ausdrücklich das Sehen als »absolutes« Wissen explizieren.[29] Dennoch kann man nicht sagen, daß Fichte hier im Hinblick auf das Prinzipienverständnis bereits vollständig auf dem Standpunkt der Wissenschaftslehre von 1801/02 steht. Dies zeigt sich darin, daß er den Begriff des »Seins« noch ganz von der Charakterisierung des Prinzips fernhält und als einen abgeleiteten Begriff versteht, der den Produkten des Sehens gilt, sofern diese dem Begreifen unzugänglich sind. Dies entspricht noch der in der Wissenschaftslehre nova methodo vertretenen Position Fichtes, der Begriff des Seins sei in der Wissenschaftslehre abzuleiten und sei somit nicht etwa ein Grundbegriff, der bereits in der Explikation des Prinzips der Wissenschaftslehre in Anspruch zu nehmen wäre.[30] In der Wissenschaftslehre von 1801/02 dagegen wird das absolute Wissen – und damit das Prinzip der Wissenschaftslehre – als Einheit von »Sein« und »Freiheit« rekonstruiert, die als irreduzible Grundcharaktere des Wissens gefasst werden.[31] Der Seinsbegriff steigt hier also zu einem Grundbegriff der Wissenschaftslehre auf, wird aber zugleich so ausgelegt, daß er kein wissenstranszendentes Bestehen, sondern die relationslose Invarianz des Wissens selbst – sein inneres Wesen – meint. Dieser Aufstieg des Seinsbegriffs zu einem Grundbegriff der Wissenschaftslehre, der für Fichtes ganze Spätphilosophie prägend ist, wird in der Systemskizze noch nicht erkennbar.

Das durch Licht, Sein und Agilität (Leben) gekennzeichnete Absolute (Gott) hat in der Skizze eindeutig eine *Abschluß*funktion inne. Es ist das im Bewußtsein gesetzte Absolute; erstes Prinzip der Wissenschaftslehre aber muß die Verfassung des Wissens als Grund aller Setzungen sein.

---

28 S. GA II, 6, S. 143 ff..

29 S. GA III, 5, S. 112.

30 S. WLnm-K, GA IV, 3, S. 352.

31 S. GA II, 6, S. 147 ff.. Zur Stellung des Seinsbegriffs in der Wissenschaftslehre 1801/02 vgl. D. Henrich, *Der Grund im Bewußtsein. Untersuchungen zu Hölderlins Denken (1794-1795)* (Stuttgart 1992), S. 738 ff..

Der Umstand, daß im Zusammenhang der Charakterisierung Gottes die Trias »Sein-Licht-Leben« ins Spiel kommt, die später für Fichtes Charakterisierung des Prinzips der Wissenschaftslehre bestimmend wird, legt allerdings die Hypothese nahe, daß Fichte später zu dem Ergebnis kam, im Gottesbegriff der Systemskizze seien genau die Struktureigenschaften versammelt, die dem Prinzip der Wissenschaftslehre zukommen müssen. Dies würde insofern eine Konzession an Schelling bedeuten, als dieser in seiner Antwort auf Fichtes Skizze im Brief vom 3. Oktober 1801 einwendet, in der »höchsten Synthesis« bringe Fichte erst das »wahre« Absolute in den Blick, von dem die Philosophie auszugehen habe.[32] Doch wenn Fichte später die Begriffe Sein-Licht-Leben in der Explikation des Prinzips einführt, werden sie als Grundcharaktere des Wissens ausgelegt. Fichte wird also die hier Gott zugeschriebenen Charaktere als Aspekte der Absolutheit des Wissens deuten und damit an dem von Schelling kritisierten Ausgang von einem als epistemisch gefassten Absoluten festhalten.

(2) Fichte führt die Dualität von »Individuum« und »Geisterwelt« in der Systemskizze in einer ganz neuartigen Weise ein – nicht mehr, wie in der Wissenschaftslehre nova methodo, als notwendige Folge der Selbstbestimmung des Ich in seiner Reflexion, sondern als Implikat der Struktur eines bestimmten Gewißheitsfalles. Diese soll darin bestehen, daß in jeder Evidenz die Geltung eines objektiven Gehalts von allen Elementen eines Gegenstandsbereichs und für alle Intelligenzen in Anspruch genommen wird. Fichte hat diesen Gedanken in der Darstellung von 1801/02 in einer introduktorischen Betrachtung wieder aufgenommen, ihm dort aber eine ganz andere Funktion gegeben. Dort soll er nämlich den Anschauungscharakter des Wissens deutlich machen: Das Wissen umfasst eine unbestimmte Vielzahl von Einzelfällen und anderen Intelligenzen, von denen bzw. für die der gedachte Sachverhalt ebenfalls gilt; und dieses Erfassen von Vielem in einem Blick kennzeichnet das Wissen als »Anschauung«.[33] In der Systemskizze dagegen fungiert dieser Gedanke als Ausgangspunkt für die Einführung des Verhältnisses zwischen Individuum und Geisterwelt. Es ist aber fraglich, ob der hier intendierte Schritt überzeugend gemacht werden kann. Die Schwierigkeit ist hierbei vor allem auf Seiten des Individualitätsbegriffs zu sehen: Fichte versucht, diesen Begriff in einer ausschließlich theoretisch motivierten Weise einzuführen, während er ihn bisher doch immer auf den praktischen Sachverhalt eines je eigenen, individuierenden Wollens bezogen hat. Individuati-

32 S. GA III, 5, S. 81/82.
33 S. GA II, 6, S. 135 ff..

onsprinzip soll hier offenbar die objektive inhaltliche Bestimmtheit der Gewißheit sein. Es ist aber nicht ohne weiteres nachzuvollziehen, inwiefern sich auf die so verstandene Bestimmtheit eines Gewißheitsfalles das Bewußtsein der je eigenen Individualität gründen kann. In der Darstellung von 1801/02 wird die Individualität dann auch in ganz anderer Weise eingeführt, nämlich über die »formale« Freiheit, die das Wissen als zufällig setzt, d.h. als eine mögliche Sicht der Welt unter anderen.[34]

(3) Die Erörterung der »Geisterwelt« ist offenbar der Teil der Systemskizze, der am deutlichsten in Kontinuität zu früheren Ausführungen Fichtes steht. Sie ist als eine Verbindung von Elementen der Wissenschaftslehre nova methodo mit solchen verstehen, die Fichte im dritten Buch der *Bestimmung des Menschen* ins Spiel gebracht hatte. In der Wissenschaftslehre nova methodo hatte Fichte bereits den Begriff des Reichs vernünftiger Wesen als unseren primären, vom Bewußtsein der je eigenen Individualität untrennbaren Weltbegriff eingeführt. Wie in der Systemskizze wurde dort die Beziehung zwischen Individualität und Reich der Vernunftwesen gemäß dem Prinzip der Untrennbarkeit von Bestimmtheit und Bestimmbarkeit expliziert. Dieses Prinzip besagt, daß alles Bestimmte wesentlich als eines unter vielem gedacht wird, das in einer wesentlichen Hinsicht gleichartig ist. Die »bestimmbare« Sphäre, die jeder Bestimmungsakt in Anspruch nimmt, umfasst also alle möglichen Weisen, in denen ein allgemeiner Grundcharakter spezifiziert werden kann. Sich als Individuum und damit als »bestimmt« zu setzen bedeutet nach Fichte daher, sich als einen unter vielen zu verstehen, die eine gemeinsame Vernunft in unterschiedlichen Weisen realisieren.[35] Wenn Fichte in der Wissenschaftslehre nova methodo die Sphäre der Vernunftwesen zugleich als »intelligible Welt« bezeichnet, dann werden jedoch bereits Beziehungen zwischen den Vernunftwesen angenommen, die damit noch nicht gegeben sind, daß sie Elemente derselben »bestimmbaren« Sphäre sind. Eine bestimmbare Sphäre ist als solche ja noch keine *Welt* – kein Ordnungszusammenhang, dessen Elemente aufeinander einwirken. In der Wissenschaftslehre nova methodo ist Fichte jedoch noch nicht der Auffassung, die Verbindung der Intelligenzen zu einer Ordnung – einer »Welt« – sei erst durch eine übergeordnete Instanz ermöglicht. Fichte spricht hier von einer »Wechselwirkung« der Vernunftwesen, ohne es für erforderlich zu halten, für das Verständnis dieses Sachverhalts hinter die interaktiven

34 S. ebd., bes. S. 256.

35 S. WLnm-K, GA IV, 3, S. 445.

Handlungen der Intelligenzen – die »Aufforderung« – zurückgehen zu müssen.[36]

Erst das dritte Buch der *Bestimmung des Menschen* bringt den Gedanken eines »Bandes« ins Spiel, das die Beziehungen der Intelligenzen zueinander und damit das »Reich der Geister« ermöglicht.[37] Dieser Gedanke wird dort zuerst als Voraussetzung des *moralischen* Standpunkts eingeführt: Wir müssen uns als moralische Subjekte in eine Ordnung der Vernunftwesen gestellt sehen, die durch ihr moralisches Wollen aufeinander einwirken und so in einem kollektiven moralischen Perfektionsprozess begriffen sind. Das »Gesetz«, die »Ordnung«, die das Wollen der Einzelnen zu einem moralischen Progressionsgeschehen verbindet, ist nach Fichte aber selbst als ein Wille zu fassen. Das Band des Geisterreichs ist daher ein »unendlicher Wille«, den Fichte als apersonal beschreibt, zugleich aber mit Attributen des christlichen Gottes versieht.[38] Es gibt hier eine interessante, sich im Systementwurf fortsetzende Ambiguität in Fichtes Konzeption des unendlichen Willens: Dieser wird zuerst als Ordnung bzw. als Gesetz beschrieben, dann aber auch als das, was allein eigentlich besteht und dessen Bestimmung alles endliche Wollen ist (womit sich eine monistische Konzeption, und insofern eine strukturelle Annäherung an Spinozas Substanz ergibt).[39]

Fichte geht in der *Bestimmung* aber auch schon über das Verständnis des unendlichen Willens nur als Voraussetzung des moralischen Bewußtseins hinaus. Dies geschieht in zwei Hinsichten: Erstens soll die Kenntnis der Intelligenzen voneinander, und jede Art der Interaktion zwischen ihnen durch den unendlichen Willen als ihren gemeinsamen Ursprung ermöglicht sein. Hiermit modifiziert Fichte die Grundlagen seiner Theorie der Interpersonalität, wie sie im Naturrecht und der Wissenschaftslehre nova methodo ausgeführt worden war.[40] Zweitens soll die Übereinstimmung unseres Empfindens, Anschauens und Denkens, die es ermöglicht, daß wir auf eine gemeinsame Erfahrungswelt Bezug nehmen, auf einer übereinstimmenden Beschränkung durch den unendlichen Willen beruhen – dieser harmonisiert unsere epistemischen Zustände, und ist dadurch mittelbar Grund der Natur als dem gemeinsamen Inhalt unserer Erfahrungen.[41] Mit diesen beiden Schritten ist der Gedanke von Gott als

36 S. ebd., S. 511/12.
37 S. GA I, 6, S. 291 ff..
38 S. ebd., S. 296/97.
39 S. ebd., bes. S. 296.
40 S. ebd., S. 294.
41 S. ebd., S. 295.

dem »Band« der Intelligenzen nun aber so gefasst, daß er als wesentliches Element der allgemeinen Grundlagen der Wissenschaftslehre gelten muß. In der nachgelassenen *Neuen Bearbeitung der Wissenschaftslehre*, die noch im Jahr 1800 entstanden ist, kann man auch sehen, wie dieser Gedanke in die Wissenschaftslehre hineinzuwirken beginnt: Anfänglich hält sich die Darstellung noch ganz in den Bahnen der Wissenschaftslehre nova methodo. In den letzten Teilen des Texts aber bringt Fichte dann den Gedanken von Gott als dem »Band« der Geisterwelt in die Darstellung der Grundlagen der Wissenschaftslehre ein.[42]

Fichte verbindet in der Systemskizze somit zwei Konzepte, die in der Wissenschaftslehre nova methodo und der *Bestimmung des Menschen* eingeführt worden waren: den Begriff des Geisterreichs als der »bestimmbaren« Sphäre, die notwendig mitgesetzt wird, wo die eigene Bestimmtheit gesetzt wird, und den Gedanken des Absoluten als des »Bands«, das dem Geisterreich seine Einheit gibt und damit dessen »Synthesis« ermöglicht. Die Zusammenführung dieser beiden Elemente kann man als Aufstieg zu immer tiefer liegenden ermöglichenden Bedingungen verstehen: Individualität ist als eine unter den möglichen Bestimmungen von Vernunft zu denken und damit an die Voraussetzung einer Sphäre von Intelligenzen gebunden, die als Weltzusammenhang ihrerseits ermöglicht ist durch einen absoluten Grund.

42 S. GA II, 5, S. 385.

Was heißt Idealismus?

Natur- und Transzendentalphilosophie im Übergang zur Identitätsphilosophie

Schellings Systemskizze vom 19.11.1800

Birgit Sandkaulen (Jena)

I.

»Glücklich genug, wenn ich einer der ersten bin, die den neuen Helden, Fichte, im Lande der Wahrheit begrüßen!«[1] Mit großen Worten zu sparen, ist nicht Schellings Art. Warum auch – damals schien doch noch alles in bester Ordnung zu sein. Siegesgewiß zog man mit vereinten Kräften aus, das Land der Wahrheit zu erobern, dessen Mauern die Kantische Revolution ein für allemal weggerissen hatte. Aber wie stehen die Dinge jetzt: binnen kürzester Frist, nach nur sechs Jahren, ist von dieser Euphorie nichts mehr zu spüren. Der Aufbruch der nachkantischen Philosophie ist ins Stocken, er ist in eine fundamentale Krise geraten, die der Briefwechsel zwischen Fichte und Schelling dokumentiert.

Schon die *äußeren* Anzeichen dieser Krise sind beträchtlich. 1799 erscheinen Jacobis Sendschreiben an Fichte und Kants öffentliche Distanzierung von der Wissenschaftslehre. Reinhold ist inzwischen zu Jacobi

1 Brief Schellings an Hegel v. 6.1.1795, in: M. Frank u. G. Kurz (Hrsg.), Materialien zu Schellings philosophischen Anfängen, Frankfurt/M. 1975, S. 120.

und dann zu Bardili übergewechselt. Auch auf Friedrich Schlegel ist kein Verlaß, nachdem er unterdessen wie Schleiermacher von »verworrene[m] Spinozismus [...] plaudert«.[2] Gewiß kann man sich all diese Einreden als die Sache nicht wirklich treffend vom Leibe halten. Nicht zu leugnen ist jedoch, daß hier ein gewisses »Mißvergnügen Anderer mit dem transcendentalen Idealismus« zum Vorschein kommt[3] – und dies immerhin gibt zu denken.

Um wieviel wichtiger muß es dann aber sein, daß wenigstens Fichte und Schelling selbst, die beiden Protagonisten der nachkantischen Philosophie also, sich ihrer Übereinstimmung versichern, um die Angriffe von außen gemeinsam in die Schranken zu weisen. Tatsächlich aber, und das ist das *innere* Anzeichen der Krise, bricht genau diese Übereinstimmung in dem Moment weg, wo sie aus den genannten Gründen erstmals *explizit* zum Thema gemacht wird. Den methodologischen oder diskurstheoretischen Aspekt daran möchte ich eigens hervorheben. Er besagt nämlich, daß die Hermeneutik, auf die man sich bislang verließ, indem man – wie ja auch grundsätzlich im Verhältnis zu Kant – den *Geist* des Einverständnisses beschwor, jetzt nicht mehr funktioniert. Am Ende seines hier vorzustellenden Briefes vom 19. November 1800 zitiert Schelling sie zwar noch: »Ich überlese diesen Brief nochmals und finde mit welcher Verworrenheit er geschrieben ist. Halten Sie dieß dem Zustand meiner Gesundheit zu gut. Ich könnte mit Jacobi sagen: Fichte versteht mich auf's halbe Wort«.[4] Aber ein solcher Appell führt jetzt keine unvermittelte Einigkeit mehr herbei. Denn nicht der Geist, sondern der *Buchstabe* des Gesagten ist es nun, der im Zuge der expliziten Thematisierung der Positionen zur Verhandlung steht.[5]

II.

Vor diesem Hintergrund komme ich zur Sache. Was genau ist es, was jetzt der buchstäblichen Lektüre und Überprüfung bedarf? Der Anlaß des

2 Brief Fichtes an Schelling v. 8.10.1800 (Entwurf), in: Schelling – Fichte. Briefwechsel, hrsg. v. H. Traub, Neuried 2001 [=Traub], S. 192.

3 Ebd., S. 192.

4 Brief Schellings an Fichte v. 19.11.1800 [=Systemskizze], in: Traub, S. 182-189, S. 189.

5 Das ist neu und insofern ebenfalls ein Anzeichen der Krise. Es wird Hegel sein, der diese Veränderung der bisher praktizierten Strategien des Verstehens – so als wäre er heimlicher Zeuge der Auseinandersetzung zwischen Fichte und Schelling gewesen – im »Kritischen Journal« dann öffentlich machen und drastisch vollstrecken wird.

Streits wird von Fichte klar markiert: »*Ueber Ihren Gegensatz* der Transscendental= und der NaturPhilosophie bin ich mit Ihnen noch nicht einig«.[6] Daß damit in der Tat der zentrale Nerv getroffen ist, setzt Schellings prompte Erwiderung außer Zweifel. Den fraglichen »Gegensatz« nennt er den »Hauptpunkt«, der über »unser Einverständnis« entscheidet.[7] Das Einverständnis worüber? Mit einigem Recht könnte man darauf antworten, daß es um die Funktion und Reichweite der *Wissenschaftslehre* geht, in deren Einschätzung sich Schelling von Fichte emanzipiert. Genau besehen liegt der Konflikt aber tiefer, wie Schellings Erwiderung ebenfalls deutlich macht. Von »höchster Wichtigkeit« ist die Sache nämlich deshalb, weil sie den »Idealismus, so wie ich ihn wenigstens nehme, und immer genommen habe«, im Kern betrifft.[8] Was hier also in Wahrheit auf dem Spiel steht, ist nichts Geringeres als das Verständnis der Hauptvokabel der nachkantischen Philosophie: *Idealismus* – was heißt das eigentlich? Wenn man bedenkt, daß es nicht zuletzt Fragen solchen Typs waren – des Typs: Was genau meinst du, wenn du x sagst? –, die nach »idealistischem« Selbstverständnis als externe galten und folglich durch die Aufforderung beantwortet wurden, sich auf die Sache durch Mitvollzug ihrer Entwicklung einzulassen, dann kann man ermessen, wie sehr sich die Lage geändert hat. Ausgerechnet und sogar vorrangig ist es jetzt der Ausdruck »Idealismus« selbst, der einer solchen Frage ausgesetzt ist.

Inwiefern besteht hier aber ein dringender Klärungsbedarf? Schellings These, daß auf seinem »Wege alle Mißverständnisse über Idealismus aufs Gewisseste und auf immer beseitigt werden können«,[9] ist aufschlußreich. Demnach genügt es jetzt nicht mehr, den Sinn dieses Ausdrucks wenigstens vorläufig in der Abgrenzung zum »Dogmatismus« zu bestimmen und dabei den freien Primat der »Intelligenz« oder des »Ich« zu betonen.[10] Denn nicht allein ist ebenfalls nicht klar, was der Ausdruck »Ich« bedeutet und was »Freiheit« meint. Unklar ist vor allem auch, was der Ausdruck »Dogmatismus« konnotiert. Sollte der Dogmatiker jemand sein, der nicht auf die Bedingungen der Möglichkeit seines Wissens reflektiert, so wäre dies eine vergleichsweise harmlose Bestimmung, die die weitreichenden Implikationen des Idealismus nicht im mindesten trägt. Sollte er aber demgegenüber wirklich derjenige sein, der in der Reflexion auf die

---

6 Brief Fichtes an Schelling v. 15.9.1800, in: Traub, S. 180.

7 Systemskizze, in: Traub, S. 183.

8 Ebd., S. 183.

9 Ebd., S. 186.

10 Vgl. dazu Fichtes Erste Einleitung in die Wissenschaftslehre, FSW I, 426 f., sowie den ganzen Aufriß von Schellings Briefen über Dogmatismus und Kritizismus [=Briefe].

Bedingungen des Wissens seinerseits dem »Ding« den Vorzug gibt, dann liegt in der Dissoziierung von Dogmatismus und Idealismus eine entschiedene Gefahr: die Gefahr nämlich, daß sich der Idealismus im Namen der »Freiheit« den Anschein gibt, als verfahre er »ganz bloß logisch« und habe selber »mit Realität gar nichts zu thun«.[11]

Indem Schelling den »Hauptpunkt« der Auseinandersetzung, den »Gegensatz« von Natur- und Transzendentalphilosophie also, sogleich auf diese Dimension der *Realität* bezieht, bringt er die Problematik in den Blick, die ich in der ganzen Angelegenheit für die eigentlich entscheidende halte. Was Idealismus ist, steht buchstäblich auf dem Prüfstand deshalb, weil der Realitätsbezug dieses Denkens von Grund auf fraglich ist. Dabei geht es nicht darum, dies sei eigens betont, daß dieser Bezug als solcher nicht je schon von Interesse gewesen wäre. Im Gegenteil: was Schelling betrifft, so stand ja schon im allerersten Satz seiner *Ichschrift* zu lesen: »Wer etwas wissen will, will zugleich, daß sein Wissen Realität habe. Ein Wissen ohne Realität ist kein Wissen.«[12] Und was Fichte angeht, so hatte er nicht allein die *Wissenschaftslehre* auf den Zirkel des »Real-Idealismus« und »Ideal-Realismus« verpflichtet,[13] sondern überdies den ganzen praktischen Teil (wie alle weiteren daraus hervorgehenden Systemteile) der Option des »Realismus« gewidmet. Mangelndes Interesse ist also nicht der Punkt. Strittig im Verhältnis zwischen Fichte und Schelling ist vielmehr, wie dieser Realitätsbezug seinerseits gesichert und begründet werden kann und was – damit verbunden – unter dem Terminus »Realität« eigentlich zu verstehen sein soll. Man sieht: hat man einmal notgedrungen mit der buchstäblichen Befragung begonnen, dann ergibt sich daraus eine ganze Serie zunehmenden Klärungsbedarfs, der schließlich alle Schlüsselwörter in Mitleidenschaft zieht. Dem entspricht, daß am vorläufigen Ende dieser Geschichte nicht allein auch der Sinn der Rede vom »Absoluten«, vom »Sein« oder vom »Wissen« in Frage steht. Auffällig ist vor allem, daß die Krise des Idealismus in einer beiderseitigen *Rückbesinnung auf Spinoza* terminiert. Das kann man eine ebenso zwingende wie ironische Pointe der angestrengten Selbstverständigung nennen – am Schluß komme ich darauf noch einmal zurück.

Unterdessen gerät mit dieser Aussicht von Seiten Schellings der Prospekt der Identitätsphilosophie ins Spiel, womit sich das Krisensyn-

11 Systemskizze, in: Traub, S. 184.

12 Schelling, Vom Ich als Prinzip der Philosophie oder über das Unbedingte im menschlichen Wissen, SSW I, 162.

13 Fichte, Grundlage der gesamten Wissenschaftslehre, FSW I, 281.

drom noch einmal verschärft. Denn zu berücksichtigen ist, daß die Klärung dessen, was »Idealismus« heißen soll, demnach von einer Position aus erfolgt, die ihrerseits im Wandel begriffen ist. Daß dies für Fichte gleichfalls gilt, blende ich aus, um mich ganz auf Schellings Version einschließlich der Frage zu konzentrieren, wie sich seine *Systemskizze* im Kontext der publizierten Schriften verorten läßt.

III.

»Ich wünsche vor allem«, so notiert Schelling in seiner 1801 erschienenen Schrift *Über den wahren Begriff der Naturphilosophie*, »daß dieser Ausdruck [der idealistischen Philosophie] bestimmter werde, als er bisher gewesen ist.«[14] Die neue Relevanz einer buchstäblichen Klärung, von der ich sprach, bekräftigt Schelling hier selbst. Nicht auszuschließen ist, daß sich darin ein Reflex auf die *Systemskizze* geltend macht, was die sachliche Nähe beider Entwürfe ohnehin nahelegt. Denn gemessen an dem Anspruch, »alle Mißverständnisse über Idealismus aufs Gewisseste und auf immer« zu beseitigen, bietet diese Skizze allerdings ein Bild der »Verworrenheit«.

Drei Varianten im Gebrauch des Ausdrucks »Idealismus« lassen sich unterscheiden. In der ersten Bedeutung ist Idealismus ein allgemeiner Ausdruck für das, was sowohl Fichtes *Wissenschaftslehre* als auch Schellings eigene Philosophie umfaßt. In der zweiten Bedeutung ist Idealismus der übergreifende Ausdruck für den Systementwurf Schellings, der aus zwei Teilen, nämlich »Physik« und »Ethik« bestehen und sich in einem dritten, »objective[r] *Ideal-Realismus* (die Kunst)« genannten Teil vollenden soll.[15] In der dritten Bedeutung schließlich bezeichnet der Terminus Idealismus lediglich den einen Teil innerhalb des Systems, der unter den Namen »Ethik« bzw. »praktische Philosophie« bzw. »Transzendentalphilosophie« von der Naturphilosophie als dem »theoretischen« respektive »realistischen« Teil zu unterscheiden ist. Klar dabei ist immerhin dies, daß diese terminologischen Schwierigkeiten dem Bemühen Schellings entspringen, seine eigene Position von derjenigen Fichtes abzugrenzen.

Insofern soll zunächst einmal gelten, daß man vom Idealismus überhaupt – was auch immer diesen Ausdruck hier rechtfertigen mag –

---

14 Schelling, Über den wahren Begriff der Naturphilosophie und die richtige Art ihre Probleme aufzulösen [=Begriff der Naturphilosophie], SSW IV, 84.

15 Systemskizze, S. 185.

sowohl einen »formelle[n]« als auch einen »*materielle*[*n*] Beweis« führen kann.[16] Den »formellen« Beweis schreibt Schelling der *Wissenschaftslehre* zu und qualifiziert oder disqualifiziert sie damit als eine Wissenschaft, die von keinerlei sachlichem Belang ist, die »mit Realität gar nichts zu thun« hat, sondern allein und ausschließlich von *methodologischer* Bedeutung ist. Mit dieser zweifelhaften Wertschätzung, die Fichtes Unternehmen sogar den Namen »Philosophie« entziehen will,[17] rekapituliert Schelling, was er bereits im *System des transzendentalen Idealismus* festgehalten hatte. Denn schon dort hatte er seiner Philosophie im Kontrast zu Fichte den Vorzug zuerkannt, den »transscendentalen Idealismus zu dem zu erweitern, was er wirklich seyn soll, nämlich zu einem System des gesammten Wissens, also den Beweis jenes Systems nicht bloß im Allgemeinen, sondern durch die That selbst zu führen«.[18]

Ein interessanter Umstand verdient hier zusätzliche Beachtung. Schellings Unterscheidung zwischen Idealismus als formallogischer Methodologie und »materiell« oder »faktisch«[19] *erweitertem System* hat nämlich eine Vorläuferin. In seinen früheren *Briefen über Dogmatismus und Kritizismus* war es allerdings nicht die *Wissenschaftslehre* Fichtes, sondern die *Kritik der reinen Vernunft* Kants, deren »*Geist*«, so Schelling damals, man nur dann recht »gefaßt hat«, wenn man sie als »allgemeine Methodologie« versteht. Als solche galt sie weder selbst als System noch als die Begründung oder Widerlegung eines bestimmten Systems, sondern als »Kanon *aller* Systeme«.[20] Es ist klar, daß Schelling diese Rolle, die er hier Kant zugedacht und dessen Bedeutung damit scheinbar aufgewertet, in Wahrheit aber systematisch abgewertet hatte, jetzt auf Fichte unter ähnlich ambivalenten Vorzeichen überträgt. Und in eins damit ist auch klar, daß sein eigenes Interesse schon damals auf die Realisierung eines *Systems* zielte, das in der Konstellation der *Briefe* als System des »Kritizismus« bzw. »Idealismus« dem System des »Dogmatismus« bzw. »Realismus« entgegengesetzt sein und dessen »Widerlegung« betreiben sollte. Ich werde auf diesen Entwurf später noch einmal zurückkommen. Schon jetzt aber macht die alternative Konstellation von dogmatischem *Realis-*

---

16 Ebd., S. 184.

17 Ebd., S. 184.

18 Schelling, System des transzendentalen Idealismus [=Transzendentalsystem], SSW III, 330; vgl. SSW III, 377.

19 Ebd., SSW III, 377.

20 Schelling, Briefe, SSW I, 301. Wenig später heißt es hier sogar (SSW I, 304): »Die Kritik der reinen Vernunft allein ist oder enthält die eigentliche Wissenschaftslehre, weil sie für alle Wissenschaft gültig ist.«

mus und kritizistischem *Idealismus* auf die beträchtlichen Veränderungen aufmerksam, die Schelling unter Gebrauch desselben Vokabulars inzwischen an seiner Konzeption angebracht hat.

Kam es in den *Briefen* darauf an, sich *für den Idealismus* und folglich *gegen den Realismus* zu entscheiden, so wird jetzt in der Fichte übermittelten *Systemskizze* ein System konzipiert, das unter dem Namen Idealismus sowohl einen realistischen als auch einen idealistischen Teil in sich integriert. Aber nicht nur das: die eigentliche Pointe dieser Verschiebung wird darin kenntlich, daß die Option des realistischen Systems in den *Briefen* mit der Philosophie *Spinozas* identifiziert worden war, der es das »Ich« aus Gründen der »Freiheit« idealistisch entgegenzusetzen galt. Wenn man dies berücksichtigt und zugleich dem Umstand Rechnung trägt, daß dem neuen Entwurf zufolge der realistische Part derjenige der Naturphilosophie sein soll, dann ist darin entscheidenderweise impliziert, daß sich die strukturelle Verortung Spinozas ebenfalls maßgeblich geändert hat.

Repräsentierte er in den *Briefen* wie eben gesagt eine, und zwar die einzige überhaupt relevante systematische Alternative, so hat Schelling die hier Spinoza zugeschriebene Option des Realismus im Rahmen der Ausarbeitung seiner Naturphilosophie unterdessen seinerseits adoptiert: unter dem programmatischen Stichwort des »*Spinozismus der Physik*«[21] ist sie in die Konzeption der Naturphilosophie selber grundlegend eingegangen. Blendet man diesen Hintergrund in Schellings neue *Systemskizze* ein, dann folgt daraus, daß Spinozas metaphysischer Naturalismus inzwischen zum *integralen Moment* einer Philosophie geworden ist, die unter ihrem »Idealismus« genannten Dach die frühere Alternative kontradiktorischer Systeme in einen nur mehr *binnensystematischen* »Gegensatz« zwischen Naturphilosophie und idealistischer Transzendentalphilosophie verwandelt hat.

Es dürfte bezeichnend für die ganze Debatte sein, daß Schellings *Systemskizze* den Namen Spinozas wohlweislich nicht erwähnt – noch ringt man ja um »Einverständnis« über den Prospekt des Idealismus. Aber was Fichte hier tatsächlich angemutet wird, springt so erst vollends in die Augen. Denn nicht allein wird die *Wissenschaftslehre* auf die Funktion einer bloßen Methodologie zurückgestuft, womit einhergeht, daß ihr eigener Anspruch auf Begründung der Realität für nichtig erklärt wird. Ebendies macht Schelling ja mehr als deutlich: sofern der Idealismus »mit Rea-

---

21 Schelling, Einleitung zu dem Entwurf eines Systems der Naturphilosophie, SSW III, 273.

lität« etwas zu tun haben will, kann er diese Intention gerade nicht, wie Fichte meint, auf dem Feld der praktischen Philosophie einlösen. Die praktisch deduzierte Welt ist lediglich eine relative, auf die Selbstdarstellung des Ich hin teleologisch entworfene Welt – diese Natur fällt nur in eine »kleine Region des Bewußtseyns«, wie Schelling später dann an Fichte schreibt und damit nun auch persönlich explizit macht, was ihm je schon »zur Genüge bekannt« war.[22] Die realistische Option ist demnach in einer Naturphilosophie zu verankern, die den *theoretischen* Teil des Systems verkörpert.

Damit aber nicht genug. Denn auf die Funktion einer Methodologie zurückgestuft, sieht sich die *Wissenschaftslehre* nun außerdem in der höchst seltsamen Position, dergestalt den »logischen« Rahmen für ein System abgeben zu sollen, das seine realistischen Ambitionen seinerseits auf eine ganz andere Autorität, nämlich auf die Integration Spinozas stützt. Drastisch formuliert darf Fichte somit den Vorsitz über ein Unternehmen führen, das unter dem nichtssagenden Namen des Idealismus in seiner ersten Bedeutung einerseits nur mehr auf dem Papier steht, während es andererseits unter einem täuschend ähnlich klingenden Namen, dem des Idealismus in seiner zweiten Bedeutung nämlich, »materiell« längst etwas ganz anderes produziert. Um den Preis seiner eigenen Belanglosigkeit soll Fichte einsehen, daß der monierte Gegensatz zwischen Natur- und Transzendentalphilosophie ihn gar nicht betrifft.

Eine Zumutung ist diese Konstruktion aber nicht nur für Fichte. Vor gravierende Probleme stellt diese Konstruktion auch Schellings Unternehmen selbst. Denn welchen Sinn kann es eigentlich haben, die Naturphilosophie als »Spinozismus der Physik« überhaupt in irgendeine Verbindung mit Fichtes *Wissenschaftslehre* zu bringen? Wäre es nicht plausibler, sofern denn eine solche Verbindung noch bestehen soll, die Naturphilosophie davon ganz auszunehmen und Fichte den methodologischen Vorsitz allein über den Idealismus in seiner dritten Bedeutung anzutragen?

IV.

Genau das war nun allerdings der Stand der Dinge, *bevor* Schelling seine *Systemskizze* entworfen hat – der Stand der Dinge also, wie man ihn im *Transzendentalsystem* formuliert findet und auf den sich auch Fichte zu Beginn des Briefwechsels zunächst bezieht. Hier also hatte Schelling von

22 Brief Schellings an Fichte v. 3.10.1801, in: Traub, S. 218; vgl. SSW III, 332 f.

»*zwei* Grundwissenschaften«[23] gesprochen, von Naturphilosophie einerseits und Transzendentalphilosophie andererseits, die einander »ewig entgegengesetzt seyn müssen« und »niemals in Eins übergehen können«,[24] zusammen aber »*alle* Philosophie« ausmachen sollen.[25] Insofern es in der Folge dann nur um die Darstellung der »Grundwissenschaft« der Transzendentalphilosophie ging, war auch lediglich dieser Teil, wie vorhin zitiert, als faktische Erweiterung der *Wissenschaftslehre* annonciert und durchgeführt worden. Das Problem besteht indessen darin, daß diese Konstruktion nur dem Anschein nach plausibler wirkt als die der *Systemskizze* – weshalb Schelling sie auch nicht zufällig preisgegeben hat.

Denn wenn man wie hier geschehen zwei »Grundwissenschaften« voneinander trennt, dann hängt erstens die Rede von »aller Philosophie« vollständig in der Luft. Ist sie die Summe beider Wissenschaften oder eine abstrakte Klasse oder ein Drittes, das beides unter sich befaßt? Der fragliche Punkt wird noch deutlicher, wenn man bedenkt, daß Schelling sich mit dieser Unterscheidung von Natur- und Transzendentalphilosophie strukturell offenbar an Fichtes *Erster Einleitung in die Wissenschaftslehre* orientiert hat. Denn wie bei Fichte kommt auch bei Schelling die Differenz zweier Wissenschaften dadurch zustande, daß von der in jeglichem Wissen präsenten Einheit von Subjekt und Objekt auf zweierlei Weise »abstrahiert« werden kann, um das Zustandekommen von Wissen zu erklären: entweder wird vom Subjekt abstrahiert und das Objekt zum Erklärungsgrund gemacht oder umgekehrt.[26] Während Fichte aber die »dogmatische« Option weder für wünschenswert noch eigentlich für durchführbar hielt, will Schelling aus den genannten »realistischen« Gründen beide Optionen verfolgen. Dies provoziert dann aber nicht nur die Frage nach dem hinter beiden stehenden Philosophiebegriff, sondern stellt zweitens auch die naturphilosophische Option vor unerquickliche erkenntnistheoretische Probleme.

Insofern nämlich das Objekt, von dem die Naturphilosophie als von ihrem »Absoluten« ausgeht, gerade nicht das tote »Ding«, sondern seinerseits ein lebendig produktives »Subjekt« sein soll, wird hier der kategoriale Rahmen des Idealismus in spinozistischer Naturalisierung einerseits in Anspruch genommen und andererseits, in Ermangelung einer wirklich spinozanischen Fundierung der natura naturans, an die Natur

---

23 Schelling, Transzendentalsystem, SSW III, 340.
24 Ebd., SSW III, 331.
25 Ebd., SSW III, 342.
26 Fichte, ErE, FSW I, 425 f.

»willkürlich« herangetragen.[27] Diese Schwierigkeit hat die idealistische Grundwissenschaft nicht: sie darf sich mit Fichte auf die intellektuelle Selbstvergewisserung des Ich verlassen. Dafür meldet sich hier jedoch ein anderes Problem.

Denn wenn der Anspruch eingelöst werden soll, die *Wissenschaftslehre* zu einem *System des transzendentalen Idealismus* zu erweitern, dann kann man sich zwar mit Fichte auf die Vergewisserung der Struktur des Ich verlassen, aber von diesem Ich dann auch ausgehen kann man nicht. Prinzip des *Transzendentalsystems* ist folglich ein Ich, das seines selbstbewußten Ichcharakters gerade entbehrt, um sich ihn im Verfolg seiner Entwicklung allererst zuzueignen. Damit aber läßt sich nun drittens dieses Prinzip de facto von dem der Naturphilosophie nicht mehr unterscheiden, so daß sich der Gang beider Wissenschaften in »theoretischer Rücksicht« zur ›Gleich-Gültigkeit‹ verdoppelt[28] und damit verbunden völlig unklar wird, was die Termini »Ich« und »Idealismus« jetzt eigentlich noch bedeuten sollen.

Vor diesem Hintergrund kann man die *Systemskizze* als einen Fortschritt betrachten. »Jetzt«, wie Schelling ausdrücklich betont, um damit die Veränderung seiner Position anzuzeigen, »betrachte ich Natur= und Transscendentalphilosophie nicht mehr als entgegengesetzte Wissenschaften, sondern nur als entgegengesetzte Theile eines und desselben Ganzen«.[29] Die Naturphilosophie wird dergestalt erkenntnistheoretisch begründet, indem es jetzt ihr Prinzip ist, das durch »Abstraktion« von der *Wissenschaftslehre*, durch Abstraktion also von der »subjectiven (*anschauenden*) Thätigkeit« gewonnen wird,[30] womit sich zugleich die theoretisch-realistische Verdopplung der Wissenschaften auflöst und nur mehr der praktisch-idealistische Part dem Ich gewidmet wird, das »als Subject=Object des Bewußtseyns« die »höhere Potenz« des naturalen, bewußtlosen Subjekt-Objekts darstellen soll.[31]

Es ist unschwer zu sehen, daß Schelling mit diesem neuen Aufriß die Systemfigur entwirft, die er dann kurz darauf in der schon erwähnten Schrift *Über den wahren Begriff der Naturphilosophie* öffentlich macht. Insofern es keineswegs »zunächst um Naturwissenschaft«, sondern »um eine veränderte Ansicht der ganzen Philosophie und des Idealismus selbst

27 Schelling, Transzendentalsystem, SSW III, 373.
28 Ebd., SSW III, 331 f.
29 Systemskizze, S. 185.
30 Ebd., S. 184.
31 Ebd., S. 184.

zu thun« ist,[32] wie Schelling hier betont, dekretiert er jetzt, daß es einen »Idealismus der Natur, und einen Idealismus des Ichs« gibt: »Jener ist mir der ursprüngliche, *dieser* der abgeleitete.«[33] Seine Signifikation, eine Philosophie des Ich zu sein, hat der Terminus »Idealismus« damit vollständig verloren. Ineins damit haben sich auch die Prioritäten endgültig verschoben. Die zuvor formulierte Option, daß man entweder vom »Subjekt« oder vom »Objekt« ausgehen könne, ist hier der Anlage einer »absolute[n] Continuität« gewichen, die als »*Eine* ununterbrochene Reihe« »vom Einfachsten in der Natur an bis zum Höchsten und Zusammengesetztesten, dem Kunstwerk, herauf geht«.[34]

V.

Warum hat Schelling aber auch diesen Systementwurf preisgegeben und durch den der Identitätsphilosophie ersetzt? Hier muß ich vorausschicken, daß Schelling selbst einen solchen abermaligen Wechsel seiner Position bestritten hat. Stets habe er, so heißt es in der *Darstellung* von 1801, den »Indifferenzpunkt« unausgesprochen »vor Augen« gehabt, in den es sich jetzt ausdrücklich zu stellen gilt.[35] Mir leuchtet diese These nicht ein – und dies nicht zuletzt angesichts der *Systemskizze*, die Schelling an Fichte übermittelt hat: für den Eintrag einer »totale[n] Indifferenz des Subjektiven und Objektiven«,[36] die ihrerseits dann ein quantitatives Überwiegen des einen oder anderen begründen soll, gibt es hier gar keinen Ort.

Was Schelling vielmehr »vor Augen« steht, ist der frühere Entwurf seiner *Briefe* – der Entwurf also, den er *vor* seiner Ausarbeitung der beiden »Grundwissenschaften« und ihrer schließlichen Integration in einen kontinuierlichen Systemgang vorgestellt hatte. Denn hier gab es allerdings als Horizont und Fluchtpunkt die »absolute« Stelle der Identität eines »Seyns«,[37] angesichts dessen sich schon damals die Differenz von Dogmatismus und Kritizismus oder von Realismus und Idealismus und damit verbunden natürlich auch die Vorzugsstellung des »Ich« zu einem relativen, allein die Bedingungen der Endlichkeit betreffenden Unter-

---

32 Begriff der Naturphilosophie, SSW IV, 88.

33 Ebd., SSW IV, 84.

34 Ebd., SSW IV, 89.

35 Schelling, Darstellung meines Systems der Philosophie [=Darstellung], SSW IV, 108.

36 Ebd., SSW, 114.

37 Schelling, Briefe, SSW I, 308.

schied verflüchtigt hatte. Insofern kann man die Frage auch anders stellen: wieso kehrt Schelling unter modifizierten Umständen zu diesem Entwurf zurück?

Es ist Fichte, der das fragliche Problem, das bereits das *Transzendentalsystem*, um so mehr aber die *Systemskizze* betrifft, scharf vermerkt hat. Das Prinzip des realistischen oder theoretischen Systemteils durch »Abstraktion« von der *Wissenschaftslehre* gewinnen und anschließend das Ich als »höhere Potenz« aus der Natur herleiten wollen, heißt, sich in einen »Zirkel« zu verstricken.[38] In eins damit ist aber in der Fassung der *Systemskizze* auch ganz unklar, *von welchem Ich* Schelling hier eigentlich abstrahieren will. Soll es dasjenige sein, das bei Fichte den Status eines transzendentalen Prinzips hat, dann kollidieren die prinzipiellen Ansprüche der Methodologie einerseits und des »Spinozismus der Physik« andererseits um den Preis des Zirkels so, daß der Gang der Potenzierung zu diesem »transzendentalen Ich« zurückführen müßte. Das ergibt aber insofern keinen Sinn, als das Ich, als »Subject=Object des Bewußtseyns«, »Prinzip« des idealistischen Teils ja in eben dem Maße wird, wie es sich von der Natur unterscheidet und sich erkennend und handelnd nun auf sie bezieht – und folglich ein *endliches* Ich sein muß. Tatsächlich hat Fichte die Figur genau so verstanden, wenn er vom »Individuum« spricht, das Schelling zufolge »nur eine höhere Potenz der Natur« sein soll.[39] Gegen diese Auslegung hat Schelling indessen protestiert: »Ich sagte: das *Ich*, welches ein Unterschied ist.«[40] Ein Unterschied ist das allerdings. Aber wie dieser Unterschied realisiert werden soll, wenn »das Ich« seinerseits im Prinzip der Naturphilosophie seine Basis haben soll, ist schwer zu sehen.[41]

Vor diesem Hintergrund zur Identitätsphilosophie überzugehen, ist demnach gleichbedeutend damit, Fichte nun auch noch seinen methodologischen Vorsitz zu entziehen. Ebenso verblüffend wie folgerichtig ist aber genau damit verbunden, daß man ihm jetzt von neuem die Position antragen kann, die in den *Briefen* Kant besetzt halten sollte. Nur eine

---

38 Brief Fichtes an Schelling v. 27.12.1800, in: Traub, S. 190; Entwurf S. 192; vgl. den Brief Fichtes an Schelling v. 31.5.1801, in: Traub, S. 201 f.

39 Brief Fichtes an Schelling v. 27.12.1800, in: Traub, S. 190.

40 So seine Randbemerkung zu Fichtes Brief, in: Traub, S. 190 Anm.

41 In seiner späteren Selbstdarstellung des Transzendentalsystems und der mit ihm vollzogenen Abkehr von Fichte hat Schelling das bewußte Ich tatsächlich als »individuelles« vorgestellt und damit auf die Unterscheidung eines theoretischen und eines praktischen Teils Bezug genommen (Zur Geschichte der neueren Philosophie, SSW X, 93 ff.). Diese Konstruktion wird indessen vollends unverständlich, wenn die Transzendentalphilosophie als ganze nur noch dem bewußten Ich gelten und dieses gleichwohl kein individuelles sein soll.

»Methodologie« sollte Kants Vernunftkritik hier nämlich deshalb sein, weil sie den Horizont der absoluten Identität als Ausgangspunkt eines Systems gar nicht im Blick hatte, sondern sich immer schon in der »Synthesis« des Endlichen bewegte. Analog dazu gilt es jetzt nicht mehr von Fichtes Ich aus depotenzierend auf dessen Basis herunterzuschauen, sondern es gilt gleichsam durch es hindurchzuschauen. Daß »vom Denkenden abstrahirt werden« muß, heißt jetzt, auf das all-eine Sein der absoluten Identität zu blicken.[42] Daß der »Idealismus« damit nun vollends jede Ich-Signifikanz verloren hat, ist klar. Gilt aber dies, dann kann man wohl sagen, daß sich das Identitätssystem »dem Inhalt und der Sache nach« *Spinoza* »am meisten« annähert.[43]

Dahin also hat es die buchstäbliche Bereinigung aller »Mißverständnisse über Idealismus« schließlich gebracht: zur expliziten Adoption der Metaphysik Spinozas, den nur ein »absolutes Mißkennen« seiner Philosophie, wie Schelling mit Nachdruck vermerkt, »zum Dogmatiker stempelt«.[44] Solches »Mißkennen« war dann aber wohl in den Aufbruchsjahren des Idealismus das eigene, und da Spinozas Metaphysik ein Dogmatismus – im Sinne eines einseitigen Favorisierens des »Objekts« – in der Tat nicht ist, ist die nun erzielte Einsicht ein schönes Resultat. Und um jetzt von neuem über »Idealismus«, »Realität« und »Freiheit« im Verhältnis zu Spinoza nachzudenken, hat man ja – wie im übrigen auch Fichte[45] – noch ein Leben lang Zeit.

42 Schelling, Darstellung, SSW IV, 114.

43 Ebd., SSW IV, 113.

44 Schelling, Fernere Darstellungen aus dem System der Philosophie, SSW IV, 372.

45 Vgl. dazu von Verf., »Spinoza zur Einführung. Fichtes Wissenschaftslehre von 1812«, erscheint in den Tagungsakten des Münchener Fichte-Kongresses 2003. Zur Problematik insgesamt, sofern sie durch Jacobi vorgezeichnet ist, vgl. vom Verfasser: *Grund und Ursache. Die Vernunftkritik Jacobis*, München 2000.

Fichtes Kritik an Schelling
»Alle Wissenschaften sind nur Theile der Wissenschaftslehre«

Zu Fichtes Briefen an Schelling vom 31. Mai / 7. August 1801 und 15. Januar 1802

Violetta L. Waibel (Tübingen und Wien)

»Nah ist
Und schwer zu fassen der Gott.
Wo aber Gefahr ist, wächst
Das Rettende auch.
Im Finstern wohnen
Die Adler und furchtlos gehn
Die Söhne der Alpen über den Abgrund weg
Auf leichtgebaueten Brüken.
Drum, da gehäuft sind rings
Die Gipfel der Zeit, und die Liebsten
Nah wohnen, ermattend auf
Getrenntesten Bergen,
So gieb unschuldig Wasser,
O Fittige gieb uns, treuesten Sinns
Hinüberzugehn und wiederzukehren.«[1]

---

1 Friedrich Hölderlin, Patmos, 1. Fassung, 1. Strophe. In: Friedrich Hölderlin, Sämtliche Werke und Briefe, in 3 Bänden hg. von Michael Knaupp, Darmstadt 1998, I, 447.

Tücke vermeintlicher Nähe, die sich doch der Greifbarkeit entzieht. Ob es der Gott ist, die Freiheit eines jeden, das Wahre oder das Gute – Ideen, denen kaum jemand die Zustimmung verweigern will, die nah sind einem jeden, der klar über sie nachdenkt, und die dennoch kaum zu verbindlicher und verbindender Realität zu reifen vermögen. Ihre bloße Vorstellung mag je als »Gipfel der Zeit« begriffen werden. Wie vielfältig sind sie gedacht in der philosophischen Epoche, die unter dem Namen des Deutschen Idealismus zu einer Bewegung zusammengefaßt ist und deren Vertreter nicht bloß zeitlich, sondern auch intellektuell nah beieinander wohnten. Das aufkeimende Zeitalter individueller Freiheit brachte genau das hervor, was Hölderlin in das vielsagenden Worte faßt, »da gehäuft sind rings / Die Gipfel der Zeit, und die Liebsten / Nah wohnen, ermattend auf / Getrenntesten Bergen«. Jeder auf seinem Gipfel, auf dem Höhepunkt der individuellen Lebenleistung, nah dem Gott, der Idee des Absoluten, die es zu fassen gilt, Symbol eines für jeden sinnvollen Strebens und werten Zieles. Und dennoch zeigt sich, das jedem eigene Streben nach gleichen und vergleichbaren Zielen schließt nicht notwendig das Gemeinsame des Zieles mit ein. Es bedarf der ausdrücklichen Formierung der Vielen mit dem gleichen Ziel zu einem gemeinsamen Unternehmen. Doch in einer Zeit, in der die Freiheit des Individuums gerade eben durch ein gehäuftes Emporwachsen einzelner »Gipfel der Zeit« aus der »selbstverschuldeten Unmündigkeit«[2] möglich wurde, ist es offenkundig schwierig, die individuelle Freiheit bereits wieder in der Weise zur Disposition zu stellen, daß sie einem gemeinsamen Ziel zugeordnet wird.

Es bedarf einer besonderen Anstrengung, die individuelle Freiheit der Einzelnen zu wahren und zugleich *einem* Unternehmen zu verschreiben. Von dieser Schwierigkeit, von diesem Scheitern der so nah Wohnenden aneinander zeugt in exemplarischer Weise der Streit, der zwischen Fichte und Schelling schwelte. Der Konflikt ist vorprogrammiert, wenn bald Fichte, bald Schelling sich im Besitz der einzig wahren Wissenschaft sehen. Im Gestus der Einzigkeit und des Alleinbesitzes der Wahrheit ist der alte Streit der Religionen, die einzig Wahre zu sein, vom einzig glückseligmachenden Gott zu zeugen, auf die Individualebene des Streits unter Philosophen herabgestimmt. So wenig es überzeugen kann, daß der eine Gott der wahre sein soll, so wenig kann es überzeugen, daß die Eine Philosophie die einzig wahre ist. Fichtes und Schellings Anspruch um die

---

2 Immanuel Kant, Beantwortung der Frage: Was ist Aufklärung? In: Gesammelte Schriften, hg. von der könglichen Preußischen Akademie der Wissenschaften, Berlin 1900 ff., Bd. VIII (Abhandlungen nach 1781), 33-42, 33.

Führungsrolle muß der Frage weichen, welche Rolle die Philosophien beider im Verhältnis zueinander einzunehmen vermögen. Es gilt die These zu verteidigen, daß die beiden Philosophen nicht das anbieten, was einander notwendig ausschließende Alternativen darstellen, die eine eindeutige Entscheidung erforderlich machen, sondern Konzepte entworfen haben, die grundsätzlich koexistieren können. So räumt Fichte ein, daß er und Schelling sachlich einander sehr nahe seien, nicht aber in der Art der Darstellung. »Soviel ich in Ihrem System gelesen habe, möchten wir wohl in Absicht der *Sachen auf* dasselbe hinauskommen, keinesweges aber in Absicht der *Darstellung*, u. diese gehört hier durchaus wesentlich zur Sache.«[3] Ob die Differenz der Darstellung nun tatsächlich so wesentlich und systematisch tragend ist, gilt es letztlich in weiteren Untersuchungen zu prüfen.

Statt in einer akribischen Untersuchung die möglichen Anteile an Schuld und Verantwortung des Scheiterns eines jedem der beiden Kontrahenten herauszuarbeiten, scheint es mir angemessener, Hölderlins seherische, weitsichtige Verse als generelles Modell des Scheiterns bloßer, des Gemeinsinns mangelnder Individualität vorauszuschicken und im Blick zu halten.

Wie das unschuldige Wasser nicht nur abwärts fließt, sondern aufwärts steigt, in Form von Wasserdämpfen und Nebeln, wie die Adler die »Fittige« von Gipfel zu Gipfel schwingen, so ist von den Söhnen der Alpen zu lernen, »Auf leichtgebaueten Brüken« über den Abgrund hinweg von Gipfel zu Gipfel zu gehen. Doch dazu bedarf es der Furchtlosigkeit, die selten Sache der Menschen ist, jedenfalls nicht derer, die befangen sind in eigener Sache. Die je eigene Befangenheit eines Fichte und eines Schelling gilt es nun, einer philosophisch systematischen Untersuchung zu unterziehen.

»fortan nur Ein Gegenstand [...], Ein Geist, Ein Erkennen, Ein Wissen« ?

»Mein verehrungswürdiger Freund, ich habe vor wenigen Stunden Ihr Antwortschreiben an Reinhold erhalten und es seitdem zu wiederholten Malen schon gelesen. Es hat mich ergriffen, und stellenweise erschüttert; es ist das Zeichen von Ihnen, das ich längst er-

3 Fichte an Schelling, 34. Mai / 7. August 1801, in: Schelling – Fichte. Briefwechsel. Kommentiert und herausgegeben von Hartmut Traub. Neuried: Ars Una 2001 (im folgenden: »BW«, gegebenenfalls mit Angabe der Briefdaten), 195.

> wartet habe, das wichtigste Geschenk, das Sie mir machen konnten.« (Sch an F, 24. Mai 1801, BW 190)

Schellings Worte markieren die abgeklärte Ruhe nach einem Gewitter, noch nicht ahnend, daß die nächsten Spannungsfronten schon bald wieder nahe sein werden. Die wiederholte Lektüre von Fichtes *Antwortschreiben* an Reinhold weckte in ihm die Zuversicht, »daß wir beide nur Eine und dieselbe absolute Erkenntniß zugeben, welche in allem Erkennen die gleiche, immer wiederkehrende ist, und die in allem Wissen darzustellen und offenbar zu machen, unser beider Geschäft ist. [...] Es ist die Erkenntniß, welche einmal gewonnen, nicht mehr irren läßt. [...] Es wird also fortan nur Ein Gegenstand seyn, und nur Ein Geist, Ein Erkennen, Ein Wissen dieses Gegenstandes« (Sch an F, 24. Mai 1801, BW 190/191).

Was ist es, daß die kühnen Entwürfe eines Symphilosophierens sich zu solcher Begeisterungshymne entzünden, um bald darauf die »Adler« im »Finstern wohnen« zu lassen, »ermattend auf / Getrenntesten Bergen« ?

Der Hauptgedanke von Fichtes *Antwortschreiben an Herrn Professor Reinhold* (1801)[4] richtet sich gegen Reinholds Herabsetzung der Wissenschaftslehre zur Psychologie eines Denkens als Denken auf dem Niveau der gemeinen Erkenntnis und des empiristischen Probabilismus. An zwei Beispielen verdeutlicht Fichte, was ihm Wissen ist. Das eine ist das von ihm auch andernorts vielbemühte Beispiel aus der Geometrie. Sind mir zwei Seiten und ein Winkel gegeben, so weiß ich nicht nur, was die exakte Länge der dritten Seite ist. Ich weiß auch, daß die drei gegebenen Größen in jedem beliebigen Fall die dritte Seite eineindeutig festlegen. Sofern ich das Prinzip begriffen habe, weiß ich durch den einen besonderen Fall hindurch die allgemeine Regel zur Lösung dieser Aufgabe. Und ich weiß evidentermaßen und noch diesseits geometrischer Beweise, daß diese Regel für jedes beliebige denkende Wesen gilt. Die Realisierung eines bestimmten Wissen durch einen besonderen Fall impliziert die Generalisierung der Sache und die Generalisierung der Geltung für alle denkenden Wesen gerade *nicht* auf empiristischem Weg durch Ausprobieren, mit dem unbefriedigenden Ergebnis einer an Sicherheit grenzenden Wahrscheinlichkeit. Das derart erworbene Wissen ist vielmehr ein solches der bloßen Vernunft, zu dem der Geometer nachträglich Beweise zu liefern vermag.

---

4 Vgl. Johann Gottlieb Fichte, Antwortschreiben an Herrn Professor Reinhold, 1801, GA I, 7, 291-324; SW II, 504-534.

Das zweite Beispiel Fichtes ist aus dem alltäglichen Leben gegriffen und besagt, daß ein Kind, das die Erfahrung macht, daß Brot den Hunger stillt, stillschweigend und immer wieder auf die hungerstillende Wirkung von Brot zählt, für sich und für andere. Dieses Beispiel unterstreicht Fichtes Ansatz eines auf Erfahrung basierenden und auf bloßer Vernunfteinsicht begründeten Wissensbegriffs.

Daß mit diesen Beispielen und Fichtes Wissensanalyse eine Vielzahl erkenntnistheoretischer, skeptischer Fragen aufkommt, ist fraglos. Wie selbstverständlich stellt Fichte den Begriff des Wissens gewichtig an den Anfang seiner Theorie, ohne ihn auch nur annähernd genau zu analysieren. Abgesehen davon, daß hier mit dem Begriff des Wissens wahres Wissen in Geltung zu stehen scheint, ohne daß die Relation von Wissen und Wahrheit reflektiert wird, ist auch nicht von Graden der Verbindlichkeit des je erworbenen Wissens die Rede, wie dies von Kant her vertraut ist, oder von Verifikations- und Falsifikationskriterien.[5]

Im folgenden wende ich mich der Aufgabe zu, diejenigen Aspekte von Fichtes Theorie des Wissens herauszuarbeiten, die im Brief an Schelling vom 31. Mai, respektive 7. August 1801 zum Austrag kommen. Fichte erläutert im Brief skizzenhaft seinen Wissensbegriff und sucht ihn durch eine Formalisierung durchsichtig zu machen. In meinen Überlegungen ist in kritischer Absicht auf die beiden Beispiele im *Antwortschreiben* an Reinhold zurückzukommen. Es ist wenigstens ansatzweise zu fragen, warum Schelling dem Wissensbegriff Fichtes zunächst so emphatisch zustimmt (»Es ist die Erkenntniß, welche einmal gewonnen, nicht mehr irren läßt«), um dann eben dieses erste Prinzip der Wissenschaftslehre des Formalismus, des leeren Logizismus, der bloßen Propädeutik zu bezichtigen.

Das absolute Bewußtsein der Evidenz

Die Formalisierung und Erläuterung des Begriffs des Wissens, den die Wissenschaftslehre aufstellt, leitet Fichte in seinem Brief an Schelling vom 31. Mai / 7. August 1801 mit dem kritischen Hinweis darauf ein, daß es zwei einander ergänzende Systeme, ein idealistisches und ein realisti-

5 Eine gute Übersicht gängiger Theorien der Wahrheit bietet Gunnar Skirbekk, Wahrheitstheorien aus den Diskussionen über Wahrheit im 20. Jahrhundert. Herausgegeben und eingeleitet, Frankfurt am Main 19967. Zu Fichte vgl. ferner Michael Gerten, Fichtes Wissenschaftslehre vor der aktuellen Diskussion um die Letztbegründung. In: Beiträge zur Geschichte und Systematik der Transzendentalphilosophie. Fichte-Studien 13 (1997), 173-189.

sches, wie es Schellings »System der Philosophie« anempfiehlt, nicht geben könne. Der Bitte Schellings um ein Urteil folgend hat sich Fichte der Lektüre von Schellings Schrift zugewandt, sieht sich jedoch nicht in der Lage, Schellings Erwartung der Zustimmung zu erwidern.[6]

So will ich Fichtes unverblümter Äußerung auf den Grund gehen, Schellings System habe »in sich selbst (ohne stillschweigende Erläuterung aus der Wissenschaftslehre) keine Evidenz [...]. Gleich ihr erster Saz beweis't dies.« (BW 195/196) Der erste (und zweite) Satz von Schellings *Darstellung meines System der Philosophie* (1801) lautet: »Nachdem ich seit mehreren Jahren die eine und dieselbe Philosophie, welche ich für die wahre erkenne, von zwei ganz verschiedenen Seiten, als Natur- und als Transscendental-Philosophie darzustellen versucht habe, sehe ich mich nun durch die gegenwärtige Lage der Wissenschaft getrieben, früher als ich selbst wollte, das System selbst, welches jenen verschiedenen Darstellungen bei mir zu Grunde gelegen, öffentlich aufzustellen, und was ich bis jetzt bloß für mich besaß und vielleicht mit einigen wenigen theilte, zur Bekanntschaft aller zu bringen, welche sich für diesen Gegenstand interessiren. Wer dieses System, so wie ich es jetzt vortrage, vorerst selbst begreift, hernach es mit jenen ersten Darstellungen zu vergleichen Lust hat und im Stande ist; wer ferner einsieht, wie viele Anstalten zu der vollständigen und evidenten Darlegung, die ich jetzt davon geben zu können überzeugt bin, erforderlich gewesen sind, wird es natürlich und nichts weniger als tadelnswerth finden, daß ich diese Anstalten wirklich erst gemacht, und daß ich die vollständige Erkenntniß dieser Philosophie, welche ich

6 Fichte spricht hier ausdrücklich von Schellings »System der Philosophie«. Entgegen dem Kommentar der Briefausgabe von Hartmut Traub, der die Wendung »System der Philosophie« mit Schellings System des transzendentalen Idealismus von 1800 identifiziert (BW 195), dürfte hier, der These Paul Ziches entsprechend (brieflich am 16. September 2003 an die Verfasserin mitgeteilt, wofür an dieser Stelle gedankt sei), Schellings Darstellung meines Systems von 1801 gemeint sein. Am 15. November 1800 teilt Fichte mit, daß er Schellings »System der TransscendentalPhilosophie« erhalten und »aufmerksam gelesen« habe (BW 176). Wenn er also am 31. Mai 1801 schreibt: »Endlich erhielt ich Ihr System der Philosophie, und das begleitende Schreiben« (BW 195), so muß dies Schellings Brief vom 15. Mai 1801 mit den darin angezeigten »beiliegenden Arbeiten« (BW 188) betreffen, unter denen sich sicher nicht nochmals das System des Transccendentalen Idealismus von 1801 befand. Daß es die Ironie der Geschichte wollte, daß eben dieser Zwietracht stiftende Punkt der Fichteschen Kritik, es könne keine zwei ergänzende Systeme, nämlich ein Idealistisches und ein Realistisches geben, wenige Jahre später als Wechselspiel von Idealismus und Realismus mit äußerster gedanklicher Durchdringungskraft und Subtilität die vielleicht bedeutendste Fassung der Wissenschaftslehre von 1804 zum Austrag bringen wird, hat Hartmut Traub in seinem Beitrag am Ende des von ihm herausgegebenen Briefwechsels eindrucksvoll aufgewiesen. Vgl. Hartmut Traub, Schellings Einfluß auf die Wissenschaftslehre 1804 (Zweiter Vortrag). Oder: »Manche Bücher sind nur zu lang geratene Briefe«. In: Schelling – Fichte. Briefwechsel. Neuried: Ars Una, 2001, 279-301.

wirklich für die alleinige zu halten die Keckheit habe, von ganz verschiedenen Seiten her vorzubereiten gesucht habe, ehe ich wagte, sie selbst in ihrer Totalität aufzustellen.«[7]

Für Fichte ist es nicht einsichtig und nicht hinzunehmen, daß nach Schelling die Natur- und die Transzendentalphilosphie als zwei Seiten der einen und wahren Philosophie anzusehen seien. Vielmehr muß nach seinem Verständnis in subjektphilosophischer und erkenntnistheoretischer Hinsicht dem Subjektiven, dem Bewußtsein als Instanz der Wahrheitsfindung und Wahrheitssetzung der Primat eingeräumt werden. Es kann, mit Fichtes Worten nicht von einem Sein, sondern vom einem Sehen ausgegangen werden, wenn die Ansprüche der Vernunft zur Verhandlung anstehen. Die Naturphilosophie kann in der Sicht Fichtes daher niemals gleichrangig mit der Subjekt- oder Transzendentalphilosophie an den Anfang eines Systems gestellt werden. Daran krankt in dieser Perspektive auch die neue Konzeption der Identitätsphilosophie von 1801, die den angeblichen »Grundfehler« nicht revidiert, sondern vielmehr im Prinzip der Identität fortschreibt.[8]

Das Hauptproblem, das Fichte in seinem Brief an Schelling ausführt, betrifft die Frage, was dem philosophischen Wissen Evidenz verleiht. Ausgehend von einem Evidenzpunkt konstruiert Fichte das, was er absolute Bestimmtheit nennt, die er auch durch die beiden Beispiele im Schreiben an Reinhold erfüllt sieht. Er bedient sich dabei einer Formalisierung und benützt einige Variablen, die folgende Momente bezeichnen:

A = absolutes Bewußtsein, in dem B und C enthalten sind.

---

7 Friedrich Wilhelm Joseph Schelling, Darstellung meines Systems der Philosophie. In: F.W.J. Schelling, Ausgewählte Schriften in 6 Bänden, hg. von Manfred Frank, Frankfurt am Main 1985, Bd. II, 39.

8 Gleichwohl sei wenigstens erwähnt, daß Fichte der Freiheit und zweckorientierten Vernunft menschlichen Daseins einen so überwältigenden Primat zuschreibt, daß er das Sein der Natur in bedenklicher Weise nie anders denn als tot, oder wenigstens als leblos begriffen hat. Wolfdietrich Schmid-Kowarzik ist zuzustimmen, wenn er in seiner Untersuchung Das Problem der Natur. Nähe und Differenz Fichtes und Schellings. In: Fichte-Studien, Bd. 12 (1997), Amsterdam, Atlanta: Rodopi, 211-233, zeigt, daß Fichtes auf die sittliche Freiheit zentrierte Theorie notwendig der Ergänzung durch Schellings Besinnung auf die Lebendigkeit der seienden Natur bedarf.

Gemessen an Schellings Begriff des Seins und der Natur bleibt Fichtes Anerkennung von Bewußtseinszuständen, in denen das Subjekt sich ganz in der Sache verliert, hingegeben ist an die Sache im Anschauen, Empfinden, Fühlen ihrer, und so ganz die Dynamik des Objekts sich entfalten läßt, immer noch sehr blaß. Er entwickelt dies in seinen Ausführungen zur Empfindung und Anschauung im Grundriß des Eigentümlichen der Wissenschaftslehre von 1795.

B = Form des Bewußtseins, die als Form ein Bestimmbares ist; die Bestimmbarkeit ist zugleich der logische Raum der Geisterwelt, der offene Raum der Freiheit, des Denkens, der Regeln des Denkens und der Zwecksetzungen; Fichte nennt diesen logischen Raum den Realgrund des Individuums; mit der Bestimmbarkeit ist die Allgemeingültigkeit von wahren Sätzen *für alle* Individuen impliziert; Fichtes Begriff der Realität ist bestimmt durch das, was vernünftig ist, was sich denkend selbst erfaßt.

C = Gehalt des Bewußtseins, der als Gehalt Bestimmtheit ist; hier hat das Anschauen, die Natur, das Sein der gegebenen Welt als Teil dessen, was Bestimmtheit ist, seinen Ort; die Bestimmtheit des Gehaltes impliziert: Geltung *von allen* kategorischen Sätzen von der Struktur »y ist z«; mit der Bestimmtheit ist zugleich die Subjekt-Objekt-Identität des fraglichen Sachverhaltes gegeben; er stellt den Idealgrund der Geisterwelt dar; mit Idealität steht hier dasjenige im Blick, was das der Vernunft, also der Realität, Fremde und daher das nur teilweise Zugängliche und teilweise Undurchdringliche Sein darstellt.

a = Durchgangs- und Wendepunkt für ein ideales und reales Übergehen und Grund aller Synthesis; dies knüpft an die Metapher vom Übertragen der Realität in der *Grundlage* als einer Grundfunktion des Ich an (vgl. GWL §1, GA I, 2, 262; SW, I, 99).

X = Undurchdringlichkeit des Seins für das Sehen, für die Evidenz, für das Bewußtsein; das Sein wird als ein Quantum in der Bestimmtheit des Bewußtseins gesetzt; als sich selbst undurchdringlich wird schließlich auch das absolute Begreifen verstanden (daher = X) (vgl. F an Sch, 31. Mai / 7. August 1801, BW 199).

Dies sind die den Variablen zugeordneten Bestimmungen im Brief Fichtes an Schelling. Daß mit dieser Übersicht mehr Fragen aufkommen, als Klärung geleistet ist, ist offenkundig. Einige dieser Fragen sollen nun näherhin beleuchtet werden. Dabei ist den Verknüpfungen der Variablen und Gedankenbewegungen Beachtung zu schenken, die Fichte nun thematisiert.

Nach Fichte vollziehen sich im absoluten Bewußtsein A zwei grundsätzliche Übergangsbewegungen. Er sagt, von C (der Individualwelt) nach B (der Geisterwelt), also von der Bestimmtheit zur Bestimmbarkeit findet im Durchgang durch den Wendepunkt a ein ideales Übergehen statt und umgekehrt ein reales, aber bloß der Form nach beschreibbares Übergehen von B (der Geisterwelt) nach C (der Individualwelt) wiederum durch den Wendepunkt a hindurch. Die *Bestimmtheit* ordnet Fichte dem Individuum zu, weil sie sich im je einzelnen Subjekt als Wissensakt vollzieht, und nur im konkreten und besonderen Wissensakt das Allgemeine eines Sachverhaltes erkannt wird. Die *Bestimmbarkeit* ist Prädikat der Geisterwelt, weil Subjektivität wesentlich Freiheit ist, weil sich also Subjektivität durch die Setzung frei gewählter Zwecke bestimmt.

In seiner Untersuchung behandelt Fichte die beiden Richtungen einzeln, während sie im Prozeß der Evidenzbildung zusammengehören und wechselseitig das eine durch das andere hindurch als wirksam gedacht werden muß. Diese Wechselseitigkeit gilt auch für das Miteinander von Ideal- und Realmomenten, für die sich folgende Erklärung Fichtes als aufschlußreich erweisen wird: »Das allgemeine (endliche) Bewußtseyn ist sonach die absolute Vereinigung des Bewußtsein[s] der Geisterwelt, und des Individuum[s]. Das leztere ist der Ideal-Grund der erstern; die erstere der (nie aber *erkennbare*, und durch die Evidenz zu *durchdringende) RealGrund* des leztern.« (BW 196) Es ist zu klären, was die innere Logik der Bestimmtheit C als Idealgrund und Bestimmbarkeit B als Realgrund ist, die offenkundig gegen den üblichen Sprachgebrauch getroffen zu sein scheint, und was Fichte im Blick hat, wenn er das eine ein *ideales*, das andere ein *reales* Übergehen bezeichnet.

Fichte betont ferner: »Die Evidenz gilt *von* allen (im Bewußtseyn C.) und *für* alle (im Bewußtseyn B.)« (BW 197). Mit den Wendungen »von allen« und »für alle« sind die Behauptungen impliziert, daß mit B die Allgemeingültigkeit von wahren Sätzen für alle Subjekte gegeben ist, mit C die notwendige Geltung einer Aussage von allen Objekten, die den Satz erfüllen. Damit betont Fichte geltungstheoretische Ansprüche der Wissenschaftslehre, auch wenn es mehrfach zu beklagen ist, daß er deutlichere Erklärungen seiner philosophischen Absichten schuldig bleibt. So muß über Fichtes eigene Erläuterungen hinaus präzisiert werden, daß die Formel »von allen«, die sich auf die Gegenstände der Erkenntnis bezieht, und die Formel »für alle«, die sich auf die Subjekte der Erkenntnis bezieht, unterschiedliche Typen von Allaussagen bezeichnen. Die Formel »von allen« impliziert eine bestimmte, durch die Aussage definierte Menge von Objekten. Das Alle gilt hier also für alle Elemente einer Objektmenge. Die Formel »für alle« gilt hingegen streng allgemein und intersubjektiv für alle vernünftigen Subjekte.[9] Daß es Aussagen gibt, die »von allen« und »für alle« gelten, nimmt Fichte ohne weitere Nachfragen, wie

---

9 Nicht ohne Grund hat Kant die Forderung objektiver Geltung von Urteilen durch die beiden Prädikate notwendig und allgemein bezeichnet. Die Notwendigkeit entspricht Fichtes Formel »von allen«, die Allgemeinheit der Formel »für alle« (vgl. Kant, Kritik der reinen Vernunft, Nach der ersten und zweiten Original-Ausgabe neu herausgegeben von Raymund Schmidt, Hamburg 1976, B 3/4).

dies möglich sei, als gegeben an, um darauf aufbauend seinen Begriff dessen, was die Evidenz des Wissens ist, gegen Schelling zu verteidigen.

Es gilt nun zu klären, weshalb Fichte das Übergehen von C nach B ein ideales Übergehen nennt und C den Idealgrund von B darstellt. Die Bestimmtheit (C) bezeichnet den vom Subjekt erfaßten Sachverhalt, der als mein bestimmter Gedanke das Signum der Subjekt-Objekt-Identität trägt. Indem ich *für mich* weiß, daß ein bestimmter Sachverhalt, etwa die kürzeste Linie zweier Punkte als Gerade, genau so und nicht anders gedacht werden kann, mute ich dieses Wissen jedem anderen denkenden Subjekt zu. Irre ich mich hinsichtlich einer solchen Behauptung, so habe ich die Sache nicht anschauend und denkend vollzogen, war vielleicht unaufmerksam, abgelenkt, oder ähnliches, das heißt, nicht mein wissendes Ich, sondern das empirische Ich hat das Aktivitätsquantum des Bewußtseins an sich gerissen und die intendierte Denkarbeit in ihrer Wirksamkeit reduziert oder gar außer Kraft gesetzt. Wie dies geschehen kann, dies aufzuklären ist jedoch offenkundig nicht Aufgabe der Wissenschaftslehre, sondern möglicherweise der Psychologie des Denkens als Denken eines Reinhold. Für die Wissenschaftslehre gilt, wo sich Anschauen, Denken, Wissen vollzieht, irrt es nicht, und wo sich Irrtum einschleicht, geschieht dies durch zufallsbedingte Störfaktoren.[10]

Nun würde man erwarten, daß mit der Erzeugung der Evidenz einer Subjekt-Objekt-Identität im Wissen Sachhaltigkeit von Wissen, also Realität erzeugt wird. Das aber macht es schwer nachvollziehbar, daß C Idealgrund von B sein soll und der Übergang vom bestimmten Bewußtsein C zum bestimmbaren B ein idealer Übergang genannt wird, während der Übergang in umgekehrter Richtung von B nach C als realer Übergang bezeichnet wird.

Der Übergang vom bestimmten Bewußtsein C zum bestimmbaren B der Einstimmigkeit der Geisterwelt ist nun offenkundig deshalb ein

---

10 In diesem Sinne betonte Fichte bereits in der Begriffsschrift: »Das System des menschlichen Geistes, dessen Darstellung die Wissenschaftslehre seyn soll, ist absolut gewiß und infallibel; alles, was in ihm begründet ist, ist schlechthin wahr; es irrt nie, und was je in einer Menschenseele gewesen ist, oder seyn wird, ist wahr. Wenn die Menschen irrten, so lag der Fehler nicht im Nothwendigen, sondern die reflektirende Urtheilskraft machte ihn in ihrer Freiheit; indem sie ein Gesetz mit einem andern verwechselte. Ist unsre Wissenschaftslehre eine getroffene Darstellung dieses Systems, so ist sie schlechthin gewiß und infallibel, wie jenes; aber die Frage ist eben davon, ob und in wie fern unsre Darstellung getroffen sei; und darüber können wir nie einen strengen, sondern nur einen Wahrscheinlichkeit begründenden Beweiß führen. Sie hat nur unter der Bedingung, und nur in so fern Wahrheit, als sie getroffen ist. Wir sind nicht Gesetzgeber des menschlichen Geistes, sondern seine Historiographen; freilich nicht Zeitungsschreiber, sondern pragmatische Geschichtsschreiber.« (BWL GA I, 2, 146-147; SW, I, 76-77)

idealer Übergang im Prozeß der Erzeugung von Evidenz, weil nur das dem einzelnen Subjekt zugängliche Ich-Bewußtsein *real* für sich existiert und Wissensbestimmtheit vollzogen hat. Die Einstimmung aller ist im Ergreifen der Evidenz des Gewußten impliziert und projektiv intendiert, kann aber nicht als tatsächliches Übergehen in ein anderes Bewußtsein vollzogen werden. Ich bin nicht das Bewußtsein der anderen. Ein berechtigtes Ansinnen zur Einstimmung aller garantiert noch nicht die tatsächliche Synthesis der Geisterwelt. Demnach wäre das individuelle Bewußtsein vernünftigen Denkens Realgrund für sich, für andere Subjekte aber Idealgrund.

Gegeben diese Interpretation trifft Fichtes Intention, so muß es nun aber auch erstaunen, daß er das Übergehen von B (der Bestimmbarkeit) nach C (der Bestimmtheit) ein *reales Übergehen* nennt, mit der Einschränkung jedoch, daß dieses reale Übergehen nur der Form nach zu beschreiben sei (vgl. F an Sch, 31. Mai / 7. August 1801, BW 197/198). Hier gilt es zweierlei zu klären. Zum einen ist zu fragen, warum von einem realen Übergehen von B nach C die Rede ist, wenn doch offenkundig der Übergang vom Möglichkeitsraum der Bestimmbarkeit zur eingeschränkten Welt der Bestimmtheit vollzogen wird. Zum anderen gilt es zu klären, warum dieses Übergehen nur formal vollzogen werden kann.[11]

Zunächst ist daran zu erinnern, daß die Freiheit der Geisterwelt in Fichtes Vernunftuniversum dasjenige ist, dem Realität im höchsten und eigentlichsten Sinne zukommt. Von diesem Begriff der Realität ist freilich zu sagen, daß er solange bloß normativer Horizont und bloße Potentialität ist, solange er von den sinnlichen Vernunftwesen nicht in deren endliche Existenz und sinnliche Realität (in einem anderen Sinne des Wortes Realität) hineingenommen wird. Die Realität der Synthesis der Geisterwelt muß als Telos und höchster Zweck aller Denkakte und Bewußtseinshandlungen des Menschen begriffen werden und stets gegenwärtig sein. Ist so die gesamte Geisterwelt, sei sie auch an sich und für sich nur eine bestimmbare, als Telos aller Bestimmtheit der endlichen Individuen und der seienden Objekte gegenwärtig, so findet nach Fichtes Verständnis ein realer Über-

11 Es sei daran erinnert, daß Fichte im Gang der Konstruktion des Schwebens der Einbildungskraft in der Grundlage das qualitativ Andere des Bewußtseins, das Sein des Nicht-Ich, wie zu erwarten als Realgrund bezeichnet, während das bloße Bewußtsein selbst mit seinen quantitativen Verhältnissen von Ich und Nicht-Ich sich als Idealgrund bezeichnet findet (vgl. vor allem GWL GA I, 2, 322-328; SW, I, 171-178. Schelling »will« Fichte möglicherweise mißverstehen, wenn er in seiner Antwort vom 31. Oktober 1801 schreibt: die »höchste Indifferenz der Idealität und Realität ist[] die höchste Durchsichtigkeit, Klarheit, das reinste Seyn, das wir anschauen. – *Ihnen* ist Seyn durchaus gleichbedeutend mit Realität, ja wohl gar mit Wirklichkeit.« (BW 203)

gang von B nach C statt, der jedoch als bloß formal vollzogen werden kann.

Formal ist er nun deshalb, weil das Telos der Synthesis der Geisterwelt als höchster Realität nur möglich, nicht wirklich ist. Diese höchste Realität, die Kant eine Idee nennen würde, leiht den Bestimmtheiten des endlichen Daseins Richtung, Wahrheit und Evidenz und damit dasjenige, was Fichte eben Realität nennt. In diesem Sinne läßt sich sagen, daß durch die Intentionalität von C auf das Telos B Realität umgekehrt von B nach C übergeht.

Jedes Subjekt, das einen fraglichen Sachverhalt anschaut, denkt oder weiß, schaut an, denkt oder weiß je für sich die besondere, in Frage stehende Bestimmtheit des sinnlichen Seinsquantums aus der Sicht dessen, was eigentliche Realität ist. Das sinnliche Seinsquantums kann dabei ein Naturobjekt ebenso sein, wie ein mathematisches, in Raum und / oder Zeit situiertes Objekt oder eine Vernunfteinsicht. Der bestimmte, einzelne Akt des Bewußtseins bezieht seine Bestimmtheit aus dem Regelfolgen nach Maßgabe der Realität der Vernunft als intersubjektiv geltender Instanz, dem Realgrund allen endlichen Bewußtseins.

Der Wendepunkt a ist Schnittstelle des idealen und realen Übergehens. Mit dem Bild der Schnittstellt und des Identitätspunktes wird deutlich, daß mit C immer schon B und umgekehrt mit B immer schon C implizit wirksam und gegenwärtig ist, auch wenn erst die Reflexion und Explikation das Auseinander und Miteinander im Vollziehen des absoluten Bestimmens der Evidenz offenlegen.

Synthesis der Geisterwelt

Nun betont Fichte gegenüber Schelling auch, daß es der Wissenschaftslehre nicht an Prinzipien mangele, daß sie also im Gegensatz zum Schellingschen System wohlbegründet sei, daß sie aber noch nicht vollendet sei. Die Vollendung gipfelt in der *Synthesis der Geisterwelt*, die Fichte in dem Augenblick durchzuführen gedachte, als er des Atheismus bezichtigt wurde (vgl. F an Sch, 31. Mai / 7. August 1801, BW 195). Die Synthesis der Geisterwelt deutet Fichte als Synthesis von A, dem absoluten Bewußtsein (das B und C im idealen und realen Übergehen umfaßt) mit C als der Diversität der individuellen Bewußtseine. Die Wissenschaftslehre stelle »*das durchaus universelle Bewußtseyn der gesammten Geisterwelt, als solches*, dar, und ist selbst dieses Bewußtseyn. Jedes Individuum ist eine *besondre Ansicht* jenes Systems aus einem eignen GrundPunkte; aber dieser Punkt ist der Wissenschaftslehre, die selbst Wissenschaft, ein Durchdringen des universellen Bewußtseyns ist, undurchdringlich = X.« (BW 199) Hier setzt Schellings spottende Bezichtigung der Wissenschaftslehre als Propädeutik im Brief vom 3. Oktober 1801 an: Das Sein, so schreibt Schelling, »ist Ihnen die *letzte* Synthesis. Ich dächte aber, wenn sie wirklich zugleich die höchste ist, so ist sie eben darum das Absolute, das Unbedingte selbst, also unfehlbar zugleich das *Erste*, von dem ausgegangen werden muß.« Daraus folgt für ihn: »propädeutisch ist doch wohl eine Untersuchung, in der das höchste Princip Resultat, letzte Synthesis, ist.« (BW 204)

Gegen Schellings Einwand ist zunächst daran zu erinnern, daß der Freund Hegel in der *Differenzschrift* das Absolute als Nacht des ahnenden Beginnens und als Tag der Vollendung einer Gedankenbewegung und einer begrifflichen Durchdringung unterscheidet.[12] Sollte Fichte eine vergleichbare Gedankenfigur, gleichwohl mit anderer Intention, nicht ebenso verstattet sein?

Mit der Synthesis der Geisterwelt geht es Fichte nicht darum, die Instanz der Realität oder des Seins nach Schellings Worten erst zu begründen. Sie ist je schon gegeben im absoluten Bestimmen. So kann es auch nicht darum gehen, den Anspruch der Allgemeingültigkeit des Wissens durch den einzelnen nachträglich durch einen Konsens der Gemeinschaft zu legitimieren. Wissen ist ihm immer schon gerechtfertigtes Wissen. So kann es nicht darum zu tun sein, die Evidenz unmittelbaren Wissens in bewiesenes Wissen zu verwandeln. Die Synthesis der Geisterwelt ist vielmehr nötig, um die Freiheit der einzelnen, die immer auch individuelle Freiheit ist mit der allgemeinen Freiheit des Ganzen der Vernunftwelt zur Synthese zu bringen und individuelle, vernunftverträgliche Freiräume zu öffnen und offen zu halten, damit sie mit der allgemeinen Freiheit aller zusammenzudenken möglich ist.

Statt Legitimation und Rechtfertigung geht es der Synthesis der Geisterwelt also eher um einen Ratifikationsakt, durch den ein gemeinsames Ansinnen ausdrücklich als vollzogen gedacht wird. *Als vollzogen gedacht* ist er deshalb, weil der Philosoph im Namen aller diesen Ratifikationsakt durchführt.

Der Synthesis der Geisterwelt bedarf es auch deshalb, weil der Philosoph, ob nun der Kritische Philosoph, der Wissenschaftslehrer oder

---

12 Vgl. Georg Wilhelm Friedrich Hegel, Differenz des Fichteschen und Schellingschen Systems der Philosophie (1801). In: G.W.F. Hegel, Gesammelte Werke, hrsg. von der Rheinisch-Westfälischen Akademie der Wissenschaften, Hamburg 1989 ff., Bd. 4 (Jenaer Kritische Schriften), 3-92, 15/16; G.W.F. Hegel, Werke in 20 Bänden. Frankfurt am Main 1970, Bd II, 24/25).

der Identitätsphilosoph, schreiben und lehren, um für ihre Überzeugungen die Zustimmung anderer, möglichst aller zu finden und um schließlich mit diesem Überzeugungssystem wirken zu können in der Welt. Aus logischer Sicht ist es unerheblich, ob, und wenn ja, wie viele Subjekte der Wahrheit zustimmen. Mit Rücksicht auf das Wirken der Überzeugungssysteme ist es jedoch erheblich, daß die Synthesis der Geisterwelt als philosophischer Akt und als philosophische Denkleistung vollzogen wird.

Einer eigenen Synthesis der Geisterwelt als Zielpunkt der Wissenschaftslehre bedarf es also deshalb, weil das Bewußtsein, das existiert und das sich durch seine Zwecke entwirft, immer nur das eines Individuums ist. Die Geisterwelt ist als existierende nur eine merologische Summe von Bewußtseinen, die *als* Geisterwelt im eigentlichen Sinne nicht wirklich ist, sondern nur als bestimmbar gesetzt werden kann. Diese merologische Summe der Freiräume gilt es, zu einer höheren Synthese zu führen. Die Freiheit der Individuen gilt es mit der Freiheit aller zu einer begriffenen, durchdachten und durchsichtig gemachten Synthese zu bringen. Fichte deutet an, daß er das geistige Band der endlichen vernünftigen Wesen in Gott als reinem Sein und reiner Agilität denkt. Da diese Synthesis das Komplexeste ist, ist nach Fichte mit ihr die Philosophie nicht anzufangen, sondern sie ist Ziel und Resultat.

Fichtes Absicht einer Synthesis der Geisterwelt realisiert, was Hölderlin in seinem Fragment *Über Religion* oder dem *Fragment philosophischer Briefe* im kritischen Anschluß an die neue Interpersonalitätstheorie der Fichteschen *Grundlage des Naturrechts* und im Überbietungsgestus längst durchdacht hat und was die erste Strophe aus dem oben zitierten *Patmos* dichterisch zum Austrag bringt[13]. Schellings Aburteilung der Fichteschen Synthesis der Geisterwelt erweist sich als in der Sache nicht trifftig und ist entweder den knappen und notwendig lückenhaften Andeutungen Fichtes geschuldet, oder aber, und dies dürfte wohl der gewichtigere Grund sein, Schelling kontert die abwertende Beurteilung seines *Systems* durch Fichte mit einem emotional geladenen, eher blinden Hieb.

13 Zu Hölderlins Rezeption von Fichtes Intersubjektivitätstheorie und seiner Fichte überbietenden Konzeption einer Synthesis der Geisterwelt vgl. Violetta L. Waibel, Hölderlin und Fichte. 1794-1800. Paderborn 2000, 233-286.

Evidentes und bewiesenes Wissen

Nach der Vorstellung der von Fichte angedeuteten Gedankenbewegungen in seinem Brief an Schelling bleibt, wenigstens ansatzweise über das nachzudenken, was der Fichtesche, auf Evidenz beruhende Wissensbegriff an sich und was er im Hinblick auf die vorgebliche mangelnde Evidenz der Schellingschen Philosophie zu leisten vermag.

Im Brief an Schelling demonstriert Fichte seinen Begriff des absoluten Bestimmens durch den geometrischen Satz, nach dem die kürzeste Verbindung zweier Punkte die Gerade ist. Das Denken, oder genauer, das anschauende Vorstellen dieses Satzes ist im lebendigen Erfassen seiner, also im tätigen Vollziehen des Ausgesagten nach Fichte bereits durch sich evident und schließt ohne weitere Reflexion die Vorstellung ein, daß der Satz für alle erdenklichen Punktpaare gilt und ausnahmslos von jedem Vernunftwesen genau so vorgestellt werden müsse. Setzt Fichte also nicht alles voraus, was eine Wissenschaft erst zu erweisen hat? Macht er sich des trivialsten Zirkels schuldig, wenn die Wissenschaftslehre die Geometrie wie jede andere Wissenschaft erst zu begründen hat? Der Vorwurf mangelnder Evidenz des Schellingschen Systems wäre entkräftet.

Wo ein Zirkeleinwand so offenkundig ist, fordert das Prinzip der Nachsicht, nach tieferen Gründen zu suchen. Erinnern wir uns, daß Fichte in der *Grundlage* zum Satz Ich bin Ich mittels des Identitätssatzes a = a geführt hat und betonte, jeder andere selbstevidente Satz erlaube das gleiche Resultat, wenngleich auf längerem Wege (vgl. GWL GA I, 2, 256; SW, I, 92). Am Beispiel geometrischer Sätze, deren Beweis tatsächlich nur die Geometrie zu leisten vermag, oder dem Satz »Brot stillt Hunger« im Schreiben an Reinhold, sucht Fichte dennoch auf eine dem Subjekt ursprünglich zugehörige Funktion des Wissensmöglichen aufmerksam zu machen. Fichtes Theorie absoluten Wissens besagt, daß mit dem ersten Erfassen einer Regel wie der, daß die kürzeste Verbindung zweier Punkte die Gerade ist, diese Regel für immer und alle Fälle erfaßt ist. Daß diese Regel nur im Rahmen der Euklidschen Geometrie gilt, erschüttert keineswegs die durch Evidenz implizierte Allgemeingültigkeit, denn in der Evidenz des anschauenden Erfassens ist, freilich unausgesprochen und evidentermaßen, auch der Rahmen des euklidschen Raumkontinuums mitbefaßt. Daß die Mathematiker Beweise zu solchen Sätzen suchen und beweisbare Sätze von Axiomen unterscheiden, tangiert den Begriff des absoluten Wissens Fichtes nicht, denn das Suchen nach Beweisen ist Sache der Spezialwissenschaften. Dem absoluten Wissen ist es allein um die Struktur selbstevidenter Sätze und dem reflektierenden Durchdringen dieser

Selbstevidenz zu tun. Die Differenzierung von axiomatischem und beweisbarem Wissen ist nach Fichte nur deshalb möglich, weil wir ursprünglich wissen, was Wissen ist. Um zu wissen, was ein Beweis zu leisten hat, muß man generell wissen, was Wissen ist.

Wissen wir aber, um zum zweiten Beispiel für Reinhold zu kommen, allgemeingeltend, daß Brot den Hunger stillt? Wie, wenn das Brot, heimlich vergiftet, tötliche Wirkung hat, wie, wenn es verdorben ist und krank macht? Ist dies nicht ein sicheres Indiz dafür, daß Fichtes Begriff von absolutem Wissen vielleicht für Tautologien und wenige axiomatische Sätze gilt, keineswegs aber für empirische Fakten?

Fichtes Antwort müßte folgendermaßen lauten: Es liegt nicht am Brot, daß jemand verdorbenes Brot oder vergiftetes Brot nicht als dieses erkennt, dem Schein erliegt und daher krank wird oder stirbt, genausowenig wie es an der Regelhaftigkeit der Multiplikation liegt, daß sich jemand verrechnet. Weil Personen jedoch ein bestimmtes Wissen von Brot haben, könnte sie bei entsprechender Aufmerksamkeit den ungewohnten Geruch, die ungewohnte Farbe, das ekelerregende Äußere im Unterschied zum wirklichen und nahrhaften Brot wahrnehmen. Und wenn eine Person die Täuschung nicht aufzudecken vermag, liegt es nicht am Wesen von Brot, daß es täuschend nachgebildet ist. Irrtum und Schein ist ein erkenntnistheoretisches Problem, das in einer Spezialwissenschaft seinen Ort haben mag, das jedoch nicht das Prinzip von Wissen und Evidenz und den Kern der *Wissenschaftslehre* tangiert. Die Aufgabe der *Wissenschaftslehre* besteht darin, die unmittelbare Evidenz von Wissensleistungen genetisch durchsichtig zu machen, ihre innere Organisation zu begreifen.

Ist Sehen oder Sein das erste Prinzip der Philosophie?

Sollte der Streit zwischen Fichte und Schelling auch nur annäherungsweise entschieden werden könnne, so muß entscheidbar sein, ob Sehen oder Sein, in Fichtes Sprache, das erste Prinzip der Philosophie ist. Das aber setzt voraus, daß Sehen und Sein eine echte Alternative hinsichtlich des Status des ersten Prinzips der Philosophie darstellen, wie es der Streit zwischen den beiden Philosophen insinuiert. Es empfiehlt sich daher, einige der Streitargumente durchzugehen und zu beurteilen. Fichte argumentiert vor dem Hintergrund der Evidenz im Wissens und dem Sehen als erstem Prinzip der Philosophie auch in seinem Brief an Schelling vom 15. Januar 1802.

Der Hauptgedanke der philosophischen Überlegungen und Zurechtweisungen der Schellingschen Mißveständnisse betrifft nocheinmal und dieses Mal hauptsächlich das Sein und seine Relation zum Wissen. Drei Standpunkte des Seins unterscheidet Fichte in diesem Brief in aufsteigender Tendenz. Der unterste Standpunkt ist ihm der von relativem Wissen und Sein, den Schelling (fälschlicherweise) der *Wissenschaftslehre* zuschreibe. Den höheren Standpunkt der Identität von Sein und Wissen setze Schelling an den Anfang des eigenen Systems. An höchster Stelle stehe der, freilich nach Fichtes Verständnis von Schelling verkannte, eigentliche Standpunkt der *Wissenschaftslehre* (vgl. F an Sch, 15. Januar 1802, BW 220/221).

Fichte erinnert gegen Schelling, daß es im relativen Wissen allemal Identitätspunkte gebe. Doch die Setzung von Identität ist eine Synthesisleistung, die die Differenz von Wissen und Sein voraussetzt. Ein ähnliches Problem habe Spinoza mit seinen zwei unvermittelt nebeneinander bestehenden Reihen des Denkens und des Seins. So, wie Schelling die *Wissenschaftslehre* verstehe, sei sie freilich nichts anderes als Formalisierung und insofern abstrakte Logik, die dann zurecht unter Schellings Identitätspunkt gesetzt werde. Fichte moniert gegen Schellings Identitätsphilosophie, er setze die Trennung voraus, um so Identität setzen zu können. Diese aber sei bloß gedacht, nicht angeschaut und müsse daher formal bleiben. Erfaßt man jedoch die Ursprünglichkeit und Evidenz absoluten Wissens der *Wissenschaftslehre*, wie sich diese im Brief vom 31. Mai / 7. August 1801 skizziert und in der angekündigten neuen Darstellung genetisch ausgeführt findet, so werden Wissen und Sein nicht bloß faktisch aufgestellt und in faktischer Korrespondenz in Beziehung zueinander gedacht, sondern ihr Übergehen ineinander begreiflich gemacht.

Was aber gewinnt Fichte durch die genetische Einsicht? Wenigstens den Vollzug und Nachvollzug einer weit ausgreifenden Denkleistung, die die Durchgängigkeit eines gedanklichen Zusammenhangs demonstriert. Ein organisches Ganzes wird in die Linearität des diskursiven Denkens gezwungen, diszipliniert und nach einem methodologischen Prinzip geordnet, statt Requisita nur zusammenzuklauben, wie dies auch Kant angesichts der Aristotelischen Kategorienansammlung moniert hat (vgl. KrV A 67 B 92 und A 81 B 107). Das genetische Erfassen des Wissens bildet die Urteilskraft von dem, was wahr ist, freilich ohne der Urteilskraft schon ein explizites Prinzip zur Beurteilung von wahr und falsch an die Hand gegeben zu haben. Denn auch für die Bildung des Begriffs des Wissens gilt, daß er nicht ausprobiert wird, sondern wenn er erfaßt wird, evidentermaßen und in einem Nu begriffen ist. Läßt sich daraus aber entscheiden, ob Sehen oder Sein das Erste der Philosophie ist? Oder gibt es vielmehr bloß gute Gründe, die Architektonik einer Philosophie so oder so anzulegen, eben deswegen, weil ein organisches Ganzes mittels der Diskursivität der Sprache durchdacht und reflektiert wird? Und gibt es möglicherweise eine Anzahl ausgezeichneter Prinzipien, zu denen Sehen und Sein zählen, und die geeignet sind, mit ihnen in der Philosophie zu beginnen? Es spricht einiges dafür, diese Fragen zu bejahen. Ihre Bejahung muß die Möglichkeit der eindeutigen Entscheidung für ein und nur ein schlechthin erstes Prinzip zurückweisen und kann dennoch an der Systemform festhalten. Die Entscheidung für ein bestimmtes erstes Prinzip hängt von der Intention des Systems als Ganzem ab.

Es sei an dieser Stelle an Kants Unterscheidung des Schulbegriffs der Philosophie von ihrem Weltbegriff im Architektonik-Kapitel der *Kritik der reinen Vernunft* erinnert, auch wenn Kant seine Zustimmung weder der *Wissenschaftslehre* noch der *Identitätsphilosophie* gegeben hat. Demnach gibt es sehr wohl verschiedene Systeme der Philosophie, wesentlich für sie ist, daß sie in einer Relation zur Idee der Philosophie stehen:

> »Das System aller philosophischen Erkenntnis ist nun *Philosophie.* Man muß sie objektiv nehmen, wenn man darunter das Urbild der Beurteilung aller Versuche zu philosophieren versteht, welche jede subjektive Philosophie zu beurteilen dienen soll, deren Gebäude oft so mannigfaltig und so veränderlich ist. Auf dies Weise ist Philosophie eine bloße Idee von einer möglichen Wissenschaft, die nirgend in concreto gegeben ist, welcher man sich aber auf mancherlei Wegen zu nähern sucht [...] und das bisher verfehlte Nachbild, so weit als es Menschen vergönnet ist, dem Urbilde gleich zu machen gelinget. [...] Man kann nur philosophieren lernen, d.i. das Talent der Vernunft in der Befolgung ihrer allgemeinen Prinzipien an gewissen vorhandenen Versuchen üben, doch immer mit Vorbehalt des Rechts der Vernunft, jene selbst in ihren Quellen zu untersuchen und zu bestätigen, oder zu verwerfen.
>
> Bis dahin ist aber der Begriff von Philosophie nur ein *Schulbegriff* [...]. Es gibt aber noch einen *Weltbegriff (conceptus cosmicus)* [...], vornehmlich wenn man ihn gleichsam personifizierte und in dem Ideal des *Philosophen* sich alsein Urbild vorstellte. In dieser Absicht ist Philosophie die Wissenschaft von der Beziehung aller Erkenntnis auf die wesentlichen Zwecke der menschlichen Vernunft *(teleologia rationis humanae)*, und der Philosoph ist nicht ein Vernunftkünstler, sondern der Gesetzgeber der menschlichen Vernunft.« (KrV A 838/839, B 866/867)

Ist also, auch mit Blick auf Kants Weltbegriff der Philosophie, wahr, daß es nur Eine Wissenschaft, nämlich die *Wissenschaftslehre* gebe und alle übrigen Wisenschaften nur Teile der Wissenschaftslehre sind, wie Fichte behauptet (F an Sch, 31. Mai / 7. August 1801, BW 196), oder ist vielmehr wahr, wie Schelling erwidert: »Ihr System ist ein nothwendiger und integranter Theil des meinigen« (Sch an F, 3. Oktober 1801, BW 207) ?

Es sei an Fichtes Wort an Schelling vom Herbst 1800 erinnert, um die Irrationalität dieses Streits offenkundig zu machen, indem es wohl tatsächlich weniger um eine wirkliche Sachdifferenz als vielmehr um persönliche Betroffenheiten geht. Fichte schreibt: »Uebrigens wünschte ich doch ja nicht, daß wir uns auf den Fuß sezten, nichts zu bearbeiten, was der andere bearbeitet. Wir werden – wie es bei'm Ausgehen von denselben Principien bei richtiger Folgerung fast nicht anders seyn kann, und bisher, auch wieder in Beziehung auf Bardili, gewesen ist – *der Materie* nach das gleiche finden; aber in dem äussern Charakter unsers Vortrags ist eine solche Verschiedenheit, daß keines von beiden Arbeit überflüßig seyn wird.« (F an Sch [vermutlich Herbst 1800], BW 170) Fichtes Vorwurf der mangelnden Evidenz des Schellingschen Systems wird, wenn er denn stichhaltig ist, durch den Anspruch der wechelseitigen Ergänzung nichtig, oder eben zur Attacke ad personam.

Auf ähnliche Weise läßt sich Schellings Vorwurf an die *Wissenschaftslehre* bewerten, »ganz bloß logisch« zu verfahren. Die *Wissenschaftslehre* habe »mit Realität gar nichts zu thun. Sie ist, soviel ich einsehe, der formelle Beweis des Idealismus, darum die Wissenschaft κατ' ἐξοχήν Was ich indeß Philosophie nennen will, ist der *materielle* Beweis des Idealismus.« (Sch an F 19. November 1800, BW 179) Es ist offenkundig, daß Schelling nun den Vorwurf Kants, den er im Brief an Fichte vom 12. September 1799 (vgl. BW 125-128) noch auf heftigste gerügt hat, nun selbst bis in die Formulierungen hinein aufgreift. Kant erklärte, die *Wissenschaftslehre* Fichtes sei ein gänzlich unhaltbares System. Und weiter: »Denn reine Wissenschaftslehre ist nichts mehr oder weniger als bloße *Logik*, welche mit ihren Principien sich nicht zum Materialen des Erkenntnisses versteigt, sondern vom Inhalte derselben als *reine Logik* abstrahirt, aus welcher ein reales Object herauszuklauben vergebliche und daher auch nie versuchte Arbeit ist, sondern wo, wenn es Transscendental-Philosophie gilt, allererst zur Metaphysik übergeschritten werden muß.« (Erschienen am 28. August 1799, BW 231)

Im Gegensatz zu Schellings erster harscher Kritik an Kant zugunsten Fichtes reagierte dieser ausgeprochen Milde gegen Kants Erklärung. Er stimmt zu, sein System möge durchaus als Logik angesehen werden, da in der Wissenschaftslehre auch wirklich von aller bestimmten Erkenntnis abstrahiert werde, betont aber eine entscheidende Differenz im Sprachgebrauch: »nur bezeichnet, *meinem Sprachgebrauch nach,* das Wort Wissenschaftslehre gar nicht die Logik, sondern die Transscendentalphilosophie oder Metaphysik selbst. Unser Streit wäre sonach ein bloßer Wortstreit.« (F an Sch, September 1799, BW 129; ähnlich im Entwurf, BW 131).

Indem Fichte darauf hinweist, daß Kant an früherer Stelle erklärt habe, gar nicht mehr in der Lage zu sein, völlig neue Systeme wie die Fichtesche *Wissenschaftslehre* zu prüfen, räsonniert Fichte: »Wer weiß, wo schon jetzt der junge feurige Kopf arbeitet, der über die Principien der Wissenschaftslehre hinauszugehen, und dieser Unrichtigkeiten und Unvollständigkeiten nachzuweisen versuchen wird. Verleihe uns denn der Himmel seine Gnade, daß wir nicht bey der Versicherung, dies seyen fruchtlose Spitzfindigkeiten [...] stehen bleiben«. (F an Sch, September 1799, BW 130; ähnlich im Entwurf, BW 132). Schellings Vorwurf des bloß formalen, bloß logischen und gar propädeutischen der *Wissenschaftslehre* wertet ab, was er zu anderer Zeit wohl verstanden und mit Emphase studiert hat, um sich für die Herabsetzung der vorgeblichen Mitarbeiterschaft beim Wissenschaftslehrer zu revanchieren und um schließlich nicht bei der Durchdringung der *Wissenschaftslehre* der Durchdrungene zu sein (vgl. Sch an F, 3. Oktober 1801, BW 202-211).

Ob mit dem Sehen oder mit dem Sein in der Philosophie begonnen werden müsse, scheint mir eine wenig fruchtbare und letztlich unentscheidbare Diskussion. Gute Gründe gibt es für das eine wie das andere. Weit ertragreicher erscheint mir die Frage, was die philosophischen Konzeptionen jeweils als Ganze zu leisten vermögen, was ihre jeweilige Erschließungskraft ist, und wie sie schließlich im Verhältnis zueinander zu beurteilen sind. Dies aber muß an anderer Stelle verhandelt werden.

Schlussbemerkung

Nach meinem Urteil verbirgt sich hinter dem eigentlich von den Kontrahenten teils schon gelösten oder wenigstens noch lösbaren Sachstreit um das, was Logik, Metaphysik, Transzendentalphilosophie und Naturphilosophie sei, ein unlösbarer persönlicher Konflikt. Die zwei so unterschiedlichen Feuerköpfe bewerfen sich gegenseitig eben doch auch mit Spitzfindigkeiten. Der persönliche Konflikt besteht darin, daß der zurecht erhobene und auch zugestandene Letztbegründungsanspruch Fichtes in Sachen

Philosophie in eine Werthierarchie der philosophierenden Subjekte umschlägt. Kein Wunder, daß Schelling, der aus kontingenten Gründen jünger ist, der zudem auf den Schultern nicht nur der Kantischen Kritik sondern auch der Fichteschen Wissenschaftslehre zu eigenen Höhenflügen ansetzt und genuin eigene Leistungen zu präsentieren hat, die auch anerkannt sein wollen, vom Allmachtsanspruch des Älteren sich zu befreien, zu emanzipieren, zu behaupten sucht. Die nicht bloß ideale, sondern auch reale Nähe von Fichte und Schelling in Jena und im gemeinsamen Zeitschriftenprojekt nährte die Macht- und Selbstbehauptungsphantasien beider auf ihre Freiheit aufs äußerste bedachten Subjekte, die noch nicht den Weg zur Synthesis der Geisterwelt gefunden haben.

»Drum, da gehäuft sind rings
Die Gipfel der Zeit, und die Liebsten
Nah wohnen, ermattend auf
Getrenntesten Bergen«

Die Verabschiedung des subjektivitätstheoretischen Paradigmas

Der Grunddissens zwischen Schelling und Fichte im Lichte ihres philosophischen Briefwechsels

Lore Hühn (Freiburg)

1. *Subjektive und objektive Fassung der Intellektuellen Anschauung: Die Abstraktion des Anschauenden in dieser Anschauung*

Es dürfte wohl kaum eine andere Umbruchs- und Übergangsfigur geben, die sich mit auch nur annähernd vergleichbarem Nachdruck in die idealistische Auseinandersetzung um den Einstieg in den Vernunftdiskurs einer absoluten Metaphysik eingeschrieben hat wie die jener zweifachen Abstraktion, deren berühmteste Abhandlung Schelling unter dem Begriff der Intellektuellen Anschauung etabliert hat.

> »Ich ordere zum Behuf der Naturphilosophie die intellektuelle Anschauung, wie sie in der Wissenschaftslehre gefordert wird; ich fordere aber außerdem noch die Abstraktion von dem *Anschauenden* in dieser Anschauung, eine Abstraktion, welche mir das rein Objektive dieses Akts zurückläßt, welches an sich bloß Subjekt-Objekt, keineswegs aber = Ich ist, aus dem mehrmals angezeigten Grunde.«[1]

---

1 F. W. J. Schelling: Sämmtliche Werke in XIV Bänden, hrsg. von K. F. A. Schelling. Stuttgart, Augsburg 1856-61, Bd. IV, 87f. (= SW).

Wie ungebrochen Schelling einer solch zweifachen Abstraktion das Wort redet, gibt in aller nur wünschenswerten Deutlichkeit der im Ton streitbarer Überbietung und in Abgrenzung gegenüber Fichte verfasste Rückblick auf die 1801 erschienene Schrift »Über den wahren Begriff der Naturphilosophie« zu erkennen.

> »Nun sage ich in der angeführten Abhandlung, nicht das Ich, wie es in der intellektuellen Anschauung als unmittelbar Gewisses ist, sondern das durch Abstraktion von dem Subjekt in der intellektuellen Anschauung Gewonnene, das aus der intellektuellen Anschauung *herausgenommene, d.h.* allgemeine, bestimmungslose *Subjekt-Objekt*, das insofern nun nicht mehr ein unmittelbar Gewisses ist, sondern herausgenommen aus der intellektuellen Anschauung nur noch Sache des reinen Gedankens seyn kann; dieß erst sey der Anfang der objektiven, von aller Subjektivität befreiten Philosophie.«[2]

Um bei diesen beiden Textstellen, denen sich viele andere hinzufügen ließen, einen Moment zu verweilen: Was Schelling hier geltend macht, ist mit jeder Zeile und in programmatischer Absicht gegen Fichtes subjektive Fassung der Intellektuellen Anschauung gerichtet. Zugleich macht er aber auch die Probe aufs Exempel, die Probe auf einen Prinzipienwechsel nämlich, für den gilt: Bei diesem soll durch eine innere Radikalisierung des subjektivitätstheoretischen Paradigmas dieses auf dem Weg seiner Überbietung über sich selbst hinaus getrieben werden, um dergestalt zu einer absoluten Vernunfterkenntnis, in den Worten Schellings zu einer »von aller Subjektivität befreiten Philosophie«[3] zu gelangen. Zur spekulativen Natur einer solchen Selbstüberschreitung gehört für ihn wesentlich, dass sie – vertrackt genug – durch die grundlegendste Operationsfigur, die dieses Paradigma selbst ausgebildet und fortan zum Einsatz gebracht hat, ins Werk gesetzt werden soll. Schließlich gibt sie die praktische Forderung vor, das Exerzitium einer zweifachen Abstraktion tatsächlich zu absolvieren, um derart das Eingehen in die »Sache des reinen Gedankens«[4] – so Schellings eigene Formulierung – zu ermöglichen.

Will man sodann das Auseinandergehen der Denkwege Schellings und Fichtes nicht nur vom Ergebnis her, sondern zugleich von den gemeinsamen Überzeugungen und Problemen her, von denen sie ausgehen, betrachten, dann kann man nicht umhin, den Bogen zunächst einmal zurück zu genau dieser Schlüsselfigur zu schlagen, an der wie wohl an kei-

---

2 Schelling SW X, 148.

3 Schelling SW X, 148.

4 Ebd.

ner anderen die Verabschiedung des subjektivitätstheoretischen Paradigmas greifbar und sinnfällig werden dürfte.

Dokumentiert ist diese Verabschiedung vermutlich nirgendwo eindringlicher als im Briefwechsel zwischen Fichte und Schelling, – ein Briefwechsel, an den einmal mehr zu erinnern lohnt. Denn in ihm ist aktenkundig geworden, wie ein Idealist dem anderen vorhält, in dieser Verabschiedung nicht weit genug gegangen zu sein und darum den Schritt vereitelt zu haben, der nun aber getan werden sollte. Es handelt sich schließlich um einen Schritt, der auf dem Boden dieses Paradigmas aus der Sicht Fichtes – wie noch zu erläutern sein wird – gar nicht getan werden kann. Und sein immer wieder umkreistes Argument lautet: Unser Denken kann nun einmal nicht über den eigenen Schatten springen und keine noch so konsequent auf sich selbst angewendete und meisterhaft vollzogene Abstraktion versetzt uns in die Lage, aus der zirkulären Immanenz des eigenen Denkvollzugs mir nichts dir nichts auszuscheren; ganz zu schweigen davon, dass eine solche Abstraktion dahin käme, diese Immanenz aus eigener Kraft und auch noch vermöge theoretischer Kompetenz zu überspringen oder am Ende sogar aufzuheben.

Wie gesagt, es gibt wahrlich genug einschlägige Textstellen, die belegen, dass Schelling selbst eine Zeit lang glaubte[5], in einer »Abstraktion von dem *Anschauenden* in dieser Anschauung« – mithin einer »Abstraktion, welche mir das rein Objektive dieses Akts zurückläßt«[6] – *den* hermeneutischen Schüssel in Händen zu halten[7], durch den sich auf dem bisher eingeschlagenen Weg der Umbruch zu einer absoluten Vernunfterkenntnis theoretisch erschließen, ja womöglich erzwingen lasse.

5 Den engeren Rahmen einer naturphilosophischen Überbietung Fichtes sprengend, nimmt diese zweifache Abstraktion vor allem in Schellings Versuch, die Wissenschaftslehre Fichtes im Ganzen zu einem integralen Bestandteil des eigenen Identitätssystems zu depotenzieren, eine Schlüsselstellung ein. Vgl. Schellings Schrift »Über den wahren Begriff der Naturphilosophie« (1801). In: Schelling SW IV, 90ff.

6 Schelling SW IV, 87f.

7 Schelling schreibt bereits im §1: »Ich nenne Vernunft die absolute Vernunft, oder die Vernunft, insofern sie als totale Indifferenz des Subjektiven und Objektiven gedacht wird. Diesen Sprachgebrauch zu rechtfertigen ist hier nicht der Ort, da es bloß darum zu thun ist, überhaupt die Idee zu erwecken, die ich mit diesem Worte verbinden werde. – Nur also, wie man überhaupt dazu gelange, die Vernunft so zu denken, muß hier kurz angezeigt werde. Man gelangt dazu durch die Reflexion auf das, was sich in der Philosophie zwischen Subjektives und Objektives stellt, und was offenbar ein gegen beide indifferent sich Verhaltendes seyn muß. Das Denken der Vernunft ist jedem anzumuthen; um sie als absolut zu denken, um also auf den Standpunkt zu gelangen, welchen ich fordere, muß vom Denken abstrahirt werden.« (SW IV, 114f.).

> »Dem, welcher diese Abstraktion macht, hört die Vernunft unmittelbar auf etwas Subjektives zu seyn, wie sie von den meisten vorgestellt wird, ja sie kann selbst nicht mehr als etwas Objektives gedacht werden, da ein Objektives oder Gedachtes nur im Gegensatz gegen ein Denkendes möglich wird, von dem hier völlig abstrahirt ist; sie wird also durch jene Abstraktion zu dem wahren An-sich, welches eben in den Indifferenzpunkt des Subjektiven und Objektiven fällt.«[8]

Überzeugender jedenfalls dürfte sich der Zankapfel des Disputs wohl kaum in seiner ganzen Schärfe herauskristallisieren lassen als an dem Punkt, wo Schelling den gewissermaßen grenzbegrifflich ausgezeichneten *höchsten* kognitiven Akt, den das subjektivitätstheoretische Paradigma aufzubringen vermag, mir nichts dir nichts an das intentionale Korrelat einer reinen Vernunftwahrheit bindet, ohne auch nur im Mindesten zu beherzigen, was Fichte in einer schon penetrant zu nennenden Beharrlichkeit ins rechte Licht zu rücken versucht: dass nämlich die umstrittene grenzbegriffliche Selbstabstraktion »von dem *Anschauenden* in dieser Anschauung«[9] möglicherweise das *Höchste* und das *Letzte* in der Binnenperspektive subjektiven Denkens darstellt, aber diese Perspektive ihrerseits nicht das Höchste, d.i. der unhintergehbare und letzthin verbindliche Horizont überhaupt sein kann. Zu einer grundlegenden Selbstüberschreitung, geschweige denn Revision führt nach Fichte eine solche grenzbegriffliche Selbstaufhebung nun aber definitiv nicht. Sie verführt vielmehr ganz im Gegenteil dazu, die Reichweite der Geltung des subjektivitätstheoretischen Paradigmas über alle Gebühr hinaus auszudehnen und ins Unermessliche zu steigern. Zumal dann, wenn man, was Schelling tatsächlich vorhat, dies demonstrieren will: dass nämlich jene auf sich selbst angewendete Abstraktion »von dem *Anschauenden* in dieser Anschauung«[10] in dem Maße den Blick auf die objektive Dimension einer absoluten Vernunfterkenntnis (»rein Objektive dieses Akts«[11]) freizugeben und lenken vermag, wie sie gleichzeitig die ganze Spannung des Dilemmas auf sich vereint und austrägt, die in dem zweifach besetzten Stellenwert eines identitätsphilosophisch verfassten Anfangs liegt, – eines *Anfangs* nämlich, welcher in seiner *Resultat*gestalt ein durch unser Denken ermitteltes *Letztes* (»Subjekt-Objekt« (s.o.)), zugleich aber auch ein *Erstes* (»absolut

8 Schelling SW IV, 114f.
9 Schelling SW IV, 87f.
10 Ebd.
11 Ebd.

Identisches«[12]) zu sein beansprucht, – ein *Erstes* also, von dem bezeichnenderweise Schellings eigene, »von aller Subjektivität befreite(n) Philosophie«[13] ausgehen soll. Es spricht ja wohl für sich, wenn Schelling in seinem Brief vom 3.10.1801 an den Rammenauer schreibt: »(In dem Denken ist so viel als in dem Anschauen und umgekehrt; eins dem andern ädäquat.) Sie sagen etwas Ähnliches mit dem, was Ihre letzte Synthesis ist, – dem, was zugleich unbegreiflicher Realgrund der Getrenntheit des Einzelnen und Idealgrund der Einheit Aller ist. Sie erheben sich allerdings zu *diesem* Seyn, welches nicht die Realität – nicht Wirklichkeit – sondern über allen Gegensatz von Ideellem und Reellem erhaben, die absolute Identität davon ist. Aber dieses Seyn ist Ihnen die *letzte* Synthesis. Ich dächte aber, wenn sie wirklich zugleich (!, L.H.)) die höchste ist, so ist sie eben darum das Absolute, das Unbedingte selbst, also unfehlbar zugleich das *Erste*, von dem ausgegangen werden muß.«[14]

Fichte zögert indessen nicht nur nicht, er lässt vielmehr keine Gelegenheit aus, die interne Theoriedynamik, welche Schelling unter dem programmatischen Stichwort jener zweifach in sich aufgestockten, eo actu vollzogenen Abstraktion hier zu jenem »Zugleich« verdichten zu können glaubt, mit dem wenig schmeichelhaften Verdikt der Subreption zu belegen, – ein Zugleich, das in provokativ zugespitzter und höchst aufschlussreicher Weise den Auftakt zu einer inneridealistischen Kontroverse um die Einstiegsmöglichkeiten zu einer absoluten Vernunfterkenntnis bilden dürfte.

Fichtes Vorwurf der Hypostase ist beredt und einschlägig genug. Schließlich bildet er nicht umsonst den Hintergrund, vor dem sich in aller Eindringlichkeit jene Alternative abzeichnet, die Fichte ausdrücklich geschärft und mitnichten harmonisierend verwischt sehen will, wenn er in einer in seiner Spätphilosophie von ihm nie mehr relativierten, vielmehr bekräftigten Konsequenz auf dem Hiatus besteht, der den Worten des obigen Zitats nach zwischen der »*letzte(n)* Synthesis«[15] unseres faktischen Wissensvollzuges und dem »*Erste(n)*«[16] einer völlig anders verfassten Erkenntnisweise sich unüberbrückbar auftut und fortan abgrundtief klafft.

12 Schellings SW III, 334; vgl. auch 624.

13 Schelling SW X, 148.

14 Schelling an Fichte vom 3.10.1801. In: F.W.J. Schelling: Briefe und Dokumente, hrsg. von H. Fuhrmans. Bd. II, Bonn 1973, 349 (= Briefe); vgl. Schelling – Fichte. Briefwechsel, kommentiert und hrsg. von H. Traub, Neuried 2001, 203f. (= Traub).

15 Schelling an Fichte vom 3.10.1801. In: Schelling, Briefe II, 349, vgl. Traub, 203.

16 Ebd.

2. *Die Figur der Selbstvernichtung: praktische Vollzugskompetenz und theoretische Überforderung*

Wie diametral entgegengesetzt die Paradigmen auch sind, an denen jeder auf seine Weise die Zielvorgabe einer von »aller Subjektivität befreiten Philosophie«[17], wie Schelling formuliert, ausrichtet, es ist mitnichten die Zielvorgabe als solche, die den Dissens auslöst und für den anhaltenden Streit zwischen den Gegenspielern sorgt. Schließlich handelt es sich um einen Streit innerhalb eines letztlich gemeinsam getragenen philosophischen Unternehmens, – eines Unternehmens, das ganz wesentliche Impulse aus der Resistenz jener identischen Zielvorgabe bezieht. Den argumentativ einschneidenden Kern ihrer Korrespondenz, bei Lichte betrachtet, stiftet nämlich die sie leitende Intention als solche. Der entscheidende Unterschied liegt indes woanders, nämlich in der Zugangsweise, wie das von beiden angestrebte Ziel, mithin die von »aller Subjektivität befreiten Philosophie«[18] erreicht werden soll: auf dem (identitätsphilosophischen) Weg einer »mit Einemmal und auf absolute Art gefaßt(en)«[19] Vernunftanschauung, bei der Schelling in aller Konsequenz die strukturellen Möglichkeiten des subjektivitätstheoretischen Paradigmas so weit ausreizt, ja so weit geht, wie man nur irgend kann. Schließlich schreibt er einer abstrahierenden Erkenntnisleistung eine solche praktische Vollzugskompetenz zu, welche aus sich heraus die Schubkraft eines Absprungs aufbringt und in der Folge unweigerlich einen Prinzipienwechsel bewirkt; oder aber auf dem gegenläufigen, der negativen Theologie strukturell verwandten Weg, den Fichte einschlägt, der sich wahrlich nicht darum betrügt, diese praktische Vollzugskompetenz noch in einer ganz anderen Weise herauszufordern; und zwar herauszufordern hinsichtlich des Abbruchs einer spekulativen Denkbewegung. Letztlich handelt es sich um einen Abbruch, bei dem eben dieses Paradigma bezeichnenderweise gleich selbst mit auf dem Spiel steht. Fichte geht davon aus, dass eine dem Denken sich entziehende Tiefenschicht im Umschlag sich stets zu Wort meldet, welche die Gesamtsphäre des Denkens an ihrer Wurzel angeht und diese im wahrsten Sinne in ein neues Licht rückt. »Aus diesem Princip der Sonderung kommen wir nun innerlich und faktisch, d.h. nach dem, was wir thun und treiben, selber als W.=L. nie heraus; wohl aber kommen wir intelligibel her-

17 Schelling SW X, 148.

18 Schelling SW X, 148.

19 Schelling an Fichte vom 3.10.1801. In: Schelling, Briefe II, 350, vgl. Traub, 205.

aus, in Rücksicht dessen, was an sich gültig ist, in welcher Rücksicht eben das Princip der Sonderung sich selber aufgiebt und vernichtet.«[20]

Weit gefehlt, die Erkenntnis der an sich gültigen Prinzipien unseres Wissens irgendwie aus abstrahierenden Begriffsbemühung entspringen zu lassen, ja die Erkenntnis des Intelligiblen dergestalt an Zugangsbedingungen zu binden, geht Fichte geradezu von der *Grenzerfahrung* des *Scheiterns abstrahierender Begriffsbemühungen* aus. [21] Nicht umsonst hält er sich in der Folge und zwar durchaus angebrachter Weise an den ererbten Problembestand der Tradition der annihilatio. Es charakterisiert diese Tradition, in der kathartischen Grenzerfahrung einer »Selbstvernichtung« den radikalen Abbruch aller Wissensformen anzuweisen, die das Subjekt in hybrider Selbstmacht glaubt aus sich heraus generieren und setzen zu können, wobei es in der Konsequenz auf dasselbe hinausläuft, ob dieser Abbruch logischer oder zeitlicher Natur ist. Zusammenfassend lässt sich festhalten: Statt diese Grenzerfahrung in einer methodisch geregelten Selbstentfaltung des subjektivitätstheoretischen Paradigmas unterzubringen, also sie jener Selbstmacht auf hintergründige Weise doch noch zuzuschlagen, ist es gerade die Frontstellung gegen alle verharmlosenden Vorstellungen dieser oder strukturell ähnlich gelagerter Art, aus welcher heraus Fichte auf die Tradition der annihilatio zugeht und das zumal neuplatonische Erbe mit der in der Folge hoch gehandelten Schlüsselfigur einer »Selbstvernichtung des Ich«[22] sozusagen im Nachlass antritt.

Man geht wohl nicht fehl in der Annahme, dass die Versuche des Leonberger einer integrativen Aufhebung des Subjektiven in einen absoluten Vernunftdiskurs hier geradezu die Negativfolie bilden. Jene Versuche sorgen in dem Maße für die allenthalben zu verzeichnende Attraktivität dieser Tradition, wie es aus der kritischen Perspektive des um dreizehn Jahre älteren philosophischen Mentors ansteht, Enttäuschungen über die leerlaufende Logik jener über Schelling so überaus wirkmächtig gewordenen Figur einer solchen Selbstaufhebung zu verarbeiten. Treffender jedenfalls dürfte sich die Spannung, deren Dynamik sich in diesem Briefwechsel entlädt, wohl kaum charakterisieren lassen als durch den Reflexions-

---

20 J. G. Fichte: Die Wissenschaftslehre. Zweiter Vortrag im Jahre 1804, gereinigte Fassung, hrsg. von R. Lauth und J Widmann. Hamburg 1995, 35 (= WL (1804)).

21 So, wenn er im zweiten Vortrag der WL (1804) ausführt: Die »nothwendige Vereinigung und Unabtrennbarkeit des Begriffes und des Unbegreiflichen, klar eingesehen worden, und das Resultat läßt sich fassen in dieser Formel: Soll das absolut Unbegreifliche, als allein für sich bestehend, einleuchten, so muß der Begriff vernichtet, und damit er vernichtet werden könne, gesetzt werden; denn nur an der Vernichtung des Begriffes leuchtet das Unbegreifliche ein.« (Fichte WL (1804), 36).

22 Vgl. W. Beierwaltes: Denken des Einen. Frankfurt a.M. 1985, 143ff.

schub, welchen die ganze Korrespondenz dadurch erfahren hat, dass die Briefpartner zunächst durchaus gemeinsam eine Selbstrücknahme subjektiven Wissens im Namen einer absoluten Metaphysik einer reinen Vernunfterkenntnis fordern, wobei bei genauerem Hinsehen die Wege unterschiedlicher gar nicht ausfallen können: Für Schelling fällt diese Selbstrücknahme mit der spekulativen Idee einer integrativen Selbstaufhebung subjektiven Wissens zusammen, indessen Fichte alles mobilisiert, um diese Selbstrücknahme an einem Paradigma zu orientieren, das die Einheitsvorstellung, die diesem Zusammenfallen offenbar zugrunde liegt, sprengt.

Diese Einheitsvorstellung ist zugleich die Negativfolie, welche indes genau der Problemlage entspricht, auf die hin Fichte seine Antwort in Gestalt eines Gegenmodells, wie es in der Wissenschaftslehre von 1804 hinterlegt ist, entwirft. Wäre man aufgefordert, in der hier gebotenen Kürze den argumentativen Kern dieses Gegenmodells zu skizzieren, so dürfte man sich vermutlich – wie folgt – darauf verständigen können: Wir können uns in unserem Wissen nur in dem Maße als ein Bild des Absoluten begreifen, wie wir die Nichtigsetzung unserer selbst im reinen Licht des Absoluten, d.i. im Wortlaut Fichtes die »absolute Sichvernichtung des Sehens selber vor dem Sein«[23] an uns vollziehen. Liest man die Abgrenzungen mit, die in Fichtes Redeweise eines »absolute(n) Sichvernichten(s)«[24] stets unthematisiert mitschwingen, so laufen seine Bedenken im Grunde darauf hinaus, dass sein ambitionierter Jenenser Nachfolger die

23 »In dieser Sichentdeckung im Wesen, und Sichvernichtung ist es denn doch, denn wir wissen fort, und ist mit seiner unveränderlichen Grundbestimmung, als Aeusserung. Das Sein, vor dem es sich vernichtet, ist daher gar kein anderes, als sein eigenes höheres Sein, vor dem das niedere, als Sehen zu objektivirende, vergehet, und dieses sein Sein trägt darum sein ursprüngliches Gepräge, das Aeussern, welches, da es nun absolut geworden ist, sich aeussert. Das Sehen wird daher innerlich und wahrhaft effektive wirkliches Sehen, oder hier besser, reines Licht, indem es sich, als Sehen, vernichtet: und so wird daher das reine Licht, als absolute innere Sichäusserung, Kräftigkeit und Leben, gar nicht, sondern es ist; es wird nur in der Einsicht, und in dieser wird es durch die absolute Sichvernichtung des Sehens selber vor dem Sein. Inwieweit nun, und aus welchem Grunde wird das Sehen vernichtet? Antw.: Weil es Aeusserung ist eines Andern, und einem Andern gegenüber, welches Andere nun in ihm selber, eben vermöge seiner Selbstvernichtung liegt, als Angeschautes, also die absolute Intuition, schlechthin als solche, ist es, die vernichtet wird.« (Fichte WL (1804), 260).

24 Das »Sichdurchdringen des Sehens ist ein absolutes Sichvernichten, als selbstständiges, und Sichbeziehen auf ein anderes ausser ihm, und nur in diesem Sichvernichten und Beziehen ist es, und ausserdem nicht; dieses Vernichten und Beziehen aber ist ein Akt, der nur eben in sich selber, und in seinem unmittelbaren Vollzogenwerden ist, daher nothwendig, unmittelbar, und wirklich ist, und sein und dasein muß, falls das Ganze sein soll. Das Sehen läßt sich gar nicht setzen, ausser als unmittelbar lebendig, kräftig und thätig daseiend.« (Ebd.).

richtige Vorentscheidung eines Prinzipienwechsels mit völlig falschen Mitteln zustande zu bringen versucht und fortan verteidigt.

Doch auch hier gilt es, dies im Auge zu behalten: So angebracht es auch ist, Fichte als Kronzeugen gegen Schelling aufzurufen, er teilt indessen bei aller Kritik insgeheim die entscheidende Prämisse mit dem von ihm Kritisierten, wenn er in seinen »Vorarbeiten gegen Schelling« bewusst das gemeinsame Ansinnen einer Selbstaufgabe des Philosophierenden hervorkehrt. Fichte schreibt:

> »Hier kommt man so recht dahinter, wie Sch. das Ich der W.L. u. das Wort *subjectiv* nimmt. Nun aber genau gemerkt auf seine Abstraktion, nicht von den beiden, sondern *von Denken, und Wissen selbst.* a.) wie steht die Sache nach mir .. Jene Identität nun *erblikt sich*, u. in sich Subjectives, u. Objectives, u. alles andere. Mit *diesem Blike verschmilzt* der Philosoph selbst, giebt in ihm seine Selbstständigkeit auf. Da er alles Wissen enthält, so enthält er ja wohl auch das philosophische. b.) Schelling aber sezt jenes A. nun hin, u. denkt, Er selbst, von dem er abstrahirt hat, der aber doch unsichtbar sein Wesen treibt, darüber, nach *gleichfals in ihm liegenden*, also ausser der Vft. (Vernunft, L.H.) liegenden Gesetzen nach. Ist denn diese Methode durchaus verkehrt, u. kann gar nichts gutes aus ihr kommen.«[25]

Nach Fichte geht es nun einmal nicht an, den Wechsel zu einer solchen Philosophie, die erklärtermaßen aus der radikalen Abwehr einer am Paradigma der Subjektivität orientierten reinen Vernunfterkenntnis einen Großteil ihrer Erschließungskraft gewinnt, mit Hilfe der womöglich grundlegendsten Operationsfigur gerade dieses Paradigmas betreiben und zuwege bringen zu wollen, alldieweil dem Subjekt dann selbst die äußerste Kraftanstrengung abverlangt würde, einen Prozess zu initiieren, der am Ende von aller Subjektivität entkleidet zu sein vorgibt.

Naiv an diesem philosophischen Ansinnen des Jüngeren ist in den Augen Fichtes, dass dieser ausgerechnet ein solches methodisches Verfahren einsetzt, das von vorneherein dem Ziel widerstreitet, zu dessen Erreichen es angesetzt war: Die Etablierung einer rein im Begriff angesiedelten Vernunfterkenntnis, welche erklärtermaßen nicht in Strukturanalogie zur Subjektivität entwickelt und auf ihrer epistemischen Basis entworfen werden kann, alldieweil – in den einschlägigen Worten Fichtes – jene Ver-

---

25 Vgl. J. G. Fichte: Gesamtausgabe der Bayrischen Akademie der Wissenschaften, Bd. II 5 (Nachgelassene Schriften 1796 – 1801), hrsg. von R. Lauth und H. Gliwitzky unter Mitwirkung von E. Fuchs u.a., Stuttgart-Bad Cannstatt 1979, 483 (= GA II 5).

nunfterkenntnis gar nicht durch die »Beziehung auf ein schon vorausgeseztes [/] Subjekt (Denkendes im Denken) (...) als vorausgesezte Substanz«[26] zustande gebracht werden kann. Eine auf diese Art ermittelte Vernunfterkenntnis bleibt in Abhängigkeit von einer Denkoperation, die sie gerade hinter sich lassen müsste, um dasjenige zu sein, was sie zu sein vorgibt: ein Sachverhalt nämlich, dem unabhängig von den subjektiven Bedingungen seiner Genese Geltung im Sinne einer solchen Vernunftererkenntnis zukommt, welche aus sich heraus anhebend kein »lezte(s)*Vernommene*(s)«, vielmehr – wie Fichte in der eindrücklichen, an Jacobi erinnernden Wendung schreibt – »das reine *Vernehmen*« ist. Die einschlägige Textstelle aus dem Nachlass sei ganz zitiert: »Drum ist ihm (Schelling, L.H.) nun auch die Vft. (Vernunft, L.H.) nicht das reine *Vernehmen*, sondern nur das lezte *Vernommene*.«[27]

Es lässt sich aus der skeptischen Warte Fichtes abermals zuspitzen: Dass jene mit sich selbst in Widerspruch stehende Etablierung einer reinen Vernunfterkenntnis – kontraproduktiv genug – nicht einmal das subjektivitätstheoretische Paradigma zu dem hat werden lassen, was es seinem identitätsphilosophischen Begriff nach sein sollte, ja dass ersteres sich nur in letzterem erfüllt, diese Erfüllung aber nur im Absprung über sich selbst hinaus erreicht werden kann, – darin spiegelt sich zunächst das grundlegende Dilemma, welches der fünfundzwanzigjährige Jenenser Schellings anfangs noch auf der Basis eben dieses Paradigmas auszutragen und zu beheben sich anschickte.

3. *Selbstaufhebung versus Selbstvernichtung subjektiven Wissens*

Zum Stein des Anstoßes wird, dass Schelling das subjektivitätstheoretische Paradigma unangetastet im Raum stehen lässt und es geradezu in einem fundamentalontologischen Sinne aufwertet. An diesem Befund ändern, durch die skeptische Brille Fichtes betrachtet, samt und sonders alle gegenteilig lautenden Versicherungen des Nachfolgers nichts. Es hilft da auch nichts, dass Schelling zwischenzeitlich jenes Paradigma für etwas Vorläufiges[28] erklärt und ihm bewusst den Stempel einer perspektivisch

26 Vgl. Fichte GA II 5, 484.

27 Vgl. Fichte GA II 5, 484.

28 Es ist eine Erklärung in eigener Sache, die Schelling immer gleich mit im Blick hat, wenn er, vorderhand an die Adresse Fichtes gerichtet, den subjektivitätstheoretischen Ansatz als solchen zum propädeutischen Vorspann der eigenen Identitätsphilosophie stempelt und diesen

gebrochenen Formation eines begrifflichen Gesamtgeschehens aufdrückt, – eines Geschehens, bei dem das Subjekt anfangs unter noch nicht ihm selbst transparenten und aus eigener Vollmacht erzeugten Konstellationen um ein Bewusstsein seiner wahren, d.i. seiner identitätsphilosophisch längst überformten und erschlossenen Natur ringt. Es erübrigt sich womöglich unter den Auspizien der spekulativen Modellvorstellung einer solchen Selbstaufhebung beinahe von selbst, eigens zu betonen, dass ein dergestalt (noch) bewusstlos operierendes Subjekt – bar jeder Alternative – in seinen streng vorgezeichneten Entwicklungsmöglichkeiten regelrecht darauf an- und ausgelegt zu sein scheint, auf lange Sicht den vorgesehenen Grad an Bewusstheit zu erreichen, in dem es schließlich sein Telos finden soll.

Und deutlicher noch: Sei es unter dem Druck von voreiligen Synthesebildungen oder unter dem Zugzwang einer unbefragt übernommenen Kontinuitätsverpflichtung, – es sticht ins Auge, wie schwer sich der Leonberger damit tat, die Elle der Subjektivität als oberste Richtschnur nicht länger anzulegen und ihre Maßstäblichkeit nicht länger unweigerlich auszuweiten. Wie man zu dem pauschalen Urteil Fichtes, wonach sein Briefpartner »also eigentlich von seinem *Ich* als vorausgesezte Substanz nicht los kommen kann, auch im Ganzen Systeme davon nicht los kommt«[29], stehen mag, sind die hier angestellten Überlegungen richtig, dann spricht für dieses Urteil vor allem, dass Schelling selbst dort noch den Abbruch in einem Übergangsgeschehen zu integrativen Selbstaufhebung subjektiven Wissens und damit zu einer rein theoretischen Angelegenheit erklärt, wo sich schon der Verdacht gar nicht mehr abweisen lässt, dass er unter gewaltigem Aufwand Anleihen bei dem Vokabular praktischen Philosophierens macht und diese auch machen muss. Und alles nur, um – so der Einwand – an den selbst gelegten Fundamenten des subjektivitätstheoretischen Paradigmas nicht rühren zu brauchen.

Es überrascht jedenfalls nicht, dass der Vorbehalt nicht lange auf sich warten ließ, die spekulative Konstruktion einer grenzbegrifflichen Selbstaufhebung subjektiven Wissens täusche doch nur über die ausbleibende praktische Realisierung durch ein Subjekt hinweg und kaschiere den tatsächlichen Abbruch einer spekulativen Denkfigur. Eine unzweideutige Sprache sprechen die zahlreichen Gegenmodelle der Spätphilosophie des Berliner Fichte. In diesen reagiert er auf diese von ihm zeitlebens als

---

dergestalt im wahrsten Sinne depotenziert. (Vgl. dazu die hier unterbreitete Interpretation des Briefes von Schelling an Fichte vom 3.10.1801. In: Schelling, Briefe II, 349, vgl. Traub 203).

29 Ebd.

skandalös empfundenen, theoretisch hypostasierenden Überzeichnungen genuin praktischer Selbstverhältnisse in einer Art und Weise, die Zweifel an seinem Misstrauen gar nicht erst aufkommen lässt.

Unter dem Eindruck, dass unsere praktische Vollzugskompetenz zumal in grenzbegrifflichen Umbruchssituationen planmäßig unterschlagen und übergangen wird, bringt Fichte in seiner Spätphilosophie das Stichwort der Selbstvernichtung hinsichtlich verschiedenartigst besetzter Gegenstandsbereiche und Kontexte zur Geltung. Ursprünglich gar nicht einmal so sehr von ihm selbst in semantisch einschlägiger Weise terminologisch belegt, vielmehr zunächst von Schelling[30] in seinen Tübinger Schriften und in dessen Nachfolge hauptsächlich von dem jungen Hegel in seiner Differenzschrift[31] als Kern seiner Verstandeskritik nachdrücklich in Ansatz gebracht, avanciert dieses Stichwort regelrecht zu einer operationalen Schlüsselfigur, welche den Primat des Praktischen so einklagt, dass sich am Ende schließlich jedwede rein bewusstseinsimmanente Explikationsweise dieser Figur von selbst verbietet. Weit von allen entschärfenden und zwangsläufig verflachenden Funktionalisierungen entfernt, welche jene begriffsgeschichtlich signifikant gewordene »Selbstvernichtung«[32], zumal die subjektiven Wissens bloß in Dienst nehmen und sie als Durchgangsmoment einer Selbstaufhebungsfigur mit dem Ziel zuschlagen, deren innere Verlaufsform punktuell und gleichsam intermittierend zu brechen, lagert Fichte den von ihm anvisierten Abbruch »per hiatum«[33] aus dem

30 Das Paradox der »Selbstvernichtung« des Ich (Schelling SW I, 332) ist für Schelling eine Schlüsselfigur, die er in seiner Tübinger Stiftszeit mit Blick auf die vereinigungsphilosophische Tradition des 18. Jahrhunderts diagnostiziert, wobei das „Princip für die Geschichte aller Schwärmerei« (ebd., 317) in der Forderung des mit dem Namen Spinozas untrennbar verbundenen Dogmatismus „Vernichte dich selbst durch die absolute Causalität« (ebd., 316) seine wohl äußerste Zuspitzung erfahren haben dürfte. Vgl. Lore Hühn: Art. Vernichtung; Vernichten. In: Historisches Wörterbuch der Philosophie, hrsg. von J. Ritter, K. Gründer und G. Gabriel. Bd. 11, Darmstadt 2001, 740-747.

31 Die einschlägige Textstelle sei einmal mehr erinnert: „Insofern die Reflexion sich selbst zur ihrem Gegenstand macht, ist ihr höchstes Gesetz, das ihr von der Vernunft gegeben und wodurch sie zur Vernunft wird, ihre Vernichtung.« (F. W. Hegel: Werke in zwanzig Bänden, auf Grundlage der Werke von 1832-1845 neu edierte Ausgabe. Redaktion E. Moldenhauer und K. M. Michel. Frankfurt. a. M. 1970, Bd. 2, 28).

32 Vgl. L. Hühn, a.a.O., 739 – 748.

33 »Also, uns mit dir dahin versetzt, von wo aus du deinen Beweis führest: dein Bewußtsein des Denkens soll ein wirkliches, wahres, realiter vorhandenes Denken enthalten, ohne daß du Rechenschaft darüber zu geben vermagst: es, dieses Bewußtsein projicirt daher eine vorgebliche Realität, per hiatum einer absoluten Unbegreiflichkeit und Unerklärbarkeit hindurch. Diese Projektion per hiatum ist sichtbar dasselbe, was wir ehemals und jetzt auch genannt haben: die äussere Existentialform, die sich offenbart in allem kategorischen Ist. Denn was bedeutet denn dies, als eine Projektion, über die weiter keine Rechenschaft abgelegt wird, also per hiatum: ist dasselbe, was wir genannt haben den Tod der Wurzel; der hiatus, das Abbrechen des Intelligirens

vorgängig längst erschlossenen Horizont des Immanenzzusammenhangs einer solchen Figur im wahrsten Sinne des Wortes schlagartig aus. Streckenweise liest es sich wie ein vorweggenommenes, jedenfalls unüberhörbares Echo auf die in der Nachfolge des Jenenser Schellings insbesondere durch Hegel sagenhaft aufgewertete Figur einer integrativen Selbstaufhebung[34], wenn Fichte durchweg in kritischer Absicht vorführt: in welchem Grade die naturwüchsig sich fortspinnende Logik dieser Figur im Maße ihrer praktischen Unterbestimmtheit mit einem von spekulativen und hermeneutischen Ansprüchen überfrachteten Begründungspensum belastet wird, dessen Gewicht diese Figur mitnichten zu tragen vermag, ja sie heillos überfordern muss.

4. *Fichte: Die subjektive Kraft der Abstraktion und ihr objektives Scheitern*

Man geht wohl nicht fehl in der Annahme, dass bei Schellings zweifacher Abstraktion ein bewusstseinsimmanentes Selbstverhältnis als ein sich selbst und zugleich das Ganze des Wissens umfassender Einheitsgarant angesprochen und sodann ausgezeichnet wird. Zu erwarten steht unterdessen auch, dass diese Auszeichnung, insbesondere dann, wenn sie die hy-

in ihm, ist eben das Lager des Todes. Diese Projektion nun, oder äussere Existentialform, sollen wir, ungeachtet wir faktisch uns ihrer nie entledigen können, dennoch als wahr nicht gelten lassen, und wissen, daß sie Nichts bedeutet: allenthalben, wo sie vorkommt, wissen, daß sie doch nur Resultat und Effekt des bloßen Bewußtseins ist.« (Fichte WL (1804), 144).

34 Liest man auf Hegel voraus, wogegen sich die kritische Stoßkraft von Fichtes Einspruch richtet, so bietet sich dieser Einspruch als Kontrastfolie zu genau jener Depotenzierung an, welche Hegel in schulbildend kolportierter Eingängigkeit gleich mit umrissen und profiliert hat, als er den Dreischritt seines Dialektikmodells zu erläutern versuchte; und dies in einer Weise, durch die er in seiner Wissenschaft der Logik den frühidealistischen Gebrauch dieser operationalen Schlüsselfigur der Selbstrevision unterwarf, ja, um in Übertragung einer durchaus treffenden Metapher Jacobis zu reden, »den Wechsel festhält, nicht eins verschwinden lässt, so wie das Andere auftritt.« (Jacobi Werke IV/ 1, 361).

So sehr diese in der Wissenschaft der Logik aktenkundig hinterlegte Selbstrevision zugleich einer Entschärfung der dieser Modellvorstellung eingezeichneten Negativität auch Vorschub geleistet hat, so sehr dürfte diese in der Folge auch das Ihre zu der Trivialisierung beigetragen haben, welche sich mittlerweile zu einer opinio communis über dieses Modell mit seiner dreifachen Bedeutung des spekulativ belegten Ausdrucks „Aufheben« verfestigt hat. Bei Hegel liest sich das so: »Aufheben hat in der Sprache den gedoppelten Sinn, daß es soviel als Aufbewahren, erhalten bedeutet und zugleich soviel als aufhören lassen, ein Ende machen. Das Aufbewahren selbst schließt schon das Negative in sich, daß etwas seiner Unmittelbarkeit und damit einem den äußerlichen Einwirkungen offenen Dasein entnommen wird, um es zu erhalten. – So ist das Aufgehobene ein zugleich Aufbewahrtes, das nur seine Unmittelbarkeit verloren hat, aber darum nicht vernichtet (! (L.H.)) ist.« (Hegel Werke 5, 114).

postasierenden Grundzüge einer dergestalt zum Absoluten gesteigerten Immanenz eines theoretischen Selbstverhältnisses annimmt, auf wenig Gegenliebe stoßen dürfte; zumal bei denjenigen, welche die klassische Vorrangstellung des Praktischen gewahrt und in der Folge auch umgesetzt sehen wollen. Anlass zur Verwunderung bietet es jedenfalls nicht, wenn Fichte vor dem Hintergrund jener besagten Abstraktion »von dem *Anschauenden* in dieser Anschauung«[35] sich herausgefordert fühlt, einmal mehr an die grundlegenden Probleme zu erinnern, die man sich zwangsläufig einhandelt, wenn das frühidealistische Verhältnis von Theorie und Praxis so ohne weiteres in sein Gegenteil verkehrt zu werden droht. Und tatsächlich trägt Schelling das Seine zu einer solchen Verkehrung, wenn in der Folge nicht sogar zu einer kategorialen Einebnung des allgemein für fundamental erachteten Unterschieds beider Domänen unserer Erfahrung bei, indem er einen theoretischen Selbstvollzug mit den Weihen praktischer Vollzugskompetenz dergestalt versieht.

Wer nämlich unter dem theoretischen Gesichtspunkt logischer Folgerichtigkeit, also auf dem Weg einer kontinuierlichen Schrittfolge, wenn nicht sogar nach Art eines *Schlusses,* ermitteln und in Erfahrung bringen will, was einen fähig macht, diese Schrittfolge vertikal auf die sie ermöglichenden Konstruktionsbedingungen hin zu überschreiten und so zu hintergehen, beraubt sich – aus dem skeptischen Blickwinkel Fichtes betrachtet – aller begrifflichen Mittel, dem selber aufgewiesenen Befund differenter, außerdem womöglich sogar auseinander klaffender Begründungsdimensionen gerecht zu werden.

Weit gefehlt, den Primat des praktischen Vernunftgebrauchs nur abstrakt zur Geltung zu bringen, verfällt Fichte erst gar nicht darauf, im Praktischen etwa eine Sphäre unumschränkt kriterienloser Freiheit gegen die zwingende Evidenz logischer Vernunftnotwendigkeit setzen zu wollen. Wenn bereits der frühe Fichte akzentuiert, dass das »praktische Vermögen erst das theoretische Vermögen«[36] möglich mache, so hat er den fundamentalphilosophischen Status des Praktischen für das Ganze der Vernunft in seiner weiteren philosophischen Biographie nicht zurückgenommen, vielmehr massiv ausgebaut. Dass Fichte sich treu bliebt, zeigt nicht zuletzt sein bis in die Berliner Zeit sich fortschreibender Protest gegenüber hypostasierten theoretischen Selbstverhältnissen. Der Vorwurf einer solchen Hypostase ist indes einschlägig und beredt genug. Schließlich bildet er nicht umsonst den Hintergrund, vor dem sich in aller Ein-

35 Schelling SW IV, 87f.

36 Fichte SW I, 126.

dringlichkeit jene Alternative abzeichnet, die Fichte ausdrücklich geschärft und mitnichten harmonisierend verwischt sehen will, wenn er in einer in seiner Spätphilosophie von ihm nie mehr relativierten, vielmehr bekräftigten Konsequenz auf dem Hiatus besteht, der – dem obigen Zitat folgend – zwischen der »*letzte(n)* Synthesis«[37] unseres faktischen Wissensvollzuges und dem »*Erste(n)*«[38] einer völlig anders verfassten Erkenntnisweise sich auftut.

Aus Fichtes durchweg kritischer Perspektive ist es *die Grenzerfahrung* des *Scheiterns aller abstrahierenden Begriffsbemühungen*, welche erst dasjenige in Sichtweite bringt, was erreicht werden soll, aber durch keine grenzbegriffliche Selbstaufhebung einer subjektiven Erkenntnisweise, d.h. durch keine wie konsequent auch immer auf sich selbst angewendeten Abstraktion erreicht werden kann. Und sein Argument: Eine solche Abstraktion setzt ausgerechnet die subjektive Erkenntnisweise voraus und sistiert, was durch sie eigentlich überwunden werden sollte. Es wird in eine methodisch geregelte Abfolge von Schritten verwandelt, was bei Lichte betrachtet auf einen Hiatus zwischen zwei völlig differenten Zugangsweisen innerhalb eines Wahrheitsgeschehens deutet: Nach Fichte handelt es sich um ein solches Wahrheitsgeschehen, welches unter dem ontologischen Primat eines gnoseologisch positiv gar nicht in Erfahrung zu bringenden Absoluten sich vollzieht und darum sich allenfalls im Modus der »Nachconstruction«[39] eines prinzipiell Nichtkonstruierbaren, d.i. paradox gebrochen und als Bild der Sache einstellt.

Es ist selbstredend keine bloß reproduktive, vielmehr eine produktive Nachkonstruktion eines ursprünglich präreflexiven Wahrheitsgehaltes, eines Gehaltes also, welcher – zugespitzt formuliert – in diesem Bild sich selbst als etwas erzeugt und auslegt, was sich in unvordenklicher Weise immer schon erzeugt und ausgelegt hat. »Dieselbe im Soll aufgezeigte qualitative Bestimmung eines, im Inhalte unveränderlich vorausgesetzten Sehens, nannten wir auch Nachconstruction; in der Nachconstruction selber wird daher der an allem abgeleiteten Wissen so eben entdeckte Widerspruch zwischen Sagen und Thun liegen, und dies läßt sich auch unmittelbar also klar machen: zwar giebt die Nachconstruction sich ausdrücklich für Nachconstruction aus, setzt daher in ihrem eigenen Begriffe sehr richtig das Ursprüngliche, und hierin ist kein Widerspruch.«[40]

---

37 Schelling an Fichte vom 3.10. 1801. In: F.W.J. Schelling: Briefe und Dokumente, herausgegeben von H. Fuhrmans. Bd. II, Bonn 1973, 349 (= Briefe). Vgl. Traub 203.

38 Ebd.

39 Fichte WL (1804), 193.

40 Ebd.

Unter den Auspizien dieser mehrfach gebrochenen Denkpraxis ist weder vorgesehen, dass der Einstieg in einen vom subjektivitätstheoretischen Paradigma unabhängigen Vernunftdiskurs alle Brücken hinter sich derart abbricht, dass ähnlich wie bei der Vorstellung einer Zäsur im Sinne der tabula rasa mit völlig anders gelagerten Konstellationen zu rechnen wäre. Noch ist etwa vorgesehen, dass eine begriffliche Abstraktionsfigur – und sei sie noch so spekulativ ausgezeichnet – ein sich selbst formierendes Grenzphänomen darstellt, das sich zuspitzende Entwicklungstendenzen bündelt und auf sich derart vereinigt, dass dem weiteren Gang des Denkens eine neue Richtung gegeben wird, – eine Richtung nämlich, welche – der Diktion Schellings folgend – den Blick über sich selbst hinaus auf die ermöglichenden Bedingungen der eigenen Genese und des eigenen Prozedere lenken und freigeben soll.

Wenn man sich zudem vor Augen führt, dass jene alternativen Konzeptionen, den hier in Rede stehenden Umbruch zu plausibilisieren, mitnichten in *eine einheitliche* Richtung weisen, vielmehr dazu angetan sind, einen deutlichen Schnitt zwischen entgegengesetzten, wenn nicht gar unüberbrückbar auseinander klaffenden Perspektiven zu markieren – Perspektiven, die sich jedenfalls nicht kontinuierlich ineinander übersetzen und aufeinander abbilden lassen –, dann ist es nur allzu verständlich, wie überaus kompromisslos Fichte diesen Umbruch an das *Geschehen* der Freisetzung einer Wahrheit zu binden versucht, – einer Freisetzung, welche in der Extremsituation des *Scheiterns* abstrahierender Begriffsbemühungen ihren Ausgangs- und Ansatzpunkt findet.[41] Hat sich für ihn doch seit langem herausgestellt,[42] dass bei aller Geläufigkeit und Eingängigkeit der Darstellung philosophischer Umbruchserfahrungen in erster Hinsicht der ultimative Charakter dieser Grenzerfahrung als solcher (ver)lohnt, eigens philosophisch zu Bewusstsein gebracht und interpretiert zu werden. Schließlich ist es dieser ultimative Charakter selbst, welcher in hohem Maße zu Revisionen nötigt, die – rückblickend betrachtet – Fragen der

---

41 »Wir erscheinen uns, als durch freie That uns hingebend dem ursprünglichen Vernunftgesetze, und nun von demselben ergriffen und zur Evidenz = Gewißheit gemacht; erscheinen uns als wiederholen könnend in's Unbedingte dieses Hingeben und diese Evidenz.« (Fichte WL (1804), 271).

42 Die prominente Stelle aus der Wissenschaftslehre (1794) sei einmal mehr zitiert: »Hier geht die Grenze zwischen blossem Leben und zwischen Intelligenz wie oben zwischen Tod und Leben. Lebendig aus dieser absoluten Spontaneität erfolgt das Bewußtseyn des Ich. – Durch kein Naturgesetz und durch keine Folge aus dem Naturgesetz, sondern durch absolute Freiheit erheben wir uns zur Vernunft, nicht durch Übergang, sondern durch einen Sprung.« (Fichte SW I, 298).

Geltung, der theoretischen Reichweite des subjektivitätstheoretischen Paradigmas wieder aufrollen.

5. *Schelling: Die Selbstrevision des eigenen Ausgangspunktes*

In der Einsicht, dass im Zuge dieser Revision jenes Paradigma selbst in die Fluchtlinie tiefgreifender Problematisierungen gerät, ja dem Sog dieser Problematisierungen geradewegs ausgesetzt werden muss, lässt sich unschwer der zweifelsohne tiefste Punkt einer Kontroverse ausmachen, der sich in dem Maße zur permanenten Reibungsfläche mit Schelling entwikkelt, wie letzterer eigene Pläne verfolgt und in eigener Sache es für dringlich erachtet, gerade einer solchen Problematisierung vorzubauen. Schließlich steuert er schon im Vorfeld dem Ansinnen einer grundlegenden Selbstrevision dieses Paradigmas entgegen. Liest man Schelling bloß wörtlich, also hält sich an das, was er tatsächlich sagt, nicht aber unbedingt an das, was er davon in seiner Denkpraxis faktisch umsetzt und dem Sachverhalt ja wohl auch am ehesten entspricht, so steht natürlich auch für ihn abstrakt genommen die Forderung als solche völlig außer Zweifel; die Forderung nämlich, dass dieses Paradigma selbst in Frage gestellt und überboten werden muss, ja dass das »das Setzen in der Vernunft kein Setzen des Menschen (des Subjects), und wie dasjenige, wovon die Vernunft das Setzen ist, weder ein subjectives, noch ein objectives, sondern ein *absolutes* sei«[43], wie er in Brief an Eschenmayer vom 30.7. 1805 auf das Ganze seiner frühen identitätsphilosophischen Schriften glaubt resümieren zu dürfen.

Kein Zweifel, dass Schelling in diesem Resümee zugleich seinen Ausgangspunkt unmerklich revidiert. Schließlich war er es, der in den letzten Monaten seiner Jenaer Zeit die Überlegung zu Papier brachte, das subjektivitätstheoretische Paradigma könne von sich aus, mithin aus einer grenzbegrifflichen Erkenntnisleistung eines Subjekts heraus aufgehoben und über sich hinaus überschritten werden.[44]

43 Schelling an Eschenmayer vom 30.7.1805. In: Schelling, Briefe III, 222f.

44 Die einschlägige Textstelle sei noch einmal angeführt: »Dem, welcher diese Abstraktion macht, hört die Vernunft unmittelbar auf etwas Subjektives zu seyn, wie sie von den meisten vorgestellt wird, ja sie kann selbst nicht mehr als etwas Objektives gedacht werden, da ein Objektives oder Gedachtes nur im Gegensatz gegen ein Denkendes möglich wird, von dem hier völlig abstrahirt ist; sie wird also durch jene Abstraktion zu dem wahren An-sich, welches eben in den Indifferenzpunkt des Subjektiven und Objektiven fällt.« Schelling SW IV, 114f.

6. *Der verhinderte Dialog zwischen Fichte und Schelling*

Diese Selbstrevision wurde von Fichte nicht zur Kenntnis genommen: weder in der nicht zufällig im Januar 1802 abrupt abreißenden Korrespondenz mit dem Jüngeren noch in den vielen Repliken auf den darin ausgetragenen Streit um alternative Einstiegsmöglichkeiten in einen absoluten Vernunftdiskurs. Dass Fichte diese Selbstrevision nicht einmal erwähnt, wirft – und damit komme ich zum Ausgangspunkt zurück – ein bezeichnendes Licht auf das Ganze des philosophischen Briefwechsels. Denn selten dürfte bei der Lektüre einer philosophischen Korrespondenz der spontane Eindruck sich unabweislicher aufdrängen als derjenige, dass es sich hier nicht gerade um eine faire Interpretation handelt, welche die Schriften des einen durch die Stellungnahme des anderen erfahren. Signifikant für die affektive Befindlichkeit der im Ton streitbarer Überbietung geführten Korrespondenz ist indessen, dass eine wirkliche, ihren Namen auch verdienende Gesprächsbasis gar nicht geschaffen wird, zumal keine Partei der anderen auf halbem Weg so weit entgegenkommt, dass erst einmal die semantische Identität nominell gleich lautender Begriffe überprüft und hinterfragt würde.

Auffallend an diesem Briefwechsel ist sodann nicht nur, dass zwei, die vorgeben, im Grunde einig zu sein in dem, was sie wollen, systematisch aneinander vorbeireden, indem sie sich gegenseitig auf Positionen verpflichten, die der eine so gut wie der andere längst abgelegt und überwunden zu haben glaubt. Was sich seiner ganzen dialogisch verfassten Gestalt nach an diesem Schriftwechsel besonders beeindruckend studieren lässt, ist infolgedessen nicht nur die Ungleichzeitigkeit der einzelnen Argumentationsebenen, worauf übrigens Karen Gloy in ihrer interessanten Untersuchung des Briefwechsels ihr Augenmerk gerichtet hat.[45] Dies ist nur der eine und gar nicht einmal so entscheidende Gesichtspunkt, welcher für die ausgezeichnete Stellung der ganzen philosophischen Korrespondenz zu sprechen scheint. Der andere, weit gewichtigere liegt darin, dass Schelling mit seiner grundlegenden Intention, durch eine grenzbegriffliche Selbstaufhebung des subjektiven Denkens dessen Subjektivität abzustreifen, um darüber zu einer übergreifenden Dimension der Ermöglichung dieses Denkens zu gelangen, von einem Subjektivitätsbegriff in einer Weise Gebrauch macht, welche die Vermutung nahe legt, dass die Gegensätze schroffer und unversöhnlicher gar nicht aufbrechen können, ja

45 K. Gloy: Der Streit um den Zugang zum Absoluten. Fichtes direkte Hegel-Kritik. In: ZfphF 36 (1982), 25 -48.

schon in jenem Briefwechsel und nicht erst in der Folge Verhältnisse eingetreten sind, bei denen sich der Eindruck geradezu aufdrängt, mit unterschiedlichsten Systemansätzen konfrontiert zu sein, – Ansätzen, denen man auf Anhieb nicht so ohne weiteres ansieht, dass sie sich einem Problembestand verdanken, der ursprünglich von beiden Idealisten geteilt wurde und völlig unstrittig schien. Zur vertiefenden Freilegung der philosophischen Substanz dieser ursprünglich von beiden Seiten getragenen Problemkonstellation trägt Fichte allenfalls so viel bei, dass er die bemühten Anfragen seines ambitionierten Nachfolgers mit beredtem Schweigen entweder übergeht oder sie mit schon auffällig stereotypen Formeln abfertigt. Offenkundig so sehr mit den internen Problemen der eigenen Entwürfe beschäftigt, als dass er noch Kraft und Interesse aufbrächte, über deren Tellerrand hinaus sich mit der Klärung des gemeinsamen Problembestandes aufzuhalten und sei es auch nur in der Weise, dass er die von ihm im Grunde als richtig befundene Intention seines Kollegen gegen die Art ihrer Verwirklichung mobilisiert, hält Fichte in betonter Weise sich argumentativ zurück. In der Tat fällt ins Auge, dass Fichte selbst an den Stellen, wo man es am wenigsten erwartet, sich in eigentümlicher argumentativer Zurückhaltung übt; ja macht nicht einmal Anstalten, in kritischer Überbietung dasjenige zu verteidigen, was er in eigener Sache genauso gut ins rechte Licht hätte rücken können und müssen. Und dies im Namen einer gemeinsam getragenen Intention: die Intention eines Vernunftdiskurses, der sich von der subjektivitätstheoretischen Zugangsweise eines von sich abstrahierenden Ich gelöst hat.

Die Funktionen der Kunst und des Künstlers in der Philosophie Johann Gottlieb Fichtes

Petra Lohmann (Siegen)

Einleitung

»Daß ich in dem Entwurfe meines Lebens mit der Kunst den Anfang mache, das ist so tief in meiner Natur und in meinen Absichten gegründet, dass vielleicht nur ich selbst den Grund davon einsehen kann«, schreibt Fichte am 10. Februar 1794.[1] Wenn man bedenkt, dass die Aufgabe der Wissenschaftslehre (1794ff.) für ihn darin besteht, »das Leben zu erkennen« (II,5,112) und der Entwurf des Lebens mit der Kunst den Anfang macht, dann kommt ihr für die Genese und der Explikation der Wissenschaftslehre als Darstellung des Systems des menschlichen Geistes, grundlegende Bedeutung zu.

Von seinen Jugendschriften an bis in sein Spätwerk bezieht sich Fichte sowohl in seiner wissenschaftlichen Philosophie als auch in seiner Populärphilosophie und in seiner Korrespondenz in den unterschiedlichsten Kontexten auf Aspekte der Kunst und des Künstlers. Die Themenstellung erfordert, aus diesen Schriftstücken disparate Passagen zusammenzufügen, da er keine ausgearbeitete ästhetische Theorie vorgelegt hat. Zu Beginn sollen sein Kunstbegriff näher charakterisiert, die Impulse seiner Auseinandersetzung mit ästhetischen Sachverhalten herausgestellt, sowie der Theoriestatus dieser Auseinandersetzung angegeben werden.

1 In Georg Tempel: Fichtes Stellung zur Kunst, Metz 1901. S. 143.

Fichte hat einen quantitativ umfassenden Kunstbegriff (vgl. I,3,37). Er unterscheidet zwischen niederen mechanischen, und höheren schönen und intellektuellen Künsten. Unter den mechanischen Künsten (SW XI, 190) versteht er die Handwerks- und Handelskünste. Zu den schönen Künsten zählt er »redende u. bildende (Kunst). Reine Dichtkunst, Musik, Mahlerei [und] Bildhauerkunst« (III,6,172; vgl. I,5,324). Von den schönen Künsten schenkt er der Redekunst die größte Beachtung. Das wird nicht zuletzt an dem Plan anzustellender Redeübungen (1789), an seinen Reflexionen über die Vortragsweise der Wissenschaftslehre sowie an der rhetorischen Qualität seiner Predigten, Reden und populärphilosophischen Arbeiten deutlich. Ferner gehören für ihn zum Bereich der schönen Kunst »auch alle theoretischen Werke« (III,6,173), die sich u.a. auf Fragen des Stils und des Geschmacks (vgl. III,6,172) beziehen.[2] Dafür hat er Pläne zu Zeitschriften über Litteratur und Wahl der Lektüre entwickelt.[3] Zur Gruppe der intellektuellen Künste gehören bei ihm Erziehungs –, (II,9,444 f.; II,10,434; II,11,98; II,13,337), Regierungs – und Staatskunst (SW XI 184; I,9,245, 249; II,5,60) sowie die Verstandeskunst (SW XI 185: I,7,56), d.h. die Philosophie. Diese Aspekte machen deutlich, dass Fichte nicht nur die Tätigkeiten des Schöpfers der schönen Kunst, sondern alle Tätigkeiten des Menschen unter künstlerischen Gesichtspunkten betrachtet. Er erkennt die Talente jedes Menschen an und stellt die gesamte Arbeitswelt unter den Begriff der Kunst. Für Fichte haben die Künste keinen Selbstzweck. Sie stehen im Dienst der Kultivierung der Menschheit, die auf die »Herbeiführung des Vernunftstaats ziel[t]« (I,7,51 f.).[4]

Seinen umfassenden Kunstbegriff hat Fichte nicht in einem System der Künste entwickelt, in dem er die Wirkungsbereiche und Aufgaben der einzelnen Künste sowie ihre Beziehungen zueinander bestimmt. Er hat auch keine auf keine Bereich der schönen Kunst reduzierte Ästhetik entwickelt.[5] In seiner Korrespondenz mit Franz Wilhelm Jung und Fried-

2 Fichte an August Wilhelm und Friedrich Wilhelm Schlegel am 23.12.1799.

3 Plan zu einer Zeitschrift über Litteratur und Wahl der Lektüre (1790) und Plan, und Ankündigung einer metakritischen Zeitschrift über die deutsche Literatur (1800).

4 Dies geschieht durch Bearbeitung der Natur, die er einerseits als Sinnenwelt und andererseits als Sinnlichkeit des Menschen bestimmt. Mit der mechanischen Kunst wird die Natur nach Nützlichkeitsaspekten, mit den schönen und intellektuellen Künsten nach ideellen Aspekten bearbeitet. Im Fall der mechanischen Kunst »soll die Natur bloß dem Zwecke unserer sinnlichen, leichten und angenehmen Subsistenz unterworfen werden« (I,8,324). In den Fällen der schönen und der theoretischen Künste »soll [die Natur] den höhern geistigen Bedürfnissen des Menschen unterworfen und ihr das majestätische Gepräge der Idee aufgeprägt werden« (I,8,324).

5 Der Entwurf einer philosophischen Ästhetik findet sich bei Fichte in der PP (1794). Die Struktur dieses Entwurfs hat Robert Tänzer herausgearbeitet (Das Problem der philosophischen Ästhetik in den Frühschriften J.G. Fichtes, Magisterarbeit LMU München 1985, S 16

rich August Wolf aus den Jahren 1796 und 1798 macht er lediglich Andeutungen über eine wissenschaftliche Bearbeitung der Ästhetik und der populärphilosophischen Darstellung der Resultate (vgl. III,3,9f. und III,3,156). In der Schrift BWL und im Vortrag der WLnm nimmt Fichte Einteilungen der Wissenschaftslehre vor, in denen er die Ästhetik jeweils als integrativen Bestandteil der Wissenschaftslehre bezeichnet. Diesen Einteilungen zufolge wäre die Ästhetik eine materiale Teildisziplin der Wissenschaftslehre, die wie das Naturrecht, die Sitten- und die Gotteslehre in deren praktischen Teil entwickelt würde. Diese Bestimmung der Ästhetik hat Fichte nicht ausgeführt.

Die mannigfaltigen Bezüge auf die schöne Kunst und ihren Schöpfer sind in den inhaltlich, systematisch und chronologisch unterschiedlichsten Arbeiten bloß fragmentarisch und unzusammenhängend entwickelt. Dennoch lassen sie deutlich werden, dass Fichte als Impulse seiner Auseinandersetzung mit ästhetischen Sachverhalten die einheitsstiftenden und pädagogischen Funktionen der Kunst und des Künstlers setzt. Beide Funktionen lassen sich wie folgt differenzieren:

Die einheitsstiftenden Funktionen der Kunst, des Künstlers und der Ästhetik deuten sich in der SL, in der WLnm und in der populärphilosophischen Schrift GB an. Die Kunst bewirkt die Einheit des Individuums zwischen theoretischer und praktischer Vernunft, Sinnlichkeit und Vernunft sowie Sinnenwelt und intelligibler Welt. Diese Leistung der Kunst begründet Fichte ansatzweise vermögenstheoretisch in der Bestimmung des ästhetischen Triebs im System der Triebe, das er im Rahmen einer Selbstobjektivation des Individuums entwickelt. Im System der Wissen-

---

ff.). Da die PP im Nachlaß veröffentlicht wurde, fand keine zeitgenössische Rezeption dieses Entwurfs einer ästhetischen Theorie statt. Die Rezeption der Fichteschen Äußerungen über ästhetische Sachverhalte bezieht sich lediglich auf den Horenstreit, den Fichte mit Schiller ausgetragen hat. Gegenstand der Auseinandersetzung war Fichtes Aufsatz GB, der auf Fragmenten zur Vorlesung BdG ff. gründet. Der von Schiller abgelehnte Aufsatz erschien 1800 in einer überarbeiteten Fassung im Philosophischen Journal. Da Fichte seine Auseinandersetzung mit Schiller im Briefwechsel zwischen dem 21. Juni bis zum 4. August 1795 ausgetragen hat (vgl. III,2,325 f., 328, 333 ff., 336 – 340, 360 – 367), der ohnehin nur einem begrenzten Kreis zugänglich war (vgl. Schillers Abschriften), war Fichtes Einfluß auf die Ästhetik mit seinen eigenen Aussagen zur Ästhetik verschwindend gering. Abgesehen von dem überarbeiteten Horen-Aufsatz und dem §31 der SL sind die restlichen Äußerungen zur Ästhetik erst im Nachlaß erschlossen worden. Mit seiner Philosophie hat er jedoch auf die Künstler gewirkt. Fichte war »unbestreitbar der philosophische Mentor der ersten romantischen Schule und übte, insbesondere auf Friedrich Schlegel und Novalis, einen entscheidenden Einfluß aus, doch die Romantiker sahen in ihm nicht den Theoretiker der Ästhetik, sondern den Philosophen«, in: Ives Radrizzani: Von der Ästhetik der Urteilskraft zur Ästhetik der Einbildungskraft, oder von der kopernikanischen Revolution der Ästhetik bei Fichte, in: Der transzendentalphilosophische Zugang zur Wirklichkeit, hg. v. Fuchs, Marco Ivaldo und Giorgio Moretto, Stuttgart Bad-Cannstatt, 2001, S. 343.

schaftslehre, in der das Leben des Individuums philosophisch rekonstruiert wird, stiftet die Ästhetik die Einheit zwischen theoretischer und praktischer Philosophie. Die Bedeutung der Ästhetik für die Einheit des Systems wird in den Einteilungen der Wissenschaftslehre deutlich. Der Künstler vermittelt zwischen dem moralischen Volkserzieher und dem Universitätslehrer. Er stiftet die Einheit in der Gruppe der Lehrer, die zum Zweck der Kultivierung des Individuums die Wissenschaftslehre vermitteln oder zumindest ihre Resultate zur Anwendung bringen möchten.

Die zuletzt genannte Vermittlungsleistung leitet zur pädagogischen Funktion der Kunst und Künstlers über, auf die Fichte ansatzweise in der SL und in der BdG-1811 eingeht. Sie unterteilt er in ihre Bedeutung sowohl für die Kultivierung des Individuums als auch historisch gesehen, für die der Menschheit insgesamt. Im Hinblick auf das Individuum stellt das ästhetische Gefühl ein erzieherisches Mittel dar, den Menschen vom begierdehaften zu einem vernunftgemäßen Leben zu führen. Richtet man den Blick auf die Kultivierung der Menschheit insgesamt, dann markiert das Wirken des Künstlers den Beginn eines neuen Stadiums der Entwicklung der Menschheit.

Die einheitsstiftenden und pädagogischen Funktionen weisen wechselweise aufeinander zurück: Bei Fichte deutet sich an, dass einerseits die in der Trieblehre ansatzweise geleistete vermögenstheoretische Untersuchung des ästhetischen Triebs, aus der dessen einheitsstiftende Wirkung in Bezug auf die oben genannten entgegengesetzten Vermögen des Individuums hervorgeht, dem pädagogischen Bezug auf die Ästhetik zugrundeliegt, weil die Trieblehre der Ort ist, an dem die Gewissheit des ästhetischen Gefühls zu beweisen ist. Andererseits werden erst mittels der Pädagogik die Einheiten, die der ästhetische Trieb der Möglichkeit nach stiftet, im Leben kultiviert.

Hier zeichnet sich ab, dass die Entwicklung des wechselseitigen Bezuges der beiden Funktionen in einer materialen Teildisziplin entwikkelt werden müsste, die sich wie die Rechts-, Sitten- und Gotteslehre in einen systematischen und einen angewandten Teil gliedert. Da Fichte keine materiale Teildisziplin der Ästhetik entwickelt hat, ist der Theoriestatus der einheitsstiftenden und pädagogischen Funktionen der Kunst und des Künstlers wissenschaftlich unbefriedigend. Fichte hat diese Funktionen weder auf dem »Weg apriori« (III,3,9 f.) entwickelt, d.h. sie vom Prinzip der Philosophie deduziert hat, noch hat er sie populärphilosophisch ausführlich behandelt. Somit können seine Ausführungen zu diesen Funktionen keinen Anspruch auf Gewissheit erheben. Dennoch misst er diesen Funktionen einen hohen Stellenwert bei, denn er bindet sie in

Grundfragen seiner Philosophie ein, die neben der Darstellung der Einheit des Bewusstseins, um die er seit seiner Auseinandersetzung mit Reinholds kritischer Kant-Rezeption immer wieder ringt, die sittlich-religiöse Kultivierung des Menschen und die Versöhnung von Spekulation und Leben betreffen.

Die beiden genannten Funktionen werden hier in folgenden Schritten erörtert: Erstens wird im Rekurs auf das einleitende Zitat aus Fichtes Korrespondenz gezeigt, wie der Umgang mit der schönen Kunst als dem Lebensentwurf zugrunde liegend gedacht werden kann. Zweitens wird thematisiert, wie sich die Genese des ästhetischen Zustands in seiner Bestimmung des Systems der Triebe ansatzweise begründen lässt. Drittens wird dargelegt, wie Fichte zufolge die Befindlichkeit des Individuums im ästhetischen Gefühl für die philosophische Praxis in Anschlag gebracht werden kann. Der Zusammenhang der drei Untersuchungsschritte soll deutlich machen, dass die Kunst zwischen den Standpunkten des Lebens und der Wissenschaft vermittelt und damit Fichtes umfassenden Philosophiebegriff gerecht wird, der nicht nur der Begriff der Wissenschaftslehre in sich, sondern auch der Begriff der Vermittlung von Spekulation und Leben ist.[6]

1. Fichtes Schrift GB zufolge ist es »der Sinn [bzw. das Gefühl] für das Ästhetische […], der in unserm Innern uns den ersten Standpunkt [für unseren Lebensentwurf] giebt« (I,6,353). Ein gelungener Lebensentwurf ist für ihn ein solcher, der darin gipfelt, dass sich das Indiviuum das Prinzip der Wissenschaftslehre, d.h. die dem Sittengesetz entsprechend sittlich-religiöse Selbstbestimmung zum Prinzip seiner praktischen Lebensgestalung wählt. Diese Selbstbestimmung manifestiert sich einerseits für das Individum im sittlich-religiösen Gefühl, andererseits wird sie vom Philosophen im System der Wissenschaftslehre rekonstruiert.[7] Das ästhetische Gefühl begründet nicht nur den gelungenen Lebensentwurf, sondern in gewisser Hinsicht ist es auch Voraussetzung des Philosophierens. Nicht jeder Philosoph muß »ein schöner Geist seyn« (IV,2,266), aber »derselbe Geist durch dessen Ausbildung man ästhetisch wird, der selbe Geist muß den Philosophen beleben« (IV,3,523), heißt es in der WLnm.

6 Vgl. R. Lauth: J. G. Fichtes Gesamtidee der Philosophie, in: Philosophisches Jahrbuch, 71. Jahrg., München 1963 / 64, S. 253.

7 Dieser Gedanke schlägt sich auch in seinem Brief vom 27. Juni 1795 an Schiller nieder: »Soviel ich weiß, ist Geist in der Philosophie, und Geist in der schönen Kunst gerade so verwandt, als alle Unterarten derselben Gattung« (III,2,336).

Die propädeutische Leistung des ästhetischen Gefühls für das Individuum in der Gestaltung seines Lebensentwurfs, wird hier auf der Grundlage der Predigt Ueber die Absichten des Todes Jesu (1786)[8], der SL sowie der Practischen Philosophie (1794)[9] und der Schrift GB dargestellt.

Aus der SL geht hervor, dass Fichtes Konstruktion der Beziehung zwischen ästhetischem und sittlich-religiösem Gefühl nicht durch Deduktionen gesichert ist. Mit Beginn des praktischen Teils der GWL hat er zwar in verschiedenen Formen und materialen Teildisziplinen der Wissenschaftslehre – so auch in der SL – das sich sittlich-religiös entwickelnde Leben im Rahmen einer Gefühlssequenz dargestellt, aber das ästhetische Gefühl spielt dort, wenn es überhaupt vorkommt, nur eine marginale Rolle (vgl. I,5,137, 155). Im Unterschied zu den dort entwickelten sinnlichen und intellektuellen Gefühlen wird die Gewissheit der Äußerungen des ästhetischen Gefühls lediglich als allgemein anerkannte Tatsache des Bewusstseins hingestellt und nicht durch Deduktionen bewiesen. Die Deduktion des ästhetischen Gefühls setzt seine Beziehung zum Prinzip der Ästhetik voraus, das in der entsprechenden materialen Teildisziplin die Qualität eines Grundsatzes hat, der seinerseits in der Wissenschaftslehre als Teilsatz fungiert.[10] Den Teilsatz, auf den die Disziplin der Ästhetik sich gründet, hat Fichte nicht angegeben. Das sittliche-religiöse Gefühl hingegen wird von Fichte in der SL als höchste Gewissheit des Bewusstseins, d.h. als Bedingung der Möglichkeit von Selbstbewusstsein nachgewiesen. Da die Äußerungen des ästhetischen Gefühls, die die Funktion der Instanz der ästhetischen Kultivierung haben, die ihrerseits in die sittlich-religiöse Kultivierung mündet, ihrer Gewissheit nach nicht begründet sind, kann Fichtes, sich in GB andeutende Auffassung, das ästhetische Gefühl liege dem sittlich-religiösen Lebensentwurf zugrunde, zwar keine Allgemeingeltung zugesprochen werden. Dennoch soll im ersten Schritt mit Hilfe der Analogien und Differenzen, die zwischen dem ästhetischen und dem sittlich-religiösen Gefühl bestehen, gezeigt werden, daß auf der Ebene der Tatsachen des Bewusstseins die Beziehung zwischen ihnen für die Kultivierung des Individuums plausibel dargestellt werden kann. Dies wird –

8 Im Folgenden als TJ abgekürzt.

9 Im Folgenden als PP abgekürzt.

10 Zum Begründungsverhältnis zwischen der Wissenschaftslehre und ihren Sonderwissenschaften vgl. I,2,121. Dieses Verhältnis lässt sich am Beispiel der SL verdeutlichen: der im praktischen Teil der GWL abgeleitete kategorische Imperativ ist ein Teilsatz, der in der SL als Grundsatz fungiert. Vgl dazu Wen-Berng Pong: Das Verhältnis des kategorischen Imperativs und des Gewissens bei Fichte, Frankft. a. M. 2002 und Ives Radrizzani a.a.O., S. 350 f..

wie im zweiten Schritt zu zeigen sein wird – auch im Hinblick auf die Analogien und Differenzen, die zwischen den Objekten der Gefühle, d.h. im Hinblick auf das Kunstwerk und das Bewusstsein deutlich. Hierfür werden hauptsächlich die Schrift BWL und der SB herangezogen.

1.1 Die Beziehung zwischen dem ästhetischen und dem sittlich-religiösen Gefühl wird hier hinsichtlich der Zustände, die sich ihnen manifestieren, ihrer Wirkungsweisen und der Hierarchie, die zwischen ihnen besteht, entwickelt.

Im ästhetischen und sittlich-religiösen Gefühl manifestiert sich jeweils die Harmonie des Gemüts unter dem Primat des Praktischen. In beiden Gefühlszuständen wird das ganze Gemüt affiziert. In der SL schreibt Fichte:

> »Die schöne Kunst bildet [...] nicht nur den Verstand oder [...] nur das Herz, sondern sie bildet den ganzen Menschen: Das woran sie sich wendet, ist [...] das ganze Gemüt in Vereinigung seiner Vermögen; es ist ein drittes, aus beiden zusammengesetzes« (I,5,307).

Analog dazu besteht für ihn in der Predigt TJ das »Wesen der christlichen Religion« (II,1,179) in der »Ueberzeugung des Verstandes, aber in einer warmen furchtbaren Ueberzeugung, die ihren Ursprung aus dem Herzen hat, u[nd] in Güte und Wohlwollen des Herzens« (II,1,179). Die Übereinstimmung der entgegensetzten Vermögen im ästhetischen Gefühl und im sittlich-religiösen Gefühl eröffnet dem Subjekt den Zugang zur intelligiblen Welt (vgl. SW XI 161). Dem ästhetisch fühlenden Individuum manifestiert sich dunkel und affirmativ die Ahnung, im Umgang mit der schönen Kunst für einige Augenblicke dem Zwang der Natur entronnen zu sein. »Unter dem Einfluß [der Kunst fühlt es sich] höher gehoben und veredelt« (I,6,358). Im sittlich-religiösen Gefühl ist es motiviert, den Maßstab seines entsprechenden Handelns nicht an fremden Gesetzen, sondern allein an den Äußerungen des Gefühls festzumachen, in dem sich, wie Fichte in Anlehnung an Gellert, Rousseau und Spalding formuliert, die richtende Stimme bzw. das übersinnliche Gesetz Gottes manifestiert.[11]

---

11 Mit seiner Rede vom sittlich-religiösen Gefühl bezieht sich Fichte auf »ein überaus beliebtes Motiv [der] verschiedenen der Aufklärung angehörigen literarischen, philosophischen und theologischen Richtungen« (Reiner Preul: Gefühl und Reflexion. Die Theologie Fichtes in seiner vorkantischen Zeit, Berlin 1969, S.5). In seiner Auffassung vom sittlich-religiösen Gefühl des Gewissens als die das Denken und Handeln begleitende moralische Instanz, in der

1.2 Gemäß Fichtes Thesen vom Gefühl als Grund des Realitätsbewusstseins und als Indikator und Motor des Handelns haben diese Gefühle keinen Sinn, wenn nicht als Vorbild ihr Ziel erreicht ist. Sie deuten auf eine ihnen entsprechende Wirklichkeit. Die Wirkungsweisen beider Gefühle stimmen darin überein, dass sich in ihnen die durch die Übereinstimmung der entgegengesetzten theoretischen und praktischen Vermögen bewirkte Erhebung von der Sinnenwelt in die intelligible Welt, manifestiert. Der Unterschied zwischen ihnen besteht in dem Grad des Bewusstseins von der intelligiblen Welt. Während – wie im zweiten Punkt des Vortrags deutlich werden soll – der Mensch im ästhetischen Gefühl sich unbewusst und unvermerkt, d.h. intuitiv und im Sinne eines positiven emotionalen Reflexes, ohne eigenes Zuthun und damit letztlich zufällig auf die intelligible Ebene (vgl. I,5,137 u. 307) erhebt, geschieht dies im sittlich-religiösen Zustand bewusst und willentlich. Das sittlich-religiöse Gefühl ist ein intellektuelles Gefühl. Es fungiert als Kriterium der Richtigkeit des Handelns und setzt somit den urteilenden Menschen voraus.

1.3 Die Hierarchie der Gefühle lässt sich am Beispiel der Predigt TJ wie folgt rekonstruieren: Entsprechend dem Eingangs dargestellten weiten Kunstbegriff Fichtes kann die Predigt selbst unter den Gesichtspunkten der Kunst und zwar unter denen der Redekunst und der sittlich-religiösen Erziehungskunst gefasst werden. Die Kunst der geistlichen Beredsamkeit besteht darin, die christliche Lehre vermittelst der Rede so darzustellen, dass die Darstellung geeignet ist, christliches Leben zu wecken und den Bezug zum Übersinnlichen zu fördern. Die der Beredsamkeit eigenen Wirkungsdomänen ethos, pathos und movere kommen hier in besonderem Maße zum Tragen. Sie stehen im Dienst der Erzeugung der inneren Bewegtheit, der Erregung der Leidenschaften und der Reizung der Affekte der Zuhörer. Bei Fichte zielt die Kunst der geistigen Beredsamkeit auf die emotionale Stimulierung des ästhetischen Gefühls der Zuhörer, zum

---

sich Gott manifestiert, lehnt er sich insbesondere an Rousseau und Gellert an, mit denen er sich schon in der VR auseinandersetzt sowie an Spalding, von dem er in seiner Appellation an das Publicum (1799) verkündet, dass dieser den »ersten Keim der höhern Speculation« (I,5,447) in ihm erweckt habe. Vor allem bei Rousseau finden sich alle drei Bestimmungen des sittlich-religiösen Gefühls, die Fichte in den Predigten (1786) anführt: als sittlich-religiöse Instanz, als Motor der Realisierung des Guten und die Bedeutung der Gefühlsbildung für die Kultivierung des Menschen. Vgl. zu Rousseau: Emile oder über die Erziehung, hg. v. Martin Rang, Stuttgart 1998, S, 570, 585, 593-599; zu Gellert: Betrachtungen über die Religion, in: Gesammelte Schriften, hg. v. Bernd Witte, Berlin/New York, S. 261 f. und zu Spalding: Die Bestimmung des Menschen, hg. v. Walter E. Waltrop 1997, S. 16 f. und 111 ff..

Zweck eines Zustands, in dem der PP zufolge die entweilende, zeitvertreibende und ergötzende Indifferenz mannigfaltiger Gemütsbewegungen herrscht.[12] Auf dieser Grundlage wird dann die Sensibilität für ihr sittlich-religiöses Gefühl und die in ihm zum Ausdruck kommende entsprechende Lebenspraxis entwickelt und bestenfalls bis zur philosophischen Durchdringung vom Standpunkt der Wissenschaftslehre aus, fortgeführt. Der durch diese Künste bewirkte ästhetische Zustand markiert die Schwelle des Übergangs zu einer höheren Stufe der Kultivierung des Menschen. Die schöne Kunst ist nicht Tugend, sondern Vorbereitung zur Tugend (vgl. I,6,361 u. I,9,158).

1.4 Die Hierarchie zwischen dem ästhetischen und dem sittlich-religiösen Gefühl schlägt sich in dem Handeln des Künstlers und des Philosophen nieder, das sich in diesen Gefühlen manifestiert, und zu Produkten führt, in denen sich diese Hierarchie fortsetzt: Beiden Produkten liegt ein Gefühl zugrunde. Der Philosoph kann der »dunklen Gefühle des Richtigen oder des Genie[s]« ebenso wenig entraten, als etwas der Produzent schöner Kunst. Letzterer bedarf des Schönheitssinnes, jener des Wahrheitssinnes; »dergleichen es allerdings giebt« (I,2,151). Inspiriert durch das Gefühl erheben sich beide auf den »transscendentalen Gesichtspunkt [...]; der erstere, ohne es zu wissen, denn dieser Standpunkt ist ihm der natürliche [...], der letztere mit seinem Wissen« (III,3,37) und nach einer Regel. Auf diesem Standpunkt entwerfen der Künstler und der Philosoph ein Produkt, das jeweils ein Ganzes ist (I,3,378) ist, dessen ästhetische Wahrnehmung bzw. reflexive Durchdringung bei Rezipienten die Harmonie seines Gemüts bewirkt.

> »Aber der große Unterschied ist der, dass der Verfertiger eines [künstlichen] Werks es mit einer todten Materie zu tun hat, die er in Bewegung setzt, der Philosoph [hingegen] mit einer lebendigen, die sich selbst bewegt« sich »fortdauernd [...] selbst hervorbringt, und eben dadurch erhält« (I,3,378).

---

12 In der PP bestimmt Fichte die Dicht- und die Redekunst als Künste, die das Gemüt bewegen (II,3,221). Vgl. dazu auch die Bestimmung des Schriftstellers in der WdG: »Es giebt also eine Kunst, durch innere Gemüthsbewegung zu entweilen« (II,3,222). Zum Ergötzenden der Redekunst in der PP Robert Tänzer a.a.O., S. 50. Das Ergötzende ist ein wesentliches Thema von Fichtes geplanter Ästhetik. In den Fragmenten zu GB schreibt er: »nach meiner Theorie, die ich an diesem Ort nicht zu erweisen habe, ist der Gegenstand der Dichtkunst das Ergötzende, das Spiel der Empfindungen in der Zeit« (II,3,303). Die PP ist laut Claude Piché ein ernsthafter Entwurf dieser Theorie«, in: L'eesthétique a-t-elle une place dans la philosophie de Fichte?, in: Les Cahiers de philosophie, Lille, 1995, S. 189.

In diesem Sinne versteht Fichte die Wissenschaftslehre als Naturprodukt (vgl. I,3,378 u, II,12,151). Im Naturprodukt ist das belebte Ganze Selbstzweck. Im Kunstprodukt dagegen ist »der innere Bildungstrieb getödtet« (I,3,378), d.h. es wird »nicht auf eine innere selbstthätige Kraft« (I,4,219) gerechnet. Das Ganze »weißt nicht zurück auf seine Theile, sondern auf einen Zweck außer ihm« (I,3,378). Es ist Mittel für etwas anderes.

Das Kunstwerk gründet in einem Urheber außer ihm (I,3,378). Zweck und Beschaffenheit des Werks hängen vom Künstler ab. Er kennt vor der Ausführung die Gesetze, Techniken, die Materialien und ihre Eigenschaften, die der Realisierung des Werks zugrunde liegen (vgl. I,7,217). Insofern kann er die Wirkung des Werks kalkulieren. »Die Künstler setzen die Theile ganz nach ihrem eignen Begriffe zusammen, und in ihnen selbst, nicht in der Natur, liegt die bewegende Kraft. Etwas auf diese Art zu Stande gebrachtes heißt ein Kunstprodukt« (I,3,37). Im Unterschied dazu ist der Wissenschaftslehrer zwar der Vernunftkünstler, der »das Kunstwerk des Bewußtseyns aufbaut«, aber er ist kein »ursprünglicher erster Werkmeister«, der nach einem vorausgehenden, selbstgesetzten Begriff sein Werk zustande bringt (vgl. I,7,216). Denn der Gegenstand seiner Untersuchung, das Bewusstsein, ist »unabhängig von ihm da [...] und (es ist) so da [...] wie es ist« (I,7,218). Daher kann der Vernunftkünstler seinen Gegenstand »nicht frei erdenken« (I,7,216), sondern »nur nacherfinden« (I,7,218). Er lässt das »Bewußtseyn unter seinen Augen [...] sich selbst erzeugen« (I,7,218). »Bei dieser Gelegenheit« wird er die »Gesetze [...] der Selbsterzeugung [...] zugleich mit entdecken« (I,7,218 u. I,8,205; IV,1,180; III,3,37).

Dieser starke Gegensatz zwischen dem Objekt der Kunst und dem Objekt der Wissenschaftslehre in Bezug auf das Lebendige und Nicht-Lebendige, ist nicht so zu verstehen, dass das Kunstwerk auf das Dingliche beschränkt ist. Unbelebt sind lediglich seine Materialien. Die Zusammensetzung seiner Materialien hingegen ist vom Künstler entsprechend seinem ästhetischen Gefühl in dem organischen Ganzen des Werks so strukturiert, dass die Idee, die in dem Ganzen zum Ausdruck kommt, für den Rezipienten eine belebende und aufstrebende Wirkung hat. Während diese Wirkung durch den Künstler im Werk erzeugt wird, ist das Objekt des Philosophen das Lebendige schlechthin.

2. Der sich in der Beziehung zwischen dem ästhetischen und dem sittlich-religiösen Gefühl manifestierende Übergang vom Standpunkt des Lebens

zum Standpunkt der Wissenschaftslehre vollzieht sich Rahmen einer Selbstobjektivation des Individuums. Die für diesen Prozeß notwendige Einheit der theoretischen und praktischen Vermögen, deren harmonische Übereinstimmung sich zuerst im ästhetischen Gefühl manifestiert, das demzufolge den Übergang initiiert, ist bei Fichte ansatzweise vermögenstheoretisch im System der Triebe begründet. Die Vermittlungsleistung des ästhetischen Gefühls ist auf das Wirken des ästhetischen Triebs zurückzuführen. Das Textmaterial für die Darstellung der Beziehung zwischen Trieb und Gefühl ist begrenzt. Hier werden für die Rekonstruktion dieser Beziehung die SL und die Schrift GB herangezogen. Fichte hat zwar allen seinen Darstellungen der Selbstobjektivation des Individuums in den verschiedenen Formen und Sonderwissenschaften der Wissenschaftslehre die Trieblehre zugrunde gelegt, aber der ästhetische Trieb spielt dort keine systematische Rolle. In GB wird immerhin deutlich, dass die Quelle des ästhetischen Triebs jene »untheilbare Urkraft« (I,6,347) ist, aus der auch der Erkenntnistrieb und der sittliche Trieb hervorgehen. Allerdings fehlt auch hier die Deduktion, weil es sich um eine populärphilosophische Schrift handelt. Aus dieser Schrift geht ferner Fichtes Forderung nach einer allseitigen Entwicklung der Vermögen des Menschen hervor.[13] Es gilt also auch, den Kunsttrieb (vgl. II,3,263; I,6,340 f.) des »ästhetisch empfinde[n] Ich« (II,3,215) auszubilden und damit dem Bedürfnis, Kunst und Schönheit zu genießen, als auch demjenigen, sie hervorzubringen, gerecht zu werden.

Fichte zufolge vermittelt der ästhetische Trieb zwischen den heterogenen Ausprägungen der Grundkraft (I,6,347) bzw. des Urtriebs (vgl. 15,137). Diese Leistung des ästhetischen Triebs wird im ersten Schritt aus der Perspektive des Philosophen und aus der des Individuums dargelegt. Im zweiten Schritt wird im Rekurs auf die WLnm und die SL auf Ort und Funktion der Ästhetik eingegangen, die Fichte dieser Disziplin im System der Wissenschaftslehre zuweist.[14]

2.1 Der Philosoph bestimmt den ästhetischen Trieb historisch-genetisch. Dafür stellt er eine Definition des ästhetischen Triebs auf, ordnet ihn in das Beziehungsgefüge der sinnlichen und intellektuellen Triebe ein und

13 Vgl. dazu auch die BdG. Dort wiederholt sich diese Forderung: »Im Menschen sind mancherlei Triebe und Anlagen, und es ist die Bestimmung jedes Einzelnen, alle seine Anlagen, so weit er nur irgend kann, auszubilden« (I,3,51).

14 Zu diesem Untersuchungskomplex vgl. Georg Tempel a.a.O., S. 26 ff..

gibt seine Genese und Funktion in der Selbstobjektivierung des Individuums an.

Er führt jedes Bewusstsein von etwas, so auch das Bewusstsein von der Kunst, auf das Medium der Vorstellung zurück. Demnach bestimmt er den ästhetischen Trieb, der qua Vorstellung darauf aus ist, Kunst zu schaffen und Kunst zu rezipieren, als ein Vermögen, unabhängig vom Dasein oder der qualitativen Beschaffenheit der Dinge, Vorstellungen zu entwerfen. Er ist ein »Trieb um der Vorstellung willen« (I,6,341). Die Vorstellung ist hier

> »ihr eigener Zweck; sie entlehnt ihren Wert nicht von ihrer Uebereinstimmung mit dem Gegenstande, auf welchen hierbei nicht gesehen wird, sondern sie hat ihn in sich Selbst; es wird nicht nach dem Abgebildeten, sondern nach der freien unabhängigen Form des Bildes gefragt« (I,6,342).

Der ästhetische Trieb steht in folgendem Verhältnis zu den übrigen Trieben: während der Naturtrieb lediglich auf sinnlichen Genuß aus ist, geht der ästhetische Trieb auf Wissen aus und gehört somit zu den höheren Trieben. Vom Erkenntnis- und sittlichen Trieb grenzt er sich dadurch ab, daß er weder auf objektive Erkenntnis, noch auf die Realisierung des ästhetischen Entwurfs in der Sinnenwelt aus ist. Die Aufgabe des ästhetischen Triebs ist mit dem Entwurf des Bildes im Innern des Menschen abgeschlossen.

In den Produkten der Triebe manifestieren sich unterschiedliche Grade der Selbsttätigkeit des Subjekts, die auf die steigende Befreiung vom Zwang durch die Objekte gerichtet ist. Dem Philosophen zufolge hat das Erkennen zuerst im Dienst der Bewältigung des täglichen Lebens gestanden. Sobald die unmittelbare Beziehung auf die Notwendigkeiten des Alltäglichen wegfällt, bildet sich allmählich »der Trieb nach Erkenntnis um der Erkenntnis willen« (I,6,350) aus. Dieser Entwicklungsstufe entspricht »die erste Stufe der Humanität« (I,6,350). Erst jetzt, d.h. jenseits der Bedürfnisse, die den Menschen an die materielle Wirklichkeit binden, entwickelt sich der ästhetische Sinn. Die

> »Welt des schönen Geistes ist innerlich in der Menschheit, und sonst nirgends [...] Die schöne Kunst führt den Menschen in sich selbst hinein; und macht ihn da einheimisch. Sie reißt ihn los von der gegeben Natur, und stellt ihn selbständig für sich allein hin« (I,5,308).

Diese Selbständigkeit manifestiert sich im ästhetischen Zustand zunächst in Form einer präreflexiven »ruhigen und absichtslosen Betrachtung der Gegenstände, indess unser Geist [...] nicht über sich wacht« (SW VI 350). Es besteht keine Neigung, eine Modifikation eines Objekts außerhalb seiner selbst, im Sinne eines »wirklich hervorzubringende[n] Weltzustande[s]« (SW XI 167) anzustreben.

> »Man sieht hier nur den innern Bestimmungen seines Geistes und Charakters zu, ohne sie auf das Leben zu beziehen, und ohne entweder überhaupt viel zu handeln, noch wie man handelt einer gewissen Selbstprüfung zu unterwerfen, noch zu fragen, was aus diesen Bestimmungen außer uns erfolgt« (II,5,74).

Das ästhetische Handeln bereitet das Handeln aus Freiheit vor (I,5,308). Auf »dem Boden des Innern« (SW XI 181) führt dann der sittliche Trieb das Subjekt zum Bewusstsein der Selbständigkeit.

Dieser Sachverhalt stellt sich in seiner Wirkung für das Individuum wie folgt dar: Die Steigerung seiner Selbstbestimmung ist für das Subjekt in der Gradation der Äußerungen seiner Triebe. Das Resultat der Befriedigung des ungebrochenen Naturtriebs ist »unfreiwillige Lust« (I,5,138). Demgegenüber äußert sich bei den höheren Trieben der Erfolg des theoretischen und sittlichen Triebs in Bezug auf ein wahres Urteil und eine rechte Tat in den intellektuellen Gefühlen des Beifalls bzw. des Missfallens und des Gewissens. Die Befriedigung der Forderung des ästhetischen Triebs nach Harmonie zwischen Trieb und Vorstellung ist für das »ästhetisch empfindende Ich« (II,3,215) zwar auch im Gefühl der Lust, aber das aus der Harmonie des ästhetischen Triebs entspringende Gefühl der Lust hat mit dem sinnlichen Genuß des Naturtriebs nichts zu tun. Die durch den ästhetischen Trieb hervorgerufene Lust ist nicht unfreiwillige, sondern überraschende Lust, die von der Art des geistigen Genusses ist, der den höheren Trieben gemeinsam ist. Da das ästhetische Gefühl sich jedoch als »zweckloses und absichtsloses Behagen oder Missbehagen« und nicht als Begehren (I,6,345) äußert, manifestiert es sich den höheren Tätigkeiten des Bewusstseins weder als Motiv noch als Zweck und Ziel. Das auf die Harmonie zwischen Vorstellung und Trieb zurückführbare ästhetische Gefühl (I,5,137) ist von der Gunst abhängig, zufällig auf ein Objekt der Sinnenwelt oder der Phantasie zu stoßen, das diese Harmonie gewährleistet. Das »ästhetische Gefühl« (I,5,137) liegt einerseits zwischen den sinnlichen und intellektuellen Gefühlen und andererseits nur in Bezug auf die intellektuellen Gefühle »in der Mitte« (I,5,137).

Ferner ist das ästhetische Gefühl das Mittelglied, »das den transcendentalen zu dem gemeinen Gesichtspunkt« (I,5,307) macht (vgl. auch IV,2,266). So wie aus der transzendentalen Weltsicht des Philosophen folgt, daß Selbst- und Objektbewusstsein in der Vernunft gründen, daß sämtliche Inhalte des Bewusstseins aus einer Wechselwirkung des Ich mit sich selbst resultieren, und so wie er auf dem höchsten Punkt seiner spekulativen Tätigkeit sagen kann: ‚was du siehst, bist ewig du selbst‹, so sind es die Äußerungen des ästhetischen Gefühls, die dem Individuum dazu verhelfen, die Disjunktion zwischen sinnlicher und intelligibler Welt unmittelbar zu überwinden und es zum Bewusstsein seiner Autonomie hinzuleiten (vgl. III,3,37).

2.2 Die ästhetische Weltsicht spiegelt sich in der Stellung, die Fichte der Ästhetik im System der Wissenschaftslehre zuweist. Fichte zufolge ist der gemeine Gesichtspunkt theoretisch orientiert und bestimmt die Welt, wie sie gegeben ist. Der transzendentale Gesichtspunkt hingegen ist praktisch orientiert und bestimmt die Welt, wie sie sein soll. Der ästhetische Gesichtspunkt vermittelt zwischen beiden. In ihm manifestiert sich das Bewusstsein von der Welt in ihrem Gegebensein, dass das Bewusstsein, von dem, wie sie gemacht wird (vgl. IV,2,266 u. I,5,308), einschließt. Die Ästhetik nimmt innerhalb des Fichteschen Systems eine eigene Stelle ein, die sich auf keinen der übrigen Gesichtspunkte zurückführen lässt. Sie ist kein Teil der theoretischen Philosophie. Sie zeigt zwar, wie die Welt gegeben ist, aber ihrer »Form nach [ist sie] transzendental«, denn sie zeigt zugleich, wie die Welt gemacht wird. Sie ist kein Teil der praktischen Philosophie, denn auch wenn sie den Menschen über den gemeinen Gesichtspunkt erhebt, geschieht dies nicht aus ethischen Motiven und nicht aus freiem Willen sondern nur »natürlich u. Instinktmäßig« (IV,2,266).

3. Die in der Trieblehre ansatzweise begründeten einheits- bzw. übergangsstiftenden Leistungen des ästhetischen Triebs und Gefühls liegen der pädagogischen Bedeutung der Ästhetik zugrunde, die hier in den folgenden drei Schritten erörtert wird: Im ersten Schritt wird hauptsächlich auf der Grundlage des §31 der SL und der BgG-1811 zunächst die Beziehung des Künstlers zum moralischen Volkserzieher und zum Universitätsgelehrten angegeben. Zu den marginalen ästhetischen Bezügen im systematischen Teil der SL steht die Bestimmung der Pflichten des Künstlers in deren angewandten Teil im Gegensatz. Dort widmet ihr Fichte eine Ausführung, die der Bestimmung der Pflichten des Universitätslehrers und des moralischen Volkserziehers ihrer Ausführlichkeit, nicht jedoch ihrer Ge-

wissheit nach gleichwertig ist. Während die Pflichten des moralischen Volkserziehers und des Universitätsgelehrten im systematischen Teil der SL begründet sind, fehlt dieser Begründungsnachweis in Bezug auf die Pflichten des Künstlers. Dennoch erfährt die Disziplin der Ästhetik schon allein dadurch eine Aufwertung, dass auch dem Künstler Verantwortung für die Bildung des Menschen zugesprochen wird. Wie beim moralischen Volkserzieher und beim Universitätsgelehrten, so fallen auch beim Künstler Pflichten des Berufs und des Menschen überhaupt, zusammen.

Im zweiten Schritt wird auf der Grundlage der BdG-1811 das ästhetische Gefühl in seiner Eigenschaft als Rührung des Gemüts als das Spezifikum und das konstitutive Element der Erziehungsmethode des moralischen Volkserziehers herausgestellt. Die pädagogische Bedeutung der Rührung des Gemüts hat Fichte erstmals in der Valediktionsrede (1780)[15] in kritischer Auseinandersetzung mit Gellert im ästhetischen Kontext der richtigen Anwendung der Regeln der Rede- und Dichtkunst, thematisiert.[16] In der VR hat Fichte ein fragmentarisch ausgeführtes pädagogisches Modell präsentiert, das er in seinem Tagebuch seiner Hauslehrerzeit (1788) und in seinen Aphorismen über Erziehung (1804) wieder aufgreift. Seine in der BDG-1811 formulierten Ausführungen zur ästhetischen Rührung des Gemüts haben zwar keinen wissenschaftlichen Status, aber ihre problemlose Integration in die Struktur des pädagogischen Modells aus der VR, das er über einen langen Zeitraum aufrechterhält sowie die Nachdrücklichkeit, mit der er in der BdG-1811 mehrfach betont, dass »gelehrte Bildung allemal von der Bildung für die schöne Kunst begleitet sein sollte« (SW XI 182), gestatten die Annahme, dass seine Ausführungen zur gefühlsmäßigen ästhetischen Rührung des Gemüts in Bezug auf den methodischen Status im Rahmen der Erziehungslehre auf einem festen Standpunkt beruhen.

Schwierigkeiten bereitet jedoch, dass das ästhetische Gefühl nicht als Kriterium ausgewiesen ist. Die Lösung dieses Problems stellt sich um so dringlicher, wenn man Fichtes häufig und eindringlich in den Zufälligen Gedanken einer schlaflosen Nacht (1790) geäußerten Warnungen ernst nimmt, dass schlechte Kunstwerke das Individuum verbilden. Wenn das Individuum über kein sicheres Kriterium verfügt, ob sein Urteil darüber ob es sich bei einem bestimmten Kunstwerk um ein gutes Werk han-

15 Im Folgenden abgekürzt als VR.

16 Christian Fürchtegott Gellert: Wie weit sich der Nutzen der Regeln in der Beredsamkeit und Poesie erstrecke und Von den Ursachen des Vorzugs der Alten vor den Neuern in den schönen Wissenschaften, besonders in der Poesie und Beredsamkeit, in: Gesammelte Schriften Bd. V, hg. v. Bernd Witte, Berlin u. New York, 1994, S. 196 ff. und S 213 ff..

delt, das seiner Entwicklung förderlich ist oder nicht, dann hängt der Prozeß seiner Kultivierung ebenso vom Zufall ab, wie die Wirkung seines Heranführens an Werke der Kunst durch den Lehrer, der sich seinerseits nicht absolut sicher sein kann, das für die Kultivierung richtige Kunstwerk ausgewählt zu haben. Dadurch baut die sittlich-religiöse Erziehung, die ihrerseits auf der ästhetischen Erziehung gründet, auf einer unbewiesenen Voraussetzung auf.

Im dritten Abschnitt wird im Rekurs auf die BdG-1811 kurz auf die historische Bedeutung, die Fichte dem Künstler beimisst, eingegangen.

3.1 Fichtes umfassenden Kunstbegriff zufolge ist der Universitätsgelehrte ein Vernunftkünstler, der sich »mit seinem Wissen« auf den »transzendentalen Gesichtspunkt[...]« (III,3,37) erhebt. Er versetzt durch »gelehrte Bildung sich in den Besitz der Ideen« (I,6,201, 212) und verfolgt die Genese des »Ich bis in seinen Urquell« (II,10,250). Seine Kunst ist die »transscendentale Kunst« (II,10,185). Gegenstand seiner Reflexion ist »der Sinn und der Geist des Menschen«, den er unter der Leitung seines Wahrheitssinnes (vgl. I,2,151) »nach einer Regel zu Begriffe[n] gestalte[t]« (I,6,66). Dem moralischen Volkserzieher obliegt die sittlich-religiöse Erziehung des Schülers und seine Vorbereitung auf »eine tiefere Einsicht in die[se] Begriffe« (SW VI 430). Er versteht sich auf die Kunst, den Willen und das Gefühl des Schülers zu bilden und dessen Wissenstrieb zu entwickeln. Der ästhetische Künstler, »welcher den ästhetischen Sinn« bildet, »der dem Verstande und dem Willen im Menschen zum Vereinigungsbande dient« (I,5,301; vgl. 307 f.), vermittelt zwischen den beiden Lehrern. Seine Aufgabe besteht darin, »die sinnliche Natur des Menschen der moralischen näher zu bringen« (IV,1,148), so dass mittels der schönen Kunst die »Vernunft [...] in das [unmittelbare] Leben eintritt« (I,8,206). Dafür erhebt sich der Künstler, wie der Philosoph auf den »transzendentalen Gesichtspunkt[...], nur mit dem Unterschied, dass beim Künstler diese Erhebung unbewusst geschieht, weil ihm dieser »Standpunkt [...] der natürliche« (III,3,37) ist. In seinem Schaffen lässt er sich vom Schönheitssinn (vgl. I,2,151) leiten. Die Wirkung seines Kunstwerks auf die Einbildung des Betrachters ist nicht unmittelbar bemerkbar (vgl. I,5,307). Denn der ästhetische Künstler soll »keineswegs irgend ein bestimmtes Gesicht in dieser Welt« (SW XI 168) darstellen. Er soll auch »nicht [direkt] zu bestimmter That [...] treiben« (SW XI 167). Seine Pflicht besteht vielmehr darin, das Organ (vgl. SW XI 168) des Rezipienten für die übersinnliche Welt zu sensibilisieren und seine »Geistigkeit

[…] immerfort […] auf dem Boden, welchem Gesichte entkeimen« (SW XI 157, 192 f.) in Bewegung zu halten.

Das Werk, dass dieser Pflicht entspricht, manifestiert sich für den Rezipienten in einer gefühlsmäßigen Rührung des Gemüts, die bei Fichte auf die Affizierung des ästhetischen Gefühls durch die schöne Kunst zurückgeführt wird. Die dafür erforderliche »belebende Kraft« (I,6,336) erhalten die Kunstwerke dadurch, dass ihr Schöpfer »bei Ausübung seiner Kunst in den höchsten Genuß der […] Seeligkeit« (I,8,238) gelangt. Seine Kunst realisiert er »durch den unmittelbaren Antrieb der göttlichen Idee« (I,8,79; vgl. SW XI 151). Sein schöpferisches Vermögen führt zu Werken, in denen die »Urquelle der Schönheit [, die] allein in Gott« (I,9,158) ist, heraustritt, die er zwar subjektiv gestaltet im Kunstwerk zur Erscheinung bringt, aber doch so, dass in seinem je speziellen Entwurf das Individuelle zugunsten des Allgemeinen zurücktritt. Dafür muß der Künstler über den Universalsinn der Menschheit (vgl. I,6,338) verfügen. Hierzu führt Fichte folgendes Beispiel an:

> »Denken Sie sich […] eine heilige Frau, welche, emporgehoben in die Wolken, eingeholt von den himmlischen Heerscharen […] und die Seele eines jeden verständigen Beschauers wird schön werden, der es ihm nachempfängt« (I,8,157).

Das Hervortreten des Göttlichen im Kunstwerk rührt das Gemüt des Rezipienten und lässt ihn gefühlsmäßig an der übersinnlichen Welt teilhaben, indem er nichts mehr tut, »als […] dem Künstler das Kunstwerk nach[zu]erfinden« (I,7,215). Die anthropologischen Voraussetzungen, die der Künstler und der Rezipient dafür mitbringen müssen, sind bei Fichte nicht bewiesen.

3.2 Die Rührung des Gemüts ist für Fichte ein Qualitätsmerkmal des guten Kunstwerks. Ein Werk, »das nicht rührt, ist gewiß nicht schön« (I,6,356). Der Künstler jedoch, der die Rührung um der Rührung willen bezweckt, ist ein Stümper (vgl. I,6,359). In schlechten Werken, wie z.B. in »»gewöhnliche[n] Ritterromane[n]« (I,6,358), kommt für Fichte »eine Kraftlosigkeit zum Ausdruck, die mit der richtigen Kraft verwechselt wird« (I,6,358). Solche Werke sind »gemein und unedel«. Sie ziehen die Phantasie herunter und stumpfen den Geschmack für das Heilige ab (vgl. I,6,258 u. I,6,99). In Anlehnung an die »herrliche ästhetische Regel«, die Fichte in der PP in Bezug auf den Begriff des Gefallens formuliert hat, könnte man hier sagen: Rühre »durch dein sichtbares Bestreben nicht zu [rühren]. Je näher ein ästhetisches Produkt diesem Gesetz käme, desto schöner wäre es« (II,3,215).

Die pädagogische Bedeutung der Rührung des Gemüts führt Fichte in der BdG-1811 in seiner Bestimmung der »Leitung der Geistesentwicklung« (SW XI, 199) des Schülers durch den moralischen Volkserzieher an. Er soll den Schüler vorbereitend mit Gedankengut vertraut machen, mit dem er später an der Universität konfrontiert wird. Gegenstand der universitären Lehre ist »das Wissen vom Uebersinnlichen« (SW XI 170). Dieses propädeutische Vorgehen des Volkserziehers bestimmt Fichte wie folgt:

> »Es ist schon im Zögling selbst [...] der rege und lebendige Trieb eine zusammenhängende Einsicht in sich aufzubauen; man gebe ihm die Mittel an die Hand, diesen Trieb auf eine regelmäßige und [kontinuierlich] zusammenhängende Weise zu befriedigen [...] jede Klarheit, die ihm aufgeht, stellt ihm eine neue Aufgabe, und jedes Gelingen, das ihn erfreut, giebt die Lust und Hoffnung, dass er auch diese neue Aufgabe lösen werde. Sein Leben geht in dieser steten Selbstentwicklung des Geistes auf in eitel Freude, Liebe und Lust an der Geistesentwicklung selbst; die ermattende Kraft stärkt und erquickt er an der schönen Kunst, die mit der gelehrten Erziehung stets vereinigt sein sollte« (SW XI 198).

Der Umgang mit der Kunst bewirkt eine Rührung des Gemüts, die sich im ästhetischen Gefühl äußert und die sich anregend auf »Anlagen und Talente« (I,6,336) des Schülers auswirkt. Weil jedes Gefühl ein Selbstgefühl ist, führt das ästhetische Gefühl den Schüler auf sich selbst zurück und regt so seine produktive Einbildungskraft an, die selbsttätig »Gestalten dar[stellt], wie sie gar nicht sind, aber nach der Forderung [des ästhetischen] Triebes sein sollten« (I,6,352).[17] Die Folgen sind »Belebung, Erhöhung und Bildung des Geistes« (I,8,266).[18]

---

17 In der Schrift BWL betont Fichte bezüglich seiner geplanten Ästhetik, dass er im praktischen Teil der GWL eine »neue durchgängig bestimmte Theorie des Angenehmen, des Schönen, und Erhabenen« (I2,151) entwickeln will. Ives Radrizzani und Claude Piché vertreten die These, dass das, »was die neue Ästhetik trägt, [...] die produktive Einbildungskraft bzw. der Geist ist. Dieser Vorrang der Einbildungskraft oder des Geistes vor dem Geschmack wird bündig ausgedrückt in der Formel: „Der Geschmack beurtheilt das Gegebene, der Geist erschafft« (I,6,352). Eine Ästhetik, für die der Geschmack das Alpha und Omega bedeutete, und die passiv an das Gegebene gebunden wäre, vermöchte sich nicht auf den transzendentalen Gesichtspunkt zu erheben und die pädagogische Funktion erfüllen, die ihr Fichte zuweist. Die Ästhetik auf die Einbildungskraft gründen heißt, sie von der Wirklichkeit befreien. Durch die Betonung des schöpferischen Elements oder, wie Piché richtig bemerkt, durch den Neuansatz der Ästhetik als einer Theorie des Kunstschaffens, vollzieht Fichte eine eigentliche kopernikanische Wendung«, in: Ives

3.3 Die Erziehung des moralischen Volkslehrers gründet auf folgender historischer Voraussetzung: Da das ästhetische Gefühl nicht nur die sittlich-religiöse Kultivierung des Individuums einleitet, sondern auch das Korrektiv dieser Einleitung ist, ist es einerseits nicht ratsam, das Individuum frei zu lassen, ehe sein ästhetischer Sinn entwickelt ist, weil hier die Gefahr der Verbildung durch schlechte Werke besteht; andererseits ist es unmöglich, das ästhetische Gefühl zu entwickeln, ehe das Individuum frei ist, weil es auf dessen vorbewußter Selbsttätigkeit gründet (vgl. I,6,348). Diesen Kreislauf unterbricht das künstlerische Genie, das Fichte in der BdG-1811 wie folgt in der Menschheitsgeschichte verortet:

Der die Kultivierung des Individuums bestimmende Zweischritt von der Rührung des Gemüts, d.h. des Gefühls zum Begriff, d.h. der Erkenntnis, spiegelt sich historisch als Anfangs- und Endpunkt der Entwicklung des Menschengeschlechts. Fichte greift auf zwei Stadien der Menschheitsgeschichte zurück (vgl. SW XI 165 ff.): Im ersten Stadium gab es einige wenige Personen, die in einem so hohen Grad am Absoluten partizipierten, dass sie unmittelbar die Welt der Erfahrung nach dem Maßstab des Absoluten gestalteten, ohne jedoch ihr Vorgehen begründen zu können. Fichte nennt diese Menschen Seher, Propheten und Wundertäter.

Raddrizzani a.a.O. 2001, S.341 ff.. – Zur Bedeutung der Einbildungskraft für die Ästhetik bei Fichte unter der Perspektive des Zusammenfassens von Gegensätzen, vgl. Violetta Waibel: Horizont. Schweben. Grenze. Eine philosophische Betrachtung der Malerei Rothkos, in: Grenzen und Grenzüberschreitungen XIX. Deutscher Kongreß für Philosophie 23. – 27. September in Bonn, Bonn 2002, S. 989 ff..

18 Vgl. hierzu Fichtes Rekurs auf die Rührung des Gemüts in der VR, in der er in kritischer Auseinandersetzung mit Gellert zwei entgegengesetzte Arten des Lernens reflektiert, die er im ästhetischen Kontext der Frage nach der richtigen Anwendung der Regeln der Rede- und Dichtkunst, entwickelt (vgl. II,1,6). Im Unterschied zu Gellert, für den als Vertreter rationalistischer Lerntheorien der Verstand das entscheidende Vermögen im Lernprozeß darstellt, ist es Fichte zufolge für die richtige Anwendung (vgl. II,1,6) der Regeln nicht hinreichend, den Schüler auf gute Vorbilder und Beispiele des Verkehrten hinzuweisen und im Übrigen von ihm Gelehrsamkeit (S. 197), Übung (S. 198) und Einsicht (S. 197) zu erwarten. Zwar nimmt Fichte diese Gedanken Gellerts ebenfalls in seine Rede auf (vgl. II,1,11, 16, 19, 23); aber darüber hinaus forscht er nach dem Grund des richtigen oder falschen Umgangs mit diesen Regeln. Fichte stellt dem rein verstandesorientierten Lernen als rezeptiven Aufnahmeprozeß, d.h. als bloßem Übernehmen eines von anderen Gelehrten bereits erarbeiteten Sachverhalts das selbständige Erkennen als ein aus eigenem Antrieb resultierenden aktiven Prozeß der Aneignung und Auseinandersetzung mit dem dargebotenen Stoff gegenüber. Für den zuletzt genannten Lernprozeß bringt Fichte die Rührung des Gemüts in Anschlag. Sie ist unmittelbarer Ausdruck dafür, dass sich im Schüler ein Bedürfnis nach Wissen gebildet hat, das er unter der indirekten Anleitung des Lehrers relativ selbständig zu einem Begriff von dem zu erlernenden Sachverhalt ausbildet. Damit impliziert die Rührung des Gemüts sowohl die Verinnerlichung des Lernstoffs als auch die Motivationsbasis, ihn praktisch anzuwenden. In Bezug auf das von ihm erörterte ästhetische Sachproblem führt für Fichte seine Methode dazu, dass »die Regeln der Kunst, die sich in den Lehrbüchern finden, […] [nicht] mechanisch [… sondern] im Geiste gedeutet werden« (I,6,360).

Ihnen war es möglich, ihre aus der Anschauung des Absoluten resultierende Begeisterung auf ihre Mitmenschen zu übertragen, die selbst nicht unmittelbar am Absoluten teilhatten. Diejenigen, die nicht in unmittelbarer Beziehung zum Absoluten standen, mussten sich bezüglich der Äußerungen der Propheten auf ihren Wahrheitssinn (vgl. SW XI, 155) verlassen. Das zweite Stadium zeichnet sich durch ein Handeln aus klarer Einsicht aus (vgl. SW XI, 168). Die Propheten, die im ersten Stadium ihre Mitmenschen direkt mit ihrem Gesicht (SW XI, 168) des Absoluten vertraut machten, haben sich im zweiten Stadium zu Künstler und Philosophen entwickelt, die die Idee des Absoluten anschaulich darstellen und theoretisch begründen und so den inzwischen geweckten Trieb ihrer Mitmenschen nach Erkenntnis des Übersinnlichen befriedigen.[19]

Weil die Sphäre der Kunst und des ästhetischen Gefühls die innere Sphäre des Menschen betreffen, hat sich in Folge dieses historischen Prozesses sein Bezug zum Übersinnlichen, der vormals bloß äußerlich und unselbständig war, gewandelt zu einem innerlichen Bezug, mit dem eine Steigerung der intellektuellen Selbständigkeit durch den Bezug auf die eigene Vorstellungswelt einhergeht.

Die Trennung des Künstlers vom Propheten und die Trennung des Philosophen vom Künstler »beweist [Fichte zufolge], dass der veränderte Weltzustand eingetreten ist« (SW XI 172). Der Künstler bietet die Möglichkeit, ein neues Zeitalter zu beginnen. Er vermittelt zwischen dem Zeitalter der äußeren Begeisterung und dem der klaren Einsicht (vgl. SW XI 168, 171-173). Er und sein Werk sind die Bindeglieder zwischen der Darstellung der Erscheinung des Absoluten in einem reinen Wissen und der Applikation dieses Wissens auf den zu erziehenden Menschen.

---

19 Vgl. Ursua Nicanor: Historisch-Philosophische Untersuchung über die Bestimmung des Gelehrten nach J. G. Fichte, München 1975, S. 154 ff.. Zur historischen Bestimmung des Künstlers bei Fichte vgl. auch die Grundzüge des gegenwärtigen Zeitalters (1804) und Die Anweisung zum seligen Leben (1806).

Wie kann eine allgemeine Theorie der Wirklichkeit ihre eigene Wahrheit zeigen?

Bemerkungen und Fragen zu Struktur und Funktion der Kunst in Schellings System des transzendentalen Idealismus[1]

Thomas Kisser (München)

1. *Zur Problemstellung: Das Verhältnis von Theoriebildung und Wirklichkeitserfassung*

Die Frage, wie sich Theorien, die beanspruchen allgemeine Theorie der Wirklichkeit zu sein, ganz allgemein zur Wirklichkeit verhalten, erfordert es, einen Abstraktionsgrad jenseits bestimmter Theorien einzunehmen und die Bildung einer Theorie der Theorie zu versuchen. Denn einerseits werden theoretische Fragen, etwa die nach der Wahrheit oder dem Sinn menschlichen Handelns erst innerhalb eines Begriffsrahmens oder Para-

1 Die erste Fassung dieses Textes wurde auf der Fachtagung der Internationalen Schelling-Gesellschaft in Leonberg im Jahre 2000 vorgetragen und findet nun in überarbeiteter Form Eingang in den Band, der die Vorträge der Lektüretagung zum Briefwechsel von Schelling und Fichte, ebenfalls veranstaltet von der Internationalen Schelling-Gesellschaft, versammelt. Er soll auch die Dankbarkeit zum Ausdruck bringen für die vielfältige Unterstützung, die ich von der Internationalen Schelling-Gesellschaft und ihren Präsidenten Prof. Dr. Jörg Jantzen und Prof. Dr. Wilhelm Jacobs erfahren habe.

digmas stellbar und beantwortbar, andererseits stellt sich damit die Frage, wie eben dieses Paradigma selbst noch einmal bestimmt werden kann. Allzuoft wird die Frage selbst mit einem Hinweis etwa auf empirische Plausibilität oder Nichtplausibilität eher verdeckt als zugelassen, aber die Frage nach dem, was ist, lässt sich nur in Form einer Theorie beantworten: Es gibt keine Wahrheit der Erfahrung jenseits eines Begriffes von Wahrheit. Allgemeine Theorien der Wirklichkeit beantworten die Frage nach ihrer eigenen Wahrheit als solcher daher zumindest implizit, so muß sich etwa die Evolutionstheorie selbst als Ergebnis der Evolution verstehen. Doch ist es eine spezifische Aufgabe der Philosophie, eine Theorie der Theorie zu bilden und die hier herrschenden Gesetzmäßigkeiten zu erforschen. Dabei kommt dem Thema der Selbstbezüglichkeit eine zentrale Stellung zu, denn eine allgemeine Theorie der Wirklichkeit muss eben ihr eigenes Vorkommen erklären, der Theoriesprecher kann nicht nur Aussagen über die Welt, er muss auch Aussagen über sich selbst machen. Aus der Ansicht heraus, daß die klassischen deutschen Philosophien einen bedeutenden Beitrag zu dieser Problematik geleistet haben, soll hier unter historischen und systematischen Gesichtspunkten der Theoriebildung Schellings ein Stück weit nachgegangen werden, wobei sich auch Bezüge zu Fichte und Hegel ergeben werden.

Es ist offenkundig und Ausgangspunkt aller weiteren Überlegungen, dass alles allgemeine oder philosophische Sprechen über Wirklichkeit sich – gewissermaßen gegen die eigene Intention – in ganz formaler Weise in Differenz zur Wirklichkeit setzt. Es ist selbst eben nicht mehr unmittelbare Wirklichkeit. Doch ist es unumgänglich, sich als Theoriesprecher von der Wirklichkeit im Sinne einer naiven Affirmation des Alltäglichen zu distanzieren, die Trennung von Sein und Schein ist essentiell für jede Theoriebildung. Der Begriff des Alltags oder der Lebenswelt als einer Wirklichkeit erster Ordnung taucht ja erst in und durch eine solche Reflexion auf. Diese fundamentale Differenz macht sich unter Titeln wie Denken und Sein, Bewußtsein und Wirklichkeit, Bewußtsein und Kommunikation in den Theorien selbst wieder bemerkbar. Trotz und mit dieser Unterscheidung von der Wirklichkeit muß die philosophische Theorie, eben weil sie Sprechen über Wirklichkeit zu sein beansprucht, sich mit dieser Wirklichkeit nun in ein Verhältnis setzen. Als Theorie der Wirklichkeit muß sie auch die Wirklichkeit der Theorie erklären. Damit erzeugt das allgemeine Sprechen über Wirklichkeit eine Logik der Differenz. Denn, um als Differenz sich zu erhalten, muß das Differenzziehende notwendig auf die eine Seite dessen treten, was es unterschieden hat. Wollte man diese Einseitigkeit vermeiden, müßte man die Differnez wieder rückgängig machen, die Differenz selbst würde wieder verloren gehen.[2] Die Theorie muß die Einseitigkeit auf sich nehmen, um die Zweiseitigkeit zu bewahren, sie muß sich eben als Theorie und Gedanken der Wirklichkeit, nicht als sie selbst bestimmen. Dabei muss und kann die Zweiseitigkeit, die Differenz selbst, die eben nicht verloren gehen soll, auf einer Seite der Differenz reproduziert werden und so in das Differenzierte wieder eintreten: Die Wirklichkeit wird eben zum Gedanken der Wirklichkeit. Die andere Seite tritt also auf der einen Seite nie mehr als sie selbst, sondern immer indirekt ein. Schon im ersten Wort des Theoriesprechers wurde in einem methodischen Sinne die Wirklichkeit verlassen, und die thematisierte Differenz etwa von Sein und Denken, die auf der Seite des Denkens in die erste Differenz wieder eingetreten ist, ist immer schon die zweite Differenz. Damit fokussiert die Theoriebildung ein Moment jeder Wirklichkeit, denn Wirklichkeit kommt immer – und in den Zeiten der Gehirnforschung ist dies klarer als je zuvor – nur als Konstruktion von ihr vor.[3] In diesem Sinne ist Reflexion Schicksal. Auch wenn die Theorie von einem unabhängigen Sein spricht, wird dies immer von einem Beobachter als solches bestimmt. Die eigene Seite der Theorie erscheint daher als ein Beginn des Sprechers, die andere Seite als Problem, als zu erklärendes, auf das nun Bezug genommen werden muß. Gemäß dem Wahrheitsanspruch einer universalen Theorie muß diese Fundamentaldifferenz in dem Sinne vermittelt werden, daß das Sprechen der Theorie die Wahrheit der Wirklichkeit aussagt. Das Ideelle muß als der Beginn des Wirklichen und das Wirkliche als der Beginn des Ideellen verstanden werden. Die Theorie muß also die Fundamentaldifferenz schließen, sie muß den methodischen

---

2 »Die Unterscheidung verlöre, anders gesagt, ihren Funktionssinn als Differenz, wenn sie als Beleg für die Unterschiedslosigkeit des Unterschiedenen dienen sollte. Man kann natürlich festhalten, dass beide Seiten dieser bestimmten (und keiner anderen) Unterscheidung angehören; aber dann muß man diese Unterscheidung von anderen unterscheiden. Und damit wiederholt sich die Bedingung, dass die jeweils benutzte Unterscheidung nicht als Einheit bezeichnet werden kann.« (Niklas Luhman: Die Kunst der Gesellschaft. Ffm. 1998. S. 52.) Wenn und soweit hier Termini aus der Systemtheorie Niklas Luhmanns verwendet werden, etwa Differenz und Wiedereintritt, so bedeutet das keine generelle Option für diese Theorie, sondern nur für die verwendeten Begriffe, soweit sie hier eben eingeführt werden. Vor allem der empirische Begriff der Beobachtung oder der Begriff der Kommunikation, tragende Konzepte der Systemtheorie, bleiben hier außer Betracht und Verwendung. Die hier im weiteren diskutierten Fragen könnte man ihrerseits auch an die Systemtheorie stellen. In diesem Zusammenhange würde sich etwa das Problem stellen, wie sich die hier in Anspruch genommene Logik der Differenz zum Konzept der Evolution verhält, man müßte also das Verhältnis von Logik und Evolution in der Systemtheorie diskutieren.

3 Vgl. dazu Gerhard Roth: Das Gehirn und seine Wirklichkeit. (Ffm. 1997), der soweit geht, als Wissenschaftler den Anspruch aufzugeben, »objektive Wahrheiten zu verkünden« (S. 363).

Beginn, das heißt ihr eigenes Sprechen, mit der anderen Seite, der Wirklichkeit als solcher, von der sie sich ja zunächst absetzt, in Bezug setzen. Dabei kann nun das Aussprechen der Wirklichkeit auf der Seite der Theorie geortet werden, wodurch die Seite der Wirklichkeit in gewissem Sinne problematisch bleibt, der Weg Fichtes, denn wir gleich noch etwas näher charakterisieren werden. Das Aussprechen der Wirklichkeit kann aber auch in der Wirklichkeit selbst platziert und als Sichselbstaussprechen der Wirklichkeit verstanden werden, der Weg Spinozas. Dabei wird der Wirklichkeit selbst eine innere Disposition zum Sprechen zugesprochen. Der Theoriesprecher versteht sich dann als eine Selbstbewußtwerdung der Wirklichkeit, als das Sichaussprechen des Grundes der Wirklichkeit. Die Frage nach dem Grund der Theorie als einer faktisch ausgesprochenen ist also in dieser Version nie nur eine Frage nach einem kontingenten Ereignis. Die Theorie muß mit ihrem eigenen Grund auch den Grund der Wirklichkeit benennen und muß in der Spontaneität des Grundes das Sichaussprechen des Grundes begründet finden. Damit erst beweist die Theorie sich selbst, zeigt ihre eigene Wirklichkeit. Diese eigene Wirklichkeit ist dann keine pure Beobachterrealität mehr, sondern authentischer Ausdruck der Wirklichkeit selbst.

Wenn wir so über diesen Eintritt der Differenz in das Differenzierte sprechen, sind wir bei der Reflexion der Reflexion angelangt. Das Thema der Reflexion der Reflexion ist die Einheit der Differenz, in Bezug auf das Sprechen über Wirklichkeit ist das Thema die Wahrheit selbst: Wie lassen sich nicht nur Kohärenzbedürfnisse, sondern Wahrheitsansprüche in einem ganz allgemeinen Sinne formulieren? An dieser Stelle tritt die transzendentalphilosophische Problematik der Synthesis von Begriff und Wirklichkeit offen oder verborgen in jeder universalistischen Theorie auf. Historisch gesehen haben die nachkantischen Philosophien die Kantische Problematik der Synthesis, die Frage, wie unsere Begriffe und die Wirklichkeit zusammen passen, auf diese theoretische Ebene gehoben: Behauptet eine Theorie, sie wisse, was die Struktur der Wirklichkeit sei und sie sei deren angemessener Ausdruck, so muss sie das nicht nur inhaltlich plausibel machen, sondern muß formal zeigen können, wie sie zu diesem Wissen kommt.

2. *Schellings Anschluß an Fichte*

Schelling läßt diese Frage in seinem System des transzendentalen Idealismus im Zuge einer Radikalisierung der Skepsis auftauchen. Diese Radikalisierung der Skepsis nimmt er von Fichte auf. Fichtes Antwort auf die Skepsis ist der Primat der praktischen Vernunft. Am Ende des theoretischen Teiles der *Grundlage der gesamten Wissenschaftslehre* von 1794 bildet sich eine Balance der zwei Seiten von Ich und Nicht-Ich. Konstituiert das Ich das Nicht-Ich oder konstituiert das Nicht-Ich das Ich? Auf welcher Seite der Unterscheidung findet die Konstruktion selbst statt, auf welcher Seite tritt die Differenz von Subjekt und Objekt wieder in die Differenz ein? In aller Entschiedenheit markiert Fichte im praktischen Teil der Grundlage das Ich als die Seite, von der her die andere Seite des Nicht-Ich verstanden werden muß und gibt damit dem Begriff der Entschiedenheit selbst erst seinen Sinn, denn in dieser Asymmetrisierung zeigt sich das praktische Vermögen als solches. Ich und Nicht-Ich werden »schlechthin bezogen heißt, sie werden schlechthin gleich gesezt. Da sie aber, so gewiß ein Objekt gesezt werden soll, nicht gleich sind, so läßt sich nur sagen, ihre Gleichheit werde schlechthin gefordert: sie sollen schlechthin gleich seyn. – Da sie aber wirklich nicht gleich sind, so bleibt immer die Frage, welches von beiden sich nach dem andern richten und in welchem der Grund der Gleichung angenommen werden solle. – Es ist sogleich einleuchtend, wie diese Frage beantwortet werden müsse. So wie das Ich gesezt ist, ist alle Realität gesezt, im Ich soll Alles gesezt seyn; das Ich soll schlechthin unabhängig, Alles aber soll von ihm abhängig seyn: Also es wird die Übereinstimmung des Objekts mit dem Ich gefordert; und das absolute Ich, gerade um seines absoluten Seyns Willen, ist es, welches sie fordert. [..] diese Forderung ist im absoluten Seyn des Ich gegründet.»[4] Das absolute Seyn des Ich aber heisst Freiheit in Selbstsetzung und im Angesicht einer faktischen Realität wird diese Freiheit zum Sittengesetz.[5] Fichte zitiert an dieser Stelle tatsächlich Kant, um den Charakter des praktischen Vermögens der Synthesis klar zu machen. Der kategorische Imperativ bestimmt die Identität von Welt und Ich als Forderung des Ich und bezeugt so – nach Fichtes Ansicht – die intellektuelle Anschauung als wahren Grund der Kantischen Philosophie. Als Entschiedenheit oder Freiheit tritt die Differenz von Ich und Welt auf der Seite des Ich in die Differenz wieder ein. Im Rückschluß wird der Akt der Reflexion selbst nicht nur zum entscheidenden Gegenstand, sondern auch zum entscheidenden Strukturprinzip der Theorie gemacht. Für Fichte ist dabei die gewisserma-

4 Fichte GA I,2 S. 395.

5 Auf der Seite des Ich eingetragen äußert sich dieser Widerstreit als der »zwischen dem Ich, als Intelligenz, und insofern unbeschränkten, und zwischen eben demselben, als schlechthin geseztem, mithin unbeschränktem Wesen [...], und [..] nöthiget [uns, TK.] als Vereinigungsmittel ein praktisches Vermögen des Ich anzunehmen.« Fichte GA I, 2 S. 385f..

ßen grundlose Freiheit, der Ausstieg aus einem Weltverlauf, den ein rationales Wesen zunächst nur als determiniert ansehen kann, – wie sollte es sonst sich selbst als rationales Wesen, als folgenberechnendes, gründe- und ursachensuchendes Wesen verstehen können –, der Beginn des konkreten Theoriesprechers, der auf nichts anderes als Freiheit als Grund verweist. Sein ist Frei-Sein und unter endlichen Bedingungen ein Sollen, so der Primat der praktischen Vernunft. Eine Entscheidung zum Determinismus wäre in der Tat eine Paradoxie. Damit aber wird die Welt der Objektivität zur Materie der Pflicht, die Ichförmigkeit beständige, nie definitiv zu lösende Aufgabe. Die damit verbundene Paradoxie hat Fichte selbst eingestanden, aber nicht als Aporie der Theorie verstanden. Vielmehr hat er in dem Gedanken der Übertragung der Ich-Förmigkeit auf die Welt, insbesondere im Ansprechen des anderen Subjekts und im Angesprochenwerden durch das andere Subjekt die eigentliche Struktur menschlicher Sinnproduktion gesehen.[6]

Hölderlin, Schelling und Hegel haben diesem Primat der praktischen Vernunft, wie er vielleicht am klarsten und radikalsten im dritten Teil der *Bestimmung des Menschen* von Fichte formuliert wird, immer mit Vorbehalten gegenübergestanden, verweigert sich doch gewissermaßen dieser Primat der praktischen Vernunft einer definitiven Harmonisierung der beiden Seiten von Subjekt und Objekt, von Mensch und Welt und belegt den Menschen mit einer Weltfremdheit, die, so jedenfalls Hegel, im Grunde zum Ruin auch der Theorie führt. Hegel expliziert diesen Vorwurf in der Differenzschrift unter dem Stichwort des Systemschlusses. Das Fichtesche System vermag sich nach Ansicht Hegels nicht zu schließen, das heißt, das System kann seine eigenen Voraussetzungen nicht mehr thematisieren, damit aber auch seinen eigenen Wirklichkeitsbezug nicht mehr diskutieren. Die Weltfremdheit und der damit verbundene Verlust jeder Sachlogik ist für Hegel Konsequenz der kompromißlosen Ablehnung Fichtes, die Beobachterposition quasi einzubetten, mit der faktischen Wirklichkeit nicht nur im Sinne einer Aufforderung sondern auch einer Genese noch einmal zu verknüpfen. Alle Aussagen Fichtes bleiben daher im Verständnis Hegels Fremdbeobachtungen ohne sachlogischen Anspruch auf Erfassung der Welt. Terminologisch wird dieser Vorwurf in der Differenzschrift als Unvermitteltheit von Idealität und Realität formuliert.

6 Vgl. dazu u.a. Lauth, Reinhard: Die Verschränkung von Evidenzbegründung, gnoseologischer Wissenslehre und ontologischer Aussage im transzendentalen System. In: Ders.: Transzendentale Entwicklungslinien von Descartes bis zu Marx und Dostojewski. Hamburg 1989. S. 385-396.

Fichte, so Hegel, verselbständigt die Momente, die aus seiner Analyse hervorgegangen sind, nämlich Ich und Nicht-Ich, und nimmt als selbständige Realitäten, was nur verschiedene Aspekte der einen Wirklichkeit sind. Wegen dieser Verselbständigung der analytisch gewonnenen Theorieresultate gelingt Fichte die Synthese und damit der Systemschluss nicht mehr. Die Welt wird nicht innerhalb der Theorie und die Theorie nicht innnerhalb der Welt platziert, sie bleiben einander irreduzibel äusserlich. So Hegels Vorwurf. Diesen Vorwurf an Fichte teilt Schelling, wenn Schelling auch mit einer Radikalisierung der Skepsis beginnt. Wir haben demnach zu fragen, ob und wieweit Schelling im System des transzendentalen Idealismus tatsächlich an Fichte anschließt.

Ganz ähnlich wie Fichte fomuliert Schelling im »System« einen radikalen Skeptizismus als ersten Schritt der Theoriebildung: Die Einstellung, daß es äußere Dinge gebe, muß als ein Vorurteil bezeichnet werden, das die Transzendentalphilosophie aufzulösen hat, um so ihren eigenen Standpunkt zu gewinnen. Der erste Schritt ist für Schelling also wie für Fichte eine Analyse, eine Trennung zunächst nicht getrennter Momente. Doch diese Analyse erscheint bei Schelling innerhalb eines größeren theoretischen Zusammenhanges. Der Ausgang vom Subjekt, das Durchstreichen des Objekts, gibt für Schelling nur eine Richtung der Subjekt-Objekt-Relation wieder. Während die Subjektivierung des Objektes, also die Naturwissenschaft und -philosophie keinen Ort für die Skepsis hat, beginnt die Transzendentalphilosophie mit ihr: Der Akt des Zweifels ermöglicht und bestimmt methodisch die Position des Theoriesprechers und formuliert den konstruktivistischen Anspruch der Theorie. Die transzendentale Reflexion trennt Selbstbewußtsein, das Bewußtsein eines wissenden Subjektes und Objektbewußtsein, die im natürlichen Bewußtsein untrennbar verbunden sind. In dieser Analyse zeigt sich der Vorurteilscharakter der Annahme äußerer Dinge. Denn es ist schlechthin unbeweisbar, daß äußere Dinge sind, zugleich aber eine nicht aufzulösende Annahme des Bewußtseins, Annahme hier zunächst im Sinne einer Hypothese gebraucht. Der zweite Schritt der transzendentalen Reflexion fügt die Komplexe Selbstbewußtsein und Objektbewußtsein wieder zusammen und erbringt so eine Begründung des Wissens oder ein Wissen des Wissens, das damit Fundierung des philosophischen Systems wird. Erst in dieser Einordnung erscheint für Schelling die Perspektive des Systemschlusses. Denn erst in dieser Perspektive taucht für ihn die Möglichkeit einer Überwindung der Skepsis auf. Schelling setzt sich hier deutlich von Fichtes vermeintlicher Einseitigkeit ab. Hat dieser doch nach Schellings Ansicht nur die Anfangsgründe der Wissenschaft ganz allgemein und in einer offenbar nur hypothetischen Weise abgehandelt, so geht es jetzt darum, den Beweis des Systems, wie Schelling sagt, durch die Tat selbst, das heißt durch die Realisierung des Wissens und das Wissen der Realität zu führen. Die Frage des Systemschlusses wird von Schelling daher zunächst mit dem Projekt einer Erweiterung der Theorie beantwortet. Erweitert wird die Theorie genau um den ihr selbst quasi vorgelagerten Teil, der ihre Voraussetzungen beinhaltet, also die Wirklichkeit selbst. Um die Wirklichkeit der Theorie zu klären, wird die Theorie eine Theorie der Wirklichkeit. Unabhängig von der inneren Natur des Selbstbewußtseins im Sinne des Bezuges auf die präreflexive Einheit durch intellektuale Anschauung, muss man darauf hinweisen, daß in diesem hier gegebenen frame-work die intellektuale Anschauung von vornherein eingeordnet und ihre Interpretation als eine Vergegenwärtigung des Absoluten immer schon gesichert ist. Die transzendentalphilosophische Position ist durch das Gesamtsystem immer schon vorgeschrieben. Von vornherein steht die intellektuale Anschauung für etwas, sie hat Zeichencharakter. Hier wird die Kritik an Fichte begründet, die in der ersten Epoche expliziert wird. Fichte setzt das Setzen selbst und begreift dann die Eingeschränktheit des Setzens durch eine Setzung des Nicht-Ich, die selbst in gewisser Weise unbegreifbar bleibt, ein irreduzibles Aposteriori, eine Grenze, die zwar der Möglichkeit, nicht aber der Wirklichkeit nach begriffen werden kann. Für Schelling interagieren Freiheit und Eingeschränktheit von Anfang an, qua begrifflicher Einsicht, und so taucht die Realität selbst in der Immanenz der spekulativen Begrifflichkeit auf. Fichte hört in der Sicht Schellings und auch Hegels vorschnell auf mit der Analyse. Er nimmt etwas, was immer noch Produkt des Ich ist, die Grenze selbst, als eine äußere Vorgabe. Er schleift sozusagen das unmittelbare Objektbewußtsein in der Theorie selbst mit, anstatt das Objektbewußtsein theoretisch bis auf seinen letzten Grund zu analysieren. Damit aber verschiebt sich die Beweisstruktur, der Nachweis der objektiven Realität dessen, wovon geredet wird. Fichte löst die Deduktionsproblematik, den Nachweis der objektiven Realität von Freiheit und Welt in einer Entscheidung, die den Setzungsakt des Subjekts als solchen affirmiert. Schelling positioniert das Subjekt innerhalb eines Prozesses, von dem sich die Frage stelllt, wie sich das Subjekt seiner vergewisssern kann. Dabei taucht das Absolute als Einheit von Freiheit und Einschränkung zunächst als ein Begriff des Absoluten auf, die Realität dieses Absoluten muß erst gezeigt werden. Im Zuge dieser Verschiebung der Beweisstruktur auf die Tat, wie Schelling es nennt, nimmt das ganze System die Struktur der transzendentalen Deduktion, das heißt des Nachweises der Realität überhaupt an. Dieser Beweis betrifft dabei keinen Gegenstand im engeren Sinn, sondern die

Struktur von Gegenständlichkeit einerseits und von sich darauf beziehender Subjektivität andererseits, es geht also um die Wirklichkeit ganz allgemein. Dieser Beweis des Beweises soll das System schließen und muß daher die Identität der Differenzen, bzw die Identität in der Differenz, die allen anderen Differenzen zugrunde liegt, zeigen.

Über zahlreiche Stufen hinweg bringt die Differenz von Subjekt und Objekt und den darin gegebenen Richtungen die Probleme und Lösungen der theoretischen und praktischen Philosophie hervor. Schelling leert dabei den Becher, den er sich mit der Trennung der beiden Richtungen in der Subjekt-Objekt-Relation eingehandelt hat, zur Gänze. Denn die beiden Wege, der Weg vom Subjekt zum Objekt, das heißt die Konzeption des Handelns, und der Weg vom Objekt zum Subjekt, das heisst, die Konzeption des Wissens, bleiben jeweils in sich stecken. Keiner vermag den anderen in sich zu integrieren. Die Identität von Bewußtem und Bewußlosem bleibt in der theoretischen Philosophie im Objekt distanziert, kann also gerade nicht als die eigene Identität des Ich verstanden werden, und sie bleibt im Handeln, in der praktischen Philosophie unbegriffen, das Ich vermag also nicht sich zu verstehen. In beiden Variationen kann die Selbstbezüglichkeit nicht real werden, kann die Verbindung von Bewußtem und Bewußtlosem selbst nicht eingesehen werden. Die Problematisierung des Verhältnisses von Bewußtem und Bewußtlosen mündet schließlich in die Konstruktion der Kunst, die die immer weiter aufgeschobene Vermittlung zustande bringen soll. Der Künstler, so Schelling, vermittelt das Objektive und das Subjektive, ihm wird das Bewußtlose und das Bewußte in ihrer Einheit bewußt. Damit erreicht er gewissermaßen den äußersten Grad der Symmetrisierung in der Asymmetrie. Denn diese Einheit selbst bleibt auf der Seite des Subjektiven, vermag aber als Zugriff auf das Unbewußte die erste große Differenz von Subjektivität und Objektivität ganz grundsätzlich zu schließen. Hier offenbart sich die Natur gewissermaßen, die in ihr verfestigte Subjektivität verflüssigt sich in der Kunst und zeigt, um es mit Kant zu sagen, »daß der Mensch in die Welt passe». Wie überhaupt an dieser Stelle der Lektüre des »Systems des transzendentalen Idealismus« deutlich geworden sein dürfte, dass sich dieses selbst als eine Lektüre des Ganzen der Kantischen Philosophie verstehen lässt. Dieses Zeigen der Einheit von Handeln und Wissen, von Unbewußtem und Bewusstem, findet nun also im künstlerischen Prozess statt und objektiviert sich im Kunstwerk, das so der philosophischen Deutung zugänglich wird und damit das systematische Problem der Philosophie zu lösen vermag.

Die Analyse erzeugt also die Seiten der theoretischen und der praktischen Philosophie. Diese Analyse ist zwar sachlogisch gerechtfertigt, sie ist aber eben Analyse. In der Wirklichkeit sind diese beiden Seiten vereint. Das System ist also notwendig und einerseits Analyse, es ist aber auch die Synthese dieser analytisch gewonnenen Teile oder Momente. Dabei ist es aber Synthese in zweierlei Hinsicht: Erstens bindet es die Inhalte, die in der Analyse getrennt wurden, wieder zusammen und erzeugt damit die Einheit des Ich. Diese Einheit des Ich aber ist zugleich die Realität des Ich und das Wissen des Ich um die Realität im Sinne der Setzung oder Selbstsetzung. Die Einheit dieser inhaltlichen, sozusagen materialen Einheit und der formalen oder modalen Einheit bildet den eigentlichen Schluß des Systems, Einheit von Form und Materie. In ihr schließt sich das System auch auf der methodischen Ebene, denn der Beobachter hat sich selbst vollständig rekonstruiert, er ist bei sich selbst angekommen. Die vollständige Genese des Beobachters, das heißt der Anfangsbedingung des Systems wird zum Grund der Geltung des Systems. Insofern muß das System keine äußeren Bedingungen mehr in Anspruch nehmen, sondern kann sich schließen. Die Schließung des Systems ist der Grund der Wahrheit des Systems. Insofern ist das System selbst ein Ausdruck des Selbstbewußtseins, ein Sich-selbst-betrachten, und damit ist das System selbst der Akt der Freiheit schlechthin. So die Perspektive vom Anfang auf den Systemschluß. Methodisch zu Grunde liegt dabei der Akt der intellektuellen Anschauung, der im Gang des Systems seine eigene Wahrheit erfährt. Denn im Ausgang des Systems bleibt dieser Akt des Ich = Ich bloss hypothetisch. In ihm wird eine Antizipation vorgenommen, die selbst der Bewahrheitung, der Objektivierung bedarf. Diese Objektivierung erbringt die Kunst. Im künstlerischen Akt wird die Erfahrung des Ich real, die künstlerische Objektivierung in einer Materie tritt an die Stelle des Fichteschen Sollens, das damit – aus Schellings Sicht – noch einmal in seiner Subjektivität im Sinne der Vorläufigkeit und Noch-nicht-Wirklichkeit sichtbar wird. Demgegenüber vermag der künstlerische Akt sich real zu manifestieren und das Selbstbewusstsein des Ich mit seiner von ihm realisierten Welt in eins zu setzen.

Ich möchte mir an dieser Stelle erlauben, einige Fragen an diese Konzeption zu stellen, die in zwei Richtungen gehen. Zum einen möchte ich nach der Bedeutung fragen, die das transzendentale System, das Wissen des Wissens, in Bezug auf den größeren und letztbegründenden Rahmen der Zweiseitigkeit von Natur- und Transzendentalphilosophie bekommt. Obwohl die intellektuelle Anschauung, das unmittelbare Selbstverhältnis innerhalb der Transzendentalphilosophie, einen begründenden Charakter hat, ist es doch zugleich nur eine Station innerhalb des konzeptionellen Ganges. Die intellektuelle Anschauung wird selbst als ein Moment einer Seite, der Seite des Subjekts verstanden und ist so in seiner Bedeutung immer schon festgeschrieben. Die Perspektive des Systemschlusses positioniert die intellektuelle Anschauung immer schon innerhalb des Zusammenhanges, der den Ort ihrer reflexiven Realisierung und Vergewisserung bestimmt, eben die Kunst als Verbindung von Bewußtlosem und Bewußtem auf der Seite des Bewußten. Die intellektuelle Anschauung wird dabei als die subjektive Präsenz eines Unbedingten verstanden, das seinerseits Alles in sich enthält. Im Nachvollzug dieses Unbedingten ist die Richtung der Realitätsvergewisserung vorgezeichnet. Der Realitätsbeweis nimmt die Natur als Unbewußtes in Anspruch und schreibt damit die Vermittlung mit dem faktischen als solchem und seine Form vor. Es ist ganz offensichtlich, dass diese Vermittlung nur deshalb dem Primat der praktischen Vernuft und der damit verbundenen Weltfremdheit entgehen kann, weil diese Unbewußtheit, diese sozusagen prädisponierte Form des Ich, vorher als Potentialität in die Natur hineingelegt wurde. Neben dieser Disponiertheit der Natur wird auch der Begriff des Ich als vorgegebener Form der Vermittlung als Einheit von Begrenztem und Unbegrenztem verstanden. Damit wird auf der Seite der Subjektivität die auf die Natur immer schon bezogene, das heißt die entsprechende Disposition zunächst rein begrifflich definiert. Doch wird dabei der letzte und umfassendste Rahmen der Theorie in einer legitimen Weise in Anspruch genommen? Wird dabei die Natur nicht in einer Weise für die Konzeption in Anspruch genommen, die voraussetzt, was erst bewiesen werden müßte? Es ist dabei zunächst gleichgültig, unter welchem Titel dieser Ort steht, es stellt sich vielmehr die Frage, ob der von vornherein stimmige Einbau der intellektuellen Anschauung es ist, der es erlaubt, den Fichteschen Primat der praktischen Vernunft hinter sich zu lassen, und im Namen einer Entität oder besser gesagt, eines umfassenden und absoluten Prozesses zu sprechen, auf dessen Struktur man nur extrapoliert, und diese als Selbstbewußtsein versteht, von der man schließlich das einzelne Selbstbewußtsein als einen Teilvollzug versteht. Dabei wird dieser Gesamtprozess aber selbst nicht zureichend bewiesen und es stellt sich die Frage, ob er überhaupt bewiesen werden kann oder nur im Sinne einer begrifflichen Setzung behauptet werden kann. Wenn dem so ist, bleibt die transzendentale Methode hier in einer metaphysischen, durch ein bloße begriffliche Setzung vorgenommenen Rahmung. Es geht mir dabei nicht so sehr um die Zweiheit der Anfänge als solcher, sondern um deren zirkuläres Verhältnis. Schelling ist sicher nicht dogmatisch in dem Sinne, daß er die begrifflichen Bestimmungen am Anfang des Systems als unmittelbare Realität nimmt, aber er zeichnet durch sie eine Beantwortungsrichtung vor, er definiert die Beweislasten in einer Weise, durch die die Form des Realitätbezuges vorausgesetzt wird. Damit bleiben grundsätzliche Fragen nach der Realität dieser Setzungen, soweit sie irgendwie den Eintritt der Natur auf der Seite der Subjektivität betreffen, einfach abgeblendet. Woher weiß man denn, daß der Wirklichkeitskontakt so aussehen muß, wie Schelling ihn zuerst charakterisiert und dann angeblich in der Welt der Kunst tatsächlich findet? Es fehlt ein Nachweis der begrifflichen Setzungen, der nicht im Nachhinein stattfindet, sondern der das Zustandekommen der Setzungen selbst, insbesondere die Angemessenheit der Zweiteilung von Natur- und Transzendentalphilosophie beweist. Solange dies nicht getan ist, kommen, wie mir scheint, Genesis und Geltung nicht zu einer Einheit.

Damit bin ich bei der zweiten Frage, die die Form des Beweises und die Funktion der Kunst betrifft. Wird das Kunstwerk wirklich der philosophischen Deutung zugänglich? Vermag die Kunst, der Philosophie ihren Systemschluß zu verleihen? Es ist zweifellos lehrreich und interessant, den Schellingschen Begriff der Kunst an die Kunst auch dort zu halten, wo er selbst es nicht getan hat. Zumal das »System des transzendentalen Idealismus« ja keine konkreten beispiele gibt. Beginnt nicht Beethovens neunte Symphonie mit einem bebenden Geräusch, in das hinein oder aus dem heraus der musikalische Ton selbst plötzlich jäh aufleuchtet?[7] Ist der Fortgang dieser Symphonie etwas anderes als die Bestimmung dieses Woher des musikalischen Tones, eine Art Selbstschöpfungsgeschichte der Musik, die schließlich die menschliche Stimme ergreift, um den letzten Ursprung dieser, wie aller Harmonie auszudrücken? Der Übergang vom Notwendigen zum Freien, das Herauslösen der Musik aus der Welt und ihre Rückkehr zu ihr im Zeichen der göttlichen Harmonie, der Versuch der Neudefinition der Wirklichkeit im Zeichen der Kunst. Stellen Michelange-

---

7 Vgl. dazu die Äusserungen des Musikwissenschaftlers Hans Keller über die Interpretation des Anfangs der neunten Symphonie von Beethoven durch Furtwängler in der Sendung »Meisterdirigenten«, ausgestrahlt unter anderem am 7.10.2001 im Bayerischen Fernsehen. Furtwängler, der die neunte Symphonie als Weg vom Chaos zum Kosmos versteht, als Schöpfungsgeschichte, läßt den Anfang als blosses, spannendes Geräusch, nicht als Notenstruktur der Sextolen vernehmen. Nun muß man Furtwäglers Interpretation nicht zustimmen, doch auch der sehr positivistisch argumentierende Rexroth spricht von der melodischen Indifferenz der ersten Takte der neunten Symphonie. Vgl. Ludwig van Beethoven: 9. Sinfonie d-Moll, op. 125. Einf. und Analyse von Dieter Rexroth. 2. Aufl. Mainz 1988. Es ist klar, dass Schelling in seiner Philosophie der Kunst selbst ausführliche Beispiele im Sinne der Konkretion seiner Theorie gibt und dabei auch den Anspruch der Selbstbezüglichkeit einzulösen hat. Doch hier sollten eigene Beispiele gegeben werden, zumal am Ende des Aufsatzes versucht werden soll, die Aufgabenstellung der »Philosophie der Kunst« im Lichte des Problems, das das »System des transzendetanlen Idealismus« hinterlässt, erst zu bestimmen.

los Körper nicht die Beziehung des künstlerischen Geistes, des *intelletto*, wie Michelangelo sagt, mit der Materie, der Farbe, dem Marmor, dar, deren schiere Körperlichkeit als Schwere beständig sich dem Geist, der Freiheit und der inneren Energie der Körper widersetzt, und zeigen sie nicht so als Pathos des non-finito, als Darstellung des zutiefst problematischen Seins des Geistes in der Materie, als Verkörperung der Verkörperung die Selbstreferentialität der Kunst. Aus der Arbeit einer Studentin konnte ich erfahren, daß Kafkas Geschichten, man denke nur an »Das Schloß«, nichts anderes erzählen als ihr eigenes Entstehen, das beständige Übergehen von Notwendigkeit in Kontingenz und umgekehrt und die beständige irritierte und irritierende Reflexion eben darüber. Die Kunst scheint durchaus der darstellerischen Vergewisserung der eigenen Genese fähig, und in der Tat, welcher Epoche könnte es leichter fallen, von der Selbstreferentialität und Autonomie der Kunst zu sprechen als der Postmoderne?[8] Doch bieten diese durchaus Schellingianischen Ansichten der Kunst für ihren Charakter als Systemschliessung nicht ebensoviel Probleme als Lösungen? Denn wenn das System generell den Charakter der transzendentalen Deduktion hat und die Kunst den Systemschluss im Sinne einer generellen Wirklichkeitsreferenz als Bewußtsein des Bewußtlosen übernimmt, stellt sich die Frage, wo genau die Instanz dieses Wissens des Wissens, der Ort der Einsicht in den Beweis der Beweise lokalisiert ist. Die Lösung dieser Frage bedarf einer Zuordnung von Philosophie und Kunst, denn es ist ja letztlich die Kunst selbst und nicht die Philosophie der Kunst, die die Antwort auf die Frage gibt, die die Philosophie gestellt hat. Erst in der Einsicht der Kunst selbst wird die Philosophie der Kunst möglich. Mit Schelling gedacht, und die Anspielungen auf Beethoven, Michelangelo und Kafka sollten dies bekräftigen, ist die Kunst nicht nur, was sie ist, sondern sie weiß auch, was sie ist. Damit aber ist sie nach Schelling die Instanz, in der das Sein, die Welt, zu sich selbst, zu ihrem Selbstbewußtsein kommt. Ist sie das, ist sie diese ausgezeichnete Realisierung der Wahrheit, die sich hier selbst zu verstehen vermag und in ihrem Selbstverstehen die Realität der intellektuellen Anschauung bildet, so stellt sich offenkundig die Frage, was die Philosophie dazu noch zu sagen hat, bzw. dazu noch sagen kann. Wird die Philosophie dadurch nicht systematisch überflüssig und hat allenfalls noch eine pädagogische Berechtigung für das Verstehen von Kunst? Oder muß man nicht noch schärfer fragen:

---

8 So stellt Jaques Derrida in seinen »Aufzeichungen eines Blinden. Das Selbstporträt und andere Ruinen.« (Aus dem Franz. Von A. Knopp und M. Wetzel. München 1997) diese Tendenz des Kunstwerks zur Selbstreferenz gerade in dessen scheinbarem Scheitern dar.

Wie sollte überhaupt eine Interpretation dieses künstlerischen Geschehens noch möglich sein, wenn hier die Wahrheit ihren eigentlichen Ort hat und sich nur als Selbstbezüglichkeit erschließt? Spricht nicht die Philosophie, gerade indem sie die Selbstbezüglichkeit der Kunst anzeigt, sich selbst die Möglichkeit ab, darüber zu sprechen? Denn sie bleibt ja offensichtlich dieser realen Selbstbezüglichkeit in einem irreduziblem Maße äußerlich. Damit träte gewissermaßen die Kritik des Gorgias am Sein als einer Unzugänglichkeit in Kraft. Das Sein gibt es nicht; wenn es es aber gibt, so wäre es nicht zu erkennen; wäre es aber zu erkennen, so wäre es nicht mitteilbar. Der erste Aspekt dieser Frage, ob die Philosophie die Kunst verstehen kann, richtet sich also auf die mögliche Unzugänglicheit der Kunst. Damit würde die Kunst für die Philosophie wie die Natur ein Objekt, dem nur unterstellt wird, daß darin ein Verstehen oder Wissen ist. Die Symmetrisierung wäre nicht gelungen, die Kunst wäre auf die Naturseite entkommen. Der zweite Aspekt der Frage richtet sich auf die Philosophie. Muß die Philosophie nicht, um die Kunst zu verstehen, schon immer verstanden haben, was in der Kunst vor sich geht. Es scheint so, als ob Schelling genau diesen Zirkel durch seinen ganzen Systemaufbau aufzufangen vermag. Zunächst wird die intellektuelle Anschauung sozusagen als Hypothese, als Annahme des Subjekts über die eigene Struktur gemacht, deren Realität aber durchaus problematisch bleibt. Daher der weitere Gang des Gedankens als eines Erreichens der Realität als solcher, die schließlich im Verstehen der Kunst erreicht wird. Im Verstehen der Kunst wird diese Berührung der Realität selbst verstanden, die deren Beweis liefert. Die Realität der intellektuellen Anschauung zeigt sich hier. Doch hat die Philosophie in dieser Architektur überhaupt noch die Mittel, um ihre subjektive und vorläufige Position überwinden zu können? Denn es ist ja eben die Kunst, die in ihrer Objektivität und Selbstbezüglichkeit die Einheit von Genesis und Geltung stiftet. Kann dieser Ort, eben weil er diese Selbstbezüglichkeit hat, die Kraft, sich mit seiner eigenen Genese zu vermitteln, überhaupt von außen betrachtet werden? Offensichtlich kann er das nicht, denn dann müsste ja der Ort dieser Beobachtung den eigentlichen Schluß vollziehen. Schelling scheint dies sogar gewissermaßen zu formulieren, wenn er explizit der Philosophie der Kunst und nicht der Kunst die Schlußsteinfunktion zuspricht. Aber woher sollte die Philosophie der Kunst diese Einsicht nehmen, wenn nicht aus ihrem Bezug auf die Kunst? Dort vermitteln sich ja offenkundig Unbewußtes und Bewusstes im kreativen Akt? Auch würde es gar nicht helfen, sich auf die Person des Künstlers zu beziehen, denn der vollzieht ja nur im kreativen Akt selbst die objektive Anschauung seiner selbst. Wie kann es gedacht werden, dass dieser Ort der Selbstbezüglichkeit sich nicht eben als selbstbezüglicher abschliesst, sondern für andere Medien wie die Philosophie erfahrbar bleibt, wo doch die Philosophie explizit auf einen vorläufigen Charakter des Wissenkönnens beschränkt worden war? Hier taucht noch umgekehrt die Frage an die Philosophie auf, woher ihr Wissen in jenem hypothetischen Sinne stammt, woher der terminus a quo der Philosophie, wenn er selbst gar keine Berührung mit dem terminus ad quem nehmen kann, stammen soll. Wenn er jedoch nur aus ihrem terminus ad quem stammen kann, dann sind wir wieder bei der Selbstauflösung der Philosophie, die schon aus der ersten Fragerichtung drohte. Diesmal jedoch haben wir das vorhergehende und vorläufige Wissen der Philosophie selbst in Frage gestellt. Damit komme ich zu einer letzten Version der Frage, die sich auf den Aufbau des Systems insgesamt bezieht. Das System entsteht in seiner Differenziertheit dadurch, daß der Philosoph, der Konstrukteur des Gesamtsystems, analytisch vorgeht, das heißt, Getrenntheiten, Isoliertheiten erzeugt, die aber in der Wirklichkeit selbst nicht isoliert sind, sondern integrale Bestandteile der einen Synthesis, der einen zusammengehörigen Wirklichkeit. Die Teile selbst haben also einen ideellen Status, sie sind als solche nur im Auge des Betrachters, ihre Bestimmung ist beobachterabhängig. Wie kann es nun überhaupt sein, daß aufgrund solcher ideellen Faktoren eine Bestimmung des reellen Ortes der reellen Einheit und der Erfahrung davon bestimmt wird? Wie kann es insbesondere sein, daß dieser Ort, die Kunst, dieser Ort der reellen Einheit selbst ein bestimmter und isolierter Ort ist? Müßten nicht, um eine reelle Ortsangabe in diesem Sinne zu ermöglichen, die Trennungen, die zu dieser Ortsangabe führen, selbst einen reellen Charakter haben? Können die Analysen des Philosophen im Sinne des Systembaues reell sein, würden dadurch nicht Trennungen in das Absolute hineininterpretiert, die dort gar nicht sein können und damit einen rein theoriestrategischen Charakter bekommen, eben beobachterabhängig bleiben. Man wird erwidern, daß Schelling von Anfang an davon ausgeht, daß seine Differenzierungen einen sachlogischen Charakter haben, die Konzeption des Ich aus entgegengesetzten Tätigkeiten, die Konzeption der Nachahmung durch den Philosophen als reelle Beziehung auf den ursprünglichen Akt. Wie auch immer Schellings eigene Aussagen zur Beobachterabhängigkeit oder sachlogischen Begründung der Analysen, die das System als solches bilden, lauten mögen, damit die Ortsangabe über die Beweislast, die Möglichkeit der Realitätserfahrung selbst begründet ist, müßte dieses Verhältnis selbst schon definitiv gelöst sein. Die Konzeption des Ich aus zwei entgegengesetzten Tätigkeiten, die in der Kunst erst reale Objektivität erhält, müßte von Anfang an gesichert sein und damit müßte das Verhältnis der Nachahmung, in dem der Philosoph zum Absoluten steht, ebenfalls schon zweifelsfrei und real feststehen. Die Beobachterabhängigkeit und die sachlogische Struktur müssten immer schon koordiniert sein. Aber eben weil das feststeht, muß ja die Anweisung bzw. Ortsangabe für die Überprüfung der Realitätshaltigkeit erst konstruiert werden. Auf unsere anfänglichen Bemerkungen bezogen, stellt sich die Frage, ob Schelling nicht versucht, der Differenz zu entgehen, indem er versucht, in der Indifferenz zu bleiben, deshalb aber nur in das von Fichte so gefürchtete Oszillieren der beiden Seiten fällt.

Fassen wir unseren Gedanken zusammen und beziehen ihn zugleich auf wesentliche Positionen des transzendentalen Denkens. Die Frage der objektiven Realität, unseres Bezuges zur Wirklichkeit als solcher, hatte Kant in der transzendentalen Deduktion der reinen Verstandesbegriffe thematisiert. Diese Deduktion tritt an die Stelle des ontologischen Gottesbeweises, der in den Metaphysiken die Vermittlung von Begriff und Wirklichkeit übernommen hatte. Kant, wie wir alle wissen, hatte den ontologischen Gottesbeweis kritisiert, weil er einen nicht ausweisbaren Übergang vom Begriff zur Realität, von der Möglichkeit zur Wirklichkeit, von der Idealität zur Realität vorgetäuscht hatte. Der Übergang, den es in Hinsicht auf unsere Denkmöglichkeiten ganz generell erst zu beweisen galt, war in Hinsicht auf ein bestimmtes Objekt, Gott, als möglich vorausgesetzt worden. Fichte hatte dieser Irreduzibilität der Wirklichkeit als solcher, die allein und ausschließlich sich selbst beweist, entsprochen, indem er den Übergang von der möglichen Struktur des Ich als einer Selbstsetzung gegen Anderes, zur Realität dieser Selbstsetzung gegen und mit Anderem, von diesem Anderen schlechthin als dem sogenannten Anstoß abhängig gemacht hatte. Wirklichkeit läßt sich zwar als mögliche Strukturiertheit durch ein Ich denken, nicht aber als solche aus dem Gedanken ableiten. Schelling hingegen restauriert den ontologischen Gottesbeweis in gewisser Weise im System wieder, indem er einen Übergang von den subjektiven, antizipativen Formen der Wirklichkeitsbestimmung zur objektiven Realität der Kunst zu bewerkstelligen sucht. Weder die intellektuelle Anschauung, noch das Handeln oder das Wissen haben je selbst wirklichkeitskonstituierende Kraft im vollen Sinne, das heisst, mitsamt dem Bewusstsein dieser Wirklichkeitskonstitution.

Sollten jedoch Kunst wie Philosophie, also beide, diese Anfragen an das System zurückwiesen können, so möchte ich noch in aller Kürze anmerken, stellt sich das Problem der schieren Verdoppelung. Sowohl Philosophie als auch Kunst wissen von der Frage wie der Antwort und schließen so beide in gleicher Weise das System. Doch hier stellt sich sofort die Frage, wer weiß dann von der Übereinstimmung dieser beiden Wissensformationen und schließt so das System? Es folgt eine Iteration, die es wieder erforderlich macht, den Schlußstein des Systems zu setzen.

Akzeptiert man, dass der Text des »System des transzendentalen Idealismus« zu diesen Fragen keine Auskunft gibt, so stellt sich doch ein wesentlich positiver Ertrag ein, wenn man die Anfangsparagraphen der »Philosophie der Kunst« liest. Hier scheinen alle diese Fragen beantwortbar geworden zu sein. Denn die Philosophie kommt im Gefüge der Identitätsphilosophie jetzt zweimal vor. Einmal steht sie in Parallelität zur Kunst und drückt, wie die Attribute der Spinozaschen Substanz, dasselbe auf verschiedene Weise aus. Dieses Gefüge stimmt mit dem des »System des transzendentalen Idealismus« überein. Zugleich aber vermag die Philosophie hier auf den Ort der Identität selbst Bezug zu nehmen und den Ursprung von Kunst und Philosophie zu beobachten. Das ist der Gewinn des Identitätssystems. Im Rahmen dieses Aufsatzes sehen wir von einer weiteren Diskussion der methodischen Probleme der Identitätsphilosophie ab. Der Hinweis dient nur dazu, unsere Fragen so verstehen zu können, dass sie dem Schellingschen Denken nicht äußerlich bleiben und in dessen Dynamik eindringen. Insofern dient diese Abschlussbemerkung auch dazu, das differenztheoretische Instrumentarium in seiner Tauglichkeit für die Auseinandersetzung mit grundlegenden Texten der klassischen deutschen Philosophie plausibel zu machen.

Zusammenfassung: Das »System des transzendentalen Idealismus« Schellings beansprucht, die Wirklichkeit der Welt aus der Struktur der rellen Entgegensetzung zu verstehen. Genauer könnte man sagen, die Philosophie rekonstruiere die Selbstkonstruktion der Wirklichkeit. Dabei wird die Entgegensetzung von Natur und Subjektivität vorausgesetzt und diese Voraussetzung selbst soll und muß nun innerhalb der Subjektivität selbst verstanden werden. Der eigentliche Ort dieses Verstehens ist dabei für Schelling die Kunst. In dieser versöhnen sich die Paradoxe von Vorfinden und Selbstkonstruieren, von unbewußt und bewußt. Doch, so die Frage, wird die Aufgabe der Wirkllichkeitskonstruktion nicht immer schon in einer Weise gestellt und konsequenterweise auch gelöst, die selbst nicht mehr Gegenstand der Theorie wird? Setzt die Konzeption der reellen Entgegensetzung und der Einheit dieser Entgegensetzung nicht die Wirklichkeit selbst in einer Weise voraus, die den Theoriesprecher selbst schon setzt? Diese Frage stellt sich insbesondere, da der Theoriesprecher seine eigene Position nicht mehr mit der Kunst als solcher koordinieren kann, denn, wenn die Kunst der Ort der Selbstversöhnung des Sein, der eigentliche Ort der Selbstbeziehung ist, wie kann von außen darauf noch Bezug genommen werden?

Zur Diskussion

Erklärung

Mein Aufsatz »Fichtes und Schleiermachers Gotteslehre», der in Band 18 der »Fichte- Studien« (Amsterdam 2000) erschienen ist, enthält längere Passagen aus dem Aufsatz »Fichtes Gottesanschauung« von Prof. Dr. Wilhelm G. Jacobs, ohne dass sie als solche gekennzeichnet sind. (»Gott im Denken der Neuzeit«, hrsg. v. W. Jacobs und A. Franz, Paderborn 2000) Auch im zweiten Teil meines Artikels, in dem Schleiermachers Gotteslehre dargestellt wird, habe ich Formulierungen von Manfred Frank übernommen, ohne sie als solche zu kennzeichnen.

Ich bitte alle Beteiligten um Entschuldigung.

Prof Dr. Maciej Potepa

Editionspraxis in dürftiger Zeit am Beispiel der F. H. Jacobi-Werkeausgabe Band 3

Albert Mues (München)

Die Ausgabe verspricht die beste der neueren philosophischen Editionen zu werden.
Gustav Falke in der F.A.Z.

Wegen der derzeitigen knappen Geldmittel wird von den öffentlichen Geldgebern immer häufiger und intensiver verlangt, daß die Projektleiter die Notwendigkeit der Projekte, für die sie die Gelder eingeworben haben, ausführlicher theoretisch und praktisch begründen, theoretisch über die »Relevanz« der Vorhabens und praktisch über die Effektivität. Sie geraten unter Druck und müssen nicht selten schneller zu ihren Ergebnissen kommen, müssen früher ihre Forschungsergebnisse publizieren und müssen in der Editionspraxis prompter ihre Ausgaben der Öffentlichkeit vorlegen. Die eine historisch-kritische Edition begleitenden Kommentare sollen auf das Notwendigste beschränkt[1] und ebenfalls früher fertig werden. Es wird

---

1 Vgl. Wilhelm G. Jacobs: »In Rezensionen historisch-kritischer Ausgaben wird man öfter mit der vorwurfsvollen Frage konfrontiert, ob denn die Informationen alle erforderlich seien. Welche Informationen nicht erforderlich seien, hat nach Kenntnis des gegenwärtigen Rezensenten allerdings noch kein Fragesteller verlauten lassen. Die Konkretisierung des Vorwurfs, die Edition sei mit Information überfrachtet, wäre für die jeweiligen Editoren hilfreich. Detaillierte und begründete Einwände werden Editionen nicht unberücksichtigt lassen können, pauschale Vorwürfe dagegen liefern höchstens denjenigen Argumente, die die Mittel für Editionen gerne anderswo eingesetzt sähen.« Philosophisches Jahrbuch, Jg. 99, 1. Halbbd. (1992), S. 202.

zur Eile gedrängt. Das Resultat ist, daß oberflächlicher, flüchtiger, ungenauer gearbeitet wird, daß zu schließende Forschungslücken offen bleiben. Es sollen die Ergebnisse aber weiterhin in der Gestalt der historisch-kritischen Edition das Licht der Welt erblicken. Sie erwecken damit den Anschein, daß auch sie, in der Aura der alten Ausgabenpraxis entstanden, jenem alten Anspruch genügen, es werde wie gewohnt sich zwischen ihren Buchdeckeln solide Arbeit finden. Die Verläßlichkeit, in früheren Zeiten erworben, wird auch diesen Publikationen zugute gehalten. Dann wird hinter einer solchen, schließlich fertiggestellten Ausgabe für die folgenden hundert Jahre die Tür zugeschlagen. Einer neuen Ausgabe bedarf es ja in dieser Zeit nicht, da steht ja eine frisch entstandene im Glanz ihrer neuen Buchrücken.

Welche Folgen diese verordnete Eiligkeit zeitigt, soll an einem im Jahr 2000 erschienenen Band einer laufenden historisch-kritischen Ausgabe gezeigt werden, Folgen, denen auch die künftigen Bände ausgesetzt sind. In diesem Sinne kritisch vorgestellt werden soll hier ein Band der Friedrich Heinrich Jacobi Werke Gesamtausgabe herausgegeben von Klaus Hammacher und Walter Jaeschke, und zwar der dritte Band: Friedrich Heinrich Jacobi · Schriften zum Streit um die göttlichen Dinge und ihre Offenbarung · Herausgegeben von Walter Jaeschke. Meiner · frommann-holzboog Hamburg 2000.

Die folgende Beurteilung kann auch als Ergänzung für Text und Kommentar dieses Bandes genommen werden.

Diese »Friedrich Heinrich Jacobi Werke Gesamtausgabe« (künftig »JWA«) ist als historisch-kritische Ausgabe angelegt. Vgl. das Vorwort des ersten Bandes: »Trotz der großen Bedeutung seines [Jacobis] Werkes blieb eine historisch-kritische Edition lange ein Desiderat, das die mit diesem Band beginnende Ausgabe der Werke Jacobis erfüllen soll.« (JWA 1,1, S. VII). »[...] den Auftrag [...], die Schriften Jacobis in historisch-kritischer Form neu herauszugeben.« (Ebd., S. VIII) Dies gilt demnach auch für Band 3.

Dieser Band 3 hat kein *historisches* Literaturverzeichnis. Es läßt sich nicht übersehen oder im Register schnell finden, auf welche zeitgenössische Literatur Jacobi anspielt, was herangezogen und diskutiert wird und was nicht. Es ist nicht unwichtig, überblicken zu können, was von Jacobi *nicht* verwendet wurde. Der Band hat auch kein Verzeichnis der zitierten oder in Anspielungen vorkommenden Bibelstellen (und das bei einem Werk über die ›göttlichen Dinge‹). Ihm fehlt auch ein Sachregister, was den Wert einer solchen Ausgabe sehr mindert. Das Personenregister ist uneinheitlich. Dies alles gilt auch über den zuvor erschienenen Band 1.

Da eine Quellenedition gezielt genutzt wird, entscheidet die Güte der Register über ihren Wert und ihre Brauchbarkeit. Ein Hinweis auf Raubdrucke – mindestens einer ist bisher ausfindig gemacht worden – fehlt.

Jacobis »Kladden«, also die seine Werke und seine Arbeiten begleitenden Notizen, werden – etwa zur Entstehung dieses Werks – nicht herangezogen. Es fällt auf, daß gegenüber der JWA 1 wesentlich spärlicher kommentiert wird. So bleiben die in Jacobis Schrift »Von den Göttlichen Dingen« genannten Personen fast ausnahmslos ohne Kommentar. Zu dieser Uneinheitlichkeit wird aber nichts bemerkt; es wird nichts angegeben über möglicherweise geänderte Editionsprinzipien.

Der Titel dieses Bandes 3 der historisch-kritischen Ausgabe lautet: »Schriften zum Streit um die göttlichen Dinge und ihre Offenbarung«. Der Titel des Werkes von Jacobi lautet hingegen: »Friedrich Heinrich Jacobi von den Göttlichen Dingen und ihrer Offenbarung«. Jacobis Anliegen war es nicht, Streitschriften zu verfassen. Die hier enthaltenen Schriften sind auch nicht auf Polemik zugeschnitten. Seine Veröffentlichung »Von den Göttlichen Dingen« besteht aus drei Schriften:

1. »Ueber eine Weissagung Lichtenbergs«,
2. die sogenannte ›Claudius-Rezension‹,
3. die nach dem Gesamttitel bezeichneten Ausführungen ›Von den göttlichen Dingen und ihrer Offenbarung‹, und dazu
4. ein »Nothwendiger Vorbericht«.

Die erste Schrift erschien unter ihrem Titel schon 1802. Die zweite Schrift ist schon für die Jubilate-Messe 1798 angekündigt und war nahezu fertiggestellt. Die dritte Schrift ist möglicherweise auch um diese Zeit schon konzipiert. Und die vierte Schrift ist nichts anderes als ein kurzer Bericht über die Entstehung des Ganzen. Alle vier Schriften sind keine Streitschriften. Zum Streit*objekt* wurden sie allerdings, aber erst durch »F. W. J. Schellings Denkmal der Schrift von den göttlichen Dingen etc. des Herrn Friedrich Heinrich Jacobi und der ihm in derselben gemachten Beschuldigung eines absichtlich täuschenden, Lüge redenden Atheismus« aus dem Jahr 1812. Doch zeigte auch nach Erscheinen von Schellings Schrift Jacobi keine Absicht, darauf zu antworten und einen Streit zu beginnen. Vgl. seinen Brief an Jakob Friedrich Fries: »Schellings grimmigen Ausfall gegen mich haben Sie nun gewiß gelesen. [...] Ich werde dem Nichtswürdigen nichts antworten [...].« Und im ›Vorbericht‹ zu seinen Werken wiederholt er im Band 3, der u. a. diese Schriften aufnimmt: »Ich beharre bei meinem gleich damals gefaßten Entschluß, es einzig und allein dem Werke selbst zu überlassen, sich und seinen Urheber zu vertheidigen.« (JWA 3, S. 157; WW^2 III, S. 247)

Die jetzige Wahl des Werketitels berücksichtigt nicht die Vorgeschichte, blickt aus späterer Sicht und wird Jacobis Ansinnen nicht gerecht. Jacobis ›Von den Göttlichen Dingen‹ ist kein Werk »zum« Streit. Eine solche Formulierung legt nahe, seine hier versammelten Schriften wären ein Beitrag zu einem bestehenden Streit. Sie lösten allerdings einen Streit oder vielmehr nur eine Streitschrift – die Schellings – aus, an dem Jacobi jedoch nicht teilnahm. Hier herrscht schon Interpretation.

Wenn Wilhelm Weischedel in seiner Ausgabe – die ja nicht historisch-kritisch sein will – den Titel wählt »Streit um die göttlichen Dinge«[3], so ist er dazu berechtigt, schließt er in diese Ausgabe ja auch Schellings Schrift ein, wie ebenso die Ausgabe »Philosophisch-literarische Streitsachen« (Hamburg 1994) durch den Herausgeber Walter Jaeschke. Durch einen vom Herausgeber gewählten, zusammenfassenden Titel, der jedoch einem historisch-kritischen Band vorangestellt wird, entrichtet ein jedes editorische Vorhaben, das – wie dieses – nicht chronologisch, sondern nach Themen ordnend vorgeht, einen hohen Preis: Es trägt zusammen und überschreibt durch einen vereinigenden Titel, was gewöhnlich historisch weit auseinanderliegt. Wie problematisch die Veröffentlichungspraxis nach Themen ist, zeigt auch der S. 163 als »Beilage (1814/1815)« betitelte »Entwurf zum Vorbericht zu der gegenwärtigen neuen Ausgabe« S. 165f. Dieser ›Entwurf‹ steht auf einem Blatt aus dem *Nachlaß* Jacobis. Er ist keine seinem Buch angehängte ›Beilage‹. Er gehört also gar nicht in eine Werkeausgabe. Wird er – eben der thematischen Nähe wegen – dennoch gebracht, so hätte er schon im Druckbild abgesetzt werden müssen von den tatsächlichen Werke-Schriften.

Es folgt nun eine Beurteilung einzelner Stellen der jeweils ersten Seiten der drei Hauptschriften dieses Bandes der Werkeausgabe (JWA 3), beginnend mit dem Titel. Die *eingerückten* Zeilen zitieren oder verweisen mit Seiten und Zeilenangabe auf die jeweils beurteilte Text- oder Kommentarstelle im Band 3 dieser Ausgabe. Um die Stellen auch in WW aufsuchen zu können, werden sie in dieser Beurteilung in Klammern hinzugesetzt.

S. 1, Z. 3: Zu »Göttlichen Dingen« im Titel (WW III, S. 245)

---

2 Friedrich Heinrich Jacobi‹s Werke. Erster *bis* Sechster und letzter Band. Leipzig 1816-1825. (Künftig: WW)

3 Streit um die göttlichen Dinge Die Auseinandersetzung zwischen Jacobi und Schelling mit einer Einleitung von Wilhelm Weischedel. Darmstadt 1967. (Künftig: Weischedel)

Es wird kein Kommentar gegeben. Vgl. aber A. W. Schlegel an Madame G. de Staël, 12.1.1812: »Ein herrlicher Titel!«, also offenbar seinerzeit ungewöhnlich. Klaus Hammacher verweist in seinem Aufsatz »Jacobis Schrift ›Von den göttlichen Dingen‹« (Hammacher, *in* Streitsachen 3[4], S. 134 Anm. 42) auf Claudius, dem Jacobi die Formulierung zu verdanken habe. In seiner Übersetzung von Bacons »De dignitate« VII. Teil (1803) wähle Claudius dieses Wort. Claudius äußert auch schon in einem Brief vom 12.2.1792 gegenüber der Fürstin Amalia v. Gallitzin, Taulers Lieder können »den Satz des Opitz rechtfertigen, daß die Poesie anfänglich ein Unterricht von göttlichen Dingen gewesen sei.« Und dies wird Jacobi von der Fürstin erfahren haben. Vgl. auch Annelen Kranefuss: Es gibt was Besseres in der Welt. *In:* Jörg-Ulrich Fechner (Hrsg.): Matthias Claudius 1740-1815. Tübingen 1996. *S. 182 Anm. 4.*

> S. 1, Z. 6-8: Motto von Joh. von Müller] »Es giebt unempfängliche Zeiten, aber, was ewig ist, findet immer seine Zeit.« (WW III, S. 245) und dazu der Kommentar [1],6-8 Es giebt ... M ü l l e r.] *Das Zitat hat sich leider nicht nachweisen lassen [...].*

Das Zitat ist nachweisbar! Es steht – ein Hinweis Michael Brüggens – in: Der Geschichten Schweizerische Eidgenossenschaft Fünften Theils erste Abtheilung. Durch Johannes von Müller. Leipzig, 1808. S. 167: »Es giebt unempfängliche Zeiten, aber was ewig ist, erlebt immer seine Zeit.« Es ist der dem Zeitpunkt der Veröffentlichung der ›Göttlichen Dinge‹ zeitlich nächstliegende Band v. Müllers (und übrigens sein letzter zu seinen Lebzeiten erschienene Band). Jacobi besaß diesen Band; siehe KJB[5] 1947. Es war daher naheliegend, das Zitat dort zu finden. Es ist natürlich von Bedeutung, in welchem Zusammenhang das Motto v. Müllers, das Jacobi gewählt hat, steht: Es geht dort um den Tyrannenmord, aber nicht nur hier, sondern auch unten; vgl. den – leider fehlenden – Kommentar zu S. 13, Zeile 27. – Die Formulierung *Das Zitat hat sich leider nicht nachweisen lassen* legt nahe, man habe das Werk v. Müllers vergeblich durchsucht,

---

4 Klaus Hammacher: »Jacobis Schrift ›Von den göttlichen Dingen‹«. *In:* Religionsphilosophie und spekulative Theologie Der Streit um die Göttlichen Dinge (1799-1812) Hrsg. von Walter Jaeschke. *Band 3,* Hamburg 1994. (Künftig: Hammacher, *in* Streitsachen 3)

5 Die Bibliothek Friedrich Heinrich Jacobis Ein Katalog Bearbeitet von Konrad Wiedemann Unter Mitwirkung von Peter-Paul Schneider. *2 Bände,* Stuttgart - Bad Cannstatt 1989 (= Friedrich Heinrich Jacobi Dokumente zu Leben und Werk Herausgegeben von Michael Brüggen, Heinz Gockel und Peter-Paul Schneider. *Band 1,1 u. 1,2.* (Künftig: KJB mit Katalognummer)

und Jacobi müsse es daher nur mündlich empfangen oder aber nach unbekannter Vorlage umformuliert haben.

> S. 3, Z. 2f.: Zu »Hamburgischen unparteiischen Correspondenten« (WW III, S. 257)

Kein Kommentar. Es hätte aufgezeigt werden müssen, was sich hinter diesem »Correspondenten« verbirgt; eine Person, eine Zeitung, eine Zeitschrift, und wann erschienen?

> S. 3, Z. 3f. »Anzeige des VI. Bandes der sämmtlichen Werke des Wandsbecker Boten« und dazu der Kommentar 3,3-4 Anzeige des ... Wandsbecker Boten] *S. unten, 35,1-72,28.*
> [Der vollständige Text, S. 3, Zeile 3-6] »Die folgende Schrift ist aus einer für den Hamburgischen unparteiischen Correspondenten bestimmten Anzeige des VI. Bandes der sämmtlichen Werke des Wandsbecker Boten, zu der ich mich gegen meinen Freund Perthes anheischig gemacht hatte, entstanden.« (WW III, S. 257)

Der Kommentar verweist mit *»S. unten, 35,1-72,28*« auf die gesamte Rezension Jacobis. Gemeint ist aber eine »Anzeige«, und die hätte nachgewiesen werden müssen. Die »Staats- und Gelehrte Zeitung des Hamburgischen unpartheyischen Correspondenten« bringt »Anno 1797 (Am Mittewochen, den 28. Junii.) Num. 102« unter »Von gelehrten Sachen« dies: »Nachricht. Aller guten Dinge sind zwar eigentlich nur Drey; aber ich kann mir nicht helfen, ich muß zu Michaelis a. c. den Sechsten Theil meiner Sämmtlichen Werke herausgeben [...]. [...] Asmus.« Dies ist Matthias Claudius' Einladung zur Pränumeration. Sie war Jacobi bekannt. Sie erschien etwa ein Jahr vor Claudius' VI. Theil seiner ›Sämmtlichen Werke‹, was uns verständlicher macht, warum Jacobi anfangs spontan plante, nur den sechsten Band dieser ›Sämmtlichen Werke‹ zu rezensieren, wie er ja auch ankündigt (siehe die unten nachgelieferte Ergänzung zur Kommentarstelle 3,26-29). Tatsächlich beschränkt er sich ja dann nicht auf die Besprechung des sechsten Teils.

Übrigens: Im Kommentar zu 35,3 werden Claudius' »Sämmtliche Werke des Wandsbecker Bothen« bibliographisch belegt unter *»Hamburg und Wandsbeck 1775-1812«*, also alle Bände dort; jedoch im Literaturverzeichnis (S. 249) unter *»Hamburg und Wandsbeck (Teil 8 nur Wandsbeck) 1775-1812«*. Man hofft offenbar, eine der beiden Angaben wird wohl richtig sein. Doch leider nicht: Teil 8 erschien 1812 tatsächlich in Altona; vgl. dessen Rückseite des Titelblattes: »Altona, gedruckt in der

Hammerich- und Heineking'schen Buchdruckerey.« Die Wahl dieses Druckortes hat einen zeitgenössisch delikaten Hintergrund: Altona war dänisch, und Claudius wollte der Zensur entgehen. Vgl. Claudius-Ausstellung,[6] S. 162. – Und da gewöhnlich durch die ›KJB‹-Angabe nachgewiesen wird, daß Jacobi ein bestimmtes Werk in seinem Besitz hatte, warum nicht auch hier (statt nur im Literaturverzeichnis)? Jacobi besaß Claudius' ›Sämmtliche Werke‹ natürlich; er hatte diese in einer testamentähnlichen Schenkung seiner Schwester Susanna Helene übermacht; vgl. KJB, S. XIIIf.

> S. 3, Z. 25f.: der Druck des m i ß l u n g e n e n V e r s u c h s auch wirklich begonnen]
> [Der Satz vollständig:] »Der Vorschlag wurde [von Jacobi] angenommen, und bald darauf der Druck des m i ß l u n g e n e n V e r s u c h s auch wirklich begonnen.« (WW III, S. 258)

Kein Nachweis und kein Kommentar! Statt auch im Kommentar steht nur im ›Editorischen Bericht‹ dieser Ausgabe, S. 178, die Bemerkung:

> *»Es haben sich jedoch keine Exemplare dieser Schrift auffinden lassen.«*

Doch die Exemplare lassen sich belegen! Es sind tatsächlich zwei Bogen (= 2 x 16 Seiten) gedruckt worden. Vgl. Staats- u. Universitätsbibliothek, Hamburg, Sign. A/49498; (die folgenden »[]«-Klammern im Original): »Misslingender Versuch einer parteiischen Beurtheilung der Sämtlichen Werke des Wandsbecker Boten für den unparteiischen Hamburger Correspondenten / [Friedrich Heinrich Jacobi] [S.*ine* l.*oco*, ca. 1798] 32 S. Lt. Beigefügter hs. Notiz von Christian Friedrich Wurm ist dieser Druck zwar im Meßkatalog 1798 angekündigt, aber nie erschienen.«, d. h. nicht als eigenständige Schrift erschienen. In Hamburg sind die beiden Bogen seit dem zweiten Weltkieg möglicherweise Kriegsverlust. Wolfgang Stammler: Matthias Claudius der Wandsbecker Bothe Ein Beitr. z. dt. Literatur- u. Geistesgeschichte Halle a. d. S. Buchh. des Waisenhauses, 1915, weist den Beginn des Drucks ebenfalls nach, S. 274, Anm. 114: »Mißlungener Versuch einer parteiischen Beurteilung der sämtlichen Werke [...]; die Aushängeexemplare der beiden Bogen auf der Hamburger Stadtbibliothek.« Ebenfalls schon Carl Moenckeberg: Matthias Claudius ein Beitrag

---

6 Matthias Claudius 1740-1815 Ausstellung zum 250. Geburtstag. Heide in Holstein 1990. (Künftig: Claudius-Ausstellung)

zur Kirchen- und Litterar-Geschichte seiner Zeit Hamburg 1869 (= Gallerie Hamburg. Theologen 6. Bd.), S. 416, Anm. 51.

Es ist für eine historisch-kritische Werkeausgabe ein Muß, einen solchen vorausgehenden Druck zu belegen und – wenn möglich – auch aufzufinden, ist er doch Teil dieses zu edierenden Werkes (so auch das Vorwort in JWA 1,1, S. VII), zumal in diesem Fall dann hätte verglichen werden können, was Jacobi gegenüber dem endgültigen Druck (1811) geändert hat. Schließlich geht aus dem Titel dieses (Probe-)Drucks hervor, daß Jacobi alle bisher erschienenen ›Asmus‹-Bände besprechen wollte, und nicht nur den Teil VI, wie er dann im ›Allgemeinen Verzeichnis der Bücher ... Michaelismesse 1798‹, S. 371, wieder ankündigt; s. die Angabe zur nächsten Kommentarstelle. Dies ist (Vor-)Geschichte des Werkes, und die gehört in eine historisch-kritische Ausgabe. Im übrigen sind diese beiden Bogen vermutlich noch in einem der norddeutschen Archive zu finden.

In die Vorgeschichte von Jacobis Werk gehört auch, und dies hätte erwähnt werden müssen, daß Jacobi eine ihr geltende ›Werkkladde‹ angelegt hatte. Vgl. die Eintragung in Jacobis ›Kladde‹ VII,120: »In der Kladde z. mißl. Vers. nachzusehen [...].« (Schneider,[7] S. 70f.) Zudem hätte das Vorhaben, den ›Mißlungenen Versuch‹ historisch-kritisch zu edieren, auch die Aufgabe eingeschlossen, nach dieser z. Zt. verschollenen ›Werkkladde‹ mal wieder zu suchen.

> Zu Kommentar 3,26-29 Die Schrift . . . angezeigt.] »*Diese Angabe trifft nicht vollständig zu. [...] Siehe* Allgemeines Verzeichnis [...]. *Leipzig o. J.*«
> [Jacobis Wortlaut vollständiger:] »Die Schrift sollte in der Jubilate-Messe 1798 erscheinen, und findet sich auch in dem Meß-Catalog desselben Jahres unter den fertig gewordenen Büchern angezeigt.« (WW III, S. 258)

Hier hätte zum Lemma »angezeigt« doch der Wortlaut von Jacobis A n - z e i g e seiner hier edierten Schrift folgen müssen. Und zwar etwa so: »Jacobis Anzeige, S. 371, lautet: ›Versuch, mislungener, einer partheiischen Anzeige des sechsten Thls. von Asmus omnia sua sec. port. für d. Hamburg. unparth. Correspondenten. 8. Hamburg, Perthes.‹« Dies hätte Jacobis Absicht belegt, daß er jetzt nur den Teil VI rezensieren wollte.

7 Peter-Paul Schneider Die ›Denkbücher‹ Friedrich Heinrich Jacobis Stuttgart - Bad Cannstatt 1986. (Künftig: Schneider)

Zu Kommentar 3,30-4,2 (WW III, S. 258) Ein Zufall ... denken erlaubte.] *J. spielt wahrscheinlich an auf [...] seine Übersiedelung von Hamburg nach Eutin im Jahre 1798. [...]*

zusammen mit der

Kommentarstelle 35,2-3 (WW III, S. 263) A s m u s , B o t e z u W a n d s b e c k ,] *[...] 1795, als J. vor der Besetzung des Rheinlandes durch französische Revolutionstruppen ausgewichen ist, hat er als Nachbar von Claudius in Wandsbeck und dann längere Zeit in seinem Umkreis in Eutin gelebt. [...]*

Hier stimmt nun mindestens z e i t l i c h nichts! Am 28.9.1794 verläßt Jacobi Düsseldorf und Pempelfort und reist nach Wandsbek (übrigens so, und nicht »Wandsbeck«, wie im Kommentar); seit 10.12.1794 ist er in Emkendorf bei den Reventlows. Vgl. Jacobis Brief von dort vom 18.12.1794. Im Winter 1795/96 lebt er in Eutin; 1797 übersiedelt er endgültig nach Eutin: »1797 läßt sich Friedrich Heinrich Jacobi [...] als direkter Nachbar Stolbergs in der Achterstraße in Eutin nieder« (Brigitte Schubert-Riese: Das literarische Leben in Eutin im 18. Jahrhundert. Neumünster 1975. S. 13), mit zeitweiligem Aufenthalt in Hamburg, so Jacobi aus Hamburg an Franz v. Baader, 16.12.1797: »Seit dem 12. Oktober wohne ich in der Stadt Hamburg selbst, am Dammthor, in des Instrumentenmachers Barner's Haus.« (Am 24.1.1798 ist er noch dort, aber eben nur vorübergehend.) 1798 erwirbt er in Eutin das Haus in der Achterstraße, in dem er schon lebt.

[...] in seinem [Claudius‹] Umkreis [...].

Nein, es war der Umkreis der v. Stolberg-Stolbergs (und dazu gehörten Claudius, die v. Reventlows, Schimmelmanns, auch die Reimarus); mit dem Ehepaar v. Stolberg-Stolberg stand Jacobi (bis zu deren Konversion in Münster am 1.6.1800) in »innigster Vertrautheit« (vgl. die nur handschriftlich vorliegenden Aufzeichnungen von Jacobis Sohn Georg Arnold: ›Auf Bernhards Anfragen ...‹).

Übrigens, durch die Zitatauslassung innerhalb des Zitates in der ersten Kommentarstelle (3,40 bis 4,2) hängt das »er« auf S. 192, Z. 2: Wer ist »er«? Pfaff oder Schlosser? Und das »hier« in Zeile 4 klärt nicht, ob Doberan oder Eutin gemeint ist.

> Kommentar 4,10-11 (WW III, S. 259) Für den B r i e f a n F i c h t e … entwendet] *Die aus der Originalfassung der Rezension in die Erstauflage [...] übernommenen [...] Passagen [...].*

Es muß heißen »[...] nach Jacobis Angaben in die Erstauflage [...]«; denn die Originalfassung liegt dem Herausgeber doch gar nicht vor.

Es werden *zwei* entwendete Stellen aus der Erstauflage 1799 von ›Jacobi an Fichte‹ angegeben, S. 25 und S. 45-48, und damit Vollständigkeit suggeriert. Mindestens eine dritte Stelle hätte genannt werden müssen, die Jacobi in ›Jacobi an Fichte‹, S. 74, so einführt: »Ich finde es gut die im Text angeführte Stelle hier in dem Zusammenhange, den sie in der Handschrift hat, aus der ich sie genommen, mitzutheilen.« Es ist die Stelle ebd., S. 74-77; sie wäre hier im Kommentar zu 53,15 bis 55,15 (WW III, S. 300-305) zu belegen gewesen.

> 4,11-14 Noch viel mehr . . . Jahrhunderts.]
> [Jacobis Wortlaut vollständig:] »Noch viel mehr entwendete ich derselben [der Schrift ›Mißlungener Versuch‹] auf Reinholds dringende Bitte für die von ihm herausgegebenen Beyträge zur leichteren Uebersicht des Zustandes der Philosophie beym Anfange des neunzehnten Jahrhunderts.« (WW III, S. 259)

Und genau das bestätigt auch Jacobi in seinem »Vorbericht« zu »Ueber das Unternehmen ...«[8], S. 1; WW III, S. 61: »Die ersten Blätter des folgenden Aufsatzes sind aus einer vor mehreren Jahren angefangenen Schrift des Verfassers genommen [...].« Und diese Bemerkung zu zitieren wäre hier angebracht gewesen.

Es wird hier nicht angegeben, was Jacobi aus seinem Beitrag »Ueber das Unternehmen ...« wieder aufnimmt, obwohl in der vorangegangenen Anmerkung Stellen, wenngleich nicht alle, nachgewiesen werden, die er wieder aus dem Jahre 1799 hervorholt. Demnach ist es auch hier zu fordern. Hier wäre zu kommentieren gewesen, daß Jacobi aus seiner Schrift »Ueber das Unternehmen ...« aus S. 21 (WW III, S. 84) einen Passus leicht verändert übernimmt, der hier auf S. 73 als die Zeilen 25-29 zu finden ist. (WW III, S. 341)

8 Ueber das Unternehmen des Kriticismus, die Vernunft zu Verstande zu bringen, und der Philosophie überhaupt eine neue Absicht zu geben. Von Friedr. Heinr. Jacobi. *In:* Beyträge zur leichtern Uebersicht des Zustandes der Philosophie beym Anfange des 19. Jahrhunderts. Herausgegeben von C. L. Reinhold, Prof. in Kiel. Drittes Heft. Hamburg, bey Friedrich Perthes 1802. (Künftig: »Ueber das Unternehmen ...«)

Darauf hinzuweisen wäre sehr nötig gewesen, denn hier – S. 73, Z. 27f. (WW III, ebd.) – schreibt nämlich Jacobi: »(lehrte und wiederholte er [Kant] in allen seinen Werken)«. Der Kommentar 73,24-29 zu dieser Stelle bemerkt dazu allerdings nur:

> *J.s weitergehende Aussage,* in allen seinen Werken *habe Kant dies wiederholt, läßt sich nicht in gleicher Weise belegen [...].*

Der Kommentar hätte aber in »Ueber das Unternehmen ...«, S. 21 (WW III, S. 84f.), die dortige Anmerkung finden und bringen müssen; denn dann sähe man, was Jacobi meint. Jacobi schreibt dort: »Man sehe alle Kantischen Kritiken. Das oben Gesagte [es sind ja nahezu dieselben Zeilen damals, 1802, und jetzt, 1811!] findet sich aber hinlänglich belegt allein schon in der Kr. d. r. Vernunft. S. 394. unten, und in der dazugehörigen Note S. 395.; ferner S. 491, 825, und an noch vielen anderen Stellen desselben Werks. Ich merke hiebey noch an, aus den metaph. Anfangsgr. d. Naturwissenschaft, Vorrede. S. XXIII. daß allgemeine Metaphysik Transcendentalwissenschaft, und Transcendentalwissenschaft allg. Metaphysik ist. Dort heißt es S. XXI und XXII [hier sehr gekürzt]: ›Wenn es erlaubt ist, die Grenzen einer Wissenschaft [...] nach dem Z w e c k e , den man selbst zum anderweitigen Gebrauche vor Augen hat, zu zeichnen [...] um zur Erkenntniß dessen, was gänzlich über alle Grenzen der Erfahrung hinausliegt, von G o t t, F r e y h e i t und U n s t e r b l i c h k e i t zu gelangen [...].‹«

S. 4, Z. 12 (WW III, S. 259): auf Reinholds dringende Bitte]

Kein Kommentar. Wer ist Reinhold? Woher und seit wann kennen Jacobi und Reinhold sich? Warum wird dies nicht kommentiert, wo doch die Bekanntschaft Jacobi – Claudius eine so ausführliche Kommentierung in der Kommentarstelle 35,2-3 findet? Wann erfolgte die Bitte, evtl. in welchem Brief? Vgl. Jacobis Brief an Reinhold vom 3.3.1801: »[...] zugleich drangest Du in mich, meinen versprochenen Aufsatz zu Deinen Beiträgen zu liefern.« Vgl. auch Jacobis Bemerkung in »Ueber das Unternehmen ...«, S. 2 (WW III, S. 62): »Da mein Freund Reinhold mich in den Osterferien des vorigen Jahres [1800] besuchte [...].« Ostern war der 13./14. April. Würden solche Stellen herangezogen, gäben sie dem hier edierten Werk eine Perspektive in die Zeit.

S. 4, Z. 24: ihres zweyten Theils]

> [Jacobis Text vollständiger, ebd. Zeile 17-24:] »Dagegen war der andre [Raub], für die Reinholdischen Beyträge, so ansehnlich, und es war bey seiner Entführung von einem Ort an einen andern auf eine solche Art mit ihm zu Werk gegangen worden, daß der Schrift, die ihn erlitten hatte, wenn ihre Vollendung von dem Verfasser noch einmal beschlossen werden sollte, nach jener Begebenheit nicht anders mehr zu helfen war, als durch eine ganz neue Verfassung ihres zweyten Theils, welches der entführte war.« (WW III, S. 259f.)

Was ist mit »ihres zweyten Theils« gemeint? Kein Kommentar. Siehe die hier folgende Anmerkung.

> S. 4, Z. 26-29: »So oft ich bey Gelegenheit den ersten Theil des Werks, oder einzelne Stellen daraus Freunden vorlas, wurde ich jedesmal auf das dringendste ermahnt, es nicht in diesem unvollendeten Zustand zu lassen. Aber wirklich dazu bewogen worden bin ich zuletzt durch mich selbst.« (WW III, S. 260)

Zu dieser Stelle gibt es auch keinen Kommentar. Was meint Jacobi mit »ersten Theil des Werks«? Vgl. Jacobis Brief aus München an Jean Paul, 13.9.1809 (Auserlesener Briefwechsel, Bd. II, S. 413; siehe auch ›Editorischer Bericht‹, S. 182): »Ich bin gegenwärtig daran, mein altes, vor 13 Jahren in Hamburg angefangenes Werk über Offenbarung zu vollenden. Ob ich es wirklich noch zu Ende bringen werde [...]«

Also: Wenn Jacobi über ein ›a l t e s ... a n g e f a n g e n e s Werk über O f f e n b a r u n g‹ spricht, ein vor 13 Jahren, demnach 1796 begonnenes Unternehmen, dann meint er doch nicht nur eine Claudius-Rezension, zumal dort ›Offenbarung‹ selten vorkommt (S. 42 u. 51; WW III S. 277 u. 296), und in dieser Rezension geht es nicht um ›Offenbarung‹. Demnach hatte er möglicherweise schon 1796 oder 1797 – beim Erscheinen von Claudius' A n z e i g e seines VI. Theil seiner ›Sämmtlichen Werke‹ – den Plan zu einer solchen ›Offenbarungs‹schrift gefaßt und damit ›angefangen‹, und nicht erst 1809, wie der ›Editorische Bericht‹, ebd., durch die Wendung »*J.s Arbeit an seinem neuen Buch*« nahelegt.

Zweifellos ist die veröffentlichte Offenbarungsschrift dann aus der Claudius-Rezension hervorgegangen. Vgl. Jacobis Brief vom 24.1.1798 an Franz v. Baader: »Unter dem Schreiben wurde mir diese Anzeige [von Claudius' VI. Band] zu einer Abhandlung, und ich beschloss, sie besonders drucken zu lassen, unter dem Titel: Misslungener Versuch einer partheiischen Anzeige des VI. Bandes d.s.W. u.s.w. für den Hamburger unpartheiischen Correspondenten. Meine Krankheit hat mich mitten in dieser Arbeit unterbrochen, und nun ist eine Frage, ob ich sie vollenden werde.« Und am 26./27.11.1807 an Jakob Friedrich Fries: »Gegenwärtig bin ich mit einer neuen Erörterung der Schellingschen Lehre beschäftigt [...]. Ich denke es zu der größten Klarheit zu bringen, daß der Schellingsche Weltschöpfer von Ewigkeit zu Ewigkeit nichts anders erschaft, als die Zeit.« Das trifft ja auch zu; vgl. S. 99, Z. 20-23 (WW III, S. 391).

Das ist jedoch zuwenig. In ›Nothwendiger Vorbericht‹ (vom 5.10.1811) spricht Jacobi von z w e i Abteilungen. Aber die Claudius-Rezension läßt sich nicht in (nur) zwei Teile gliedern. Doch ergibt diese Rezension zusammen mit der ihr folgenden, titellosen zweiten Schrift (hier ab S. 72; in WW III ab S. 339) z w e i Abteilungen; sie sind etwa gleich lang (die erste 38 Seiten, die zweite ohne die ›Beylagen‹ 47 Seiten): Mit der »erstern Abtheilung« (S. 5, Z. 3f.) war dann die Claudius-Rezension gemeint, die mit den Worten beginnt: »Der Recensent«; er meint ja auch oben, Zeile 26f., ein geschlossenes Ganzes (und das kann nur seine unveröffentlichte Rezension sein), heißt es da doch: »den ersten Theil des Werks, oder einzelne Stellen daraus«. Die »zweyte Abtheilung« (ebd., Z. 3) wäre also schon etwa 1796/99 als ›Offenbarungsschrift‹ entworfen worden. Sie war »neu zu verfassen«, weil aus ihr so viel in Jacobis »Ueber das Unternehmen ...« »entwendet« worden war. Das wiederum macht verständlicher, daß Schelling in der vollendeten Fassung nicht genannt wird, obwohl er natürlich auch gemeint ist. Dann wäre der Anlaß des Werkes ›Von den Göttlichen Dingen‹ jedenfalls nicht Schelling gewesen!

In dem das »Ueber das Unternehmen ...« einleitenden Vorbericht (vom 30.7.1801) spricht Jacobi schon von einer »[...] noch nicht ganz ausgearbeiteten Schrift [...] darunter auch diese Rede [...].« (S. 2; WW III, S. 62) Diese »Schrift« kann nicht identisch sein mit der Claudius-Rezension. Es ist mehr oder anderes. Übrigens: ›d a r u n t e r‹ die ›Rede‹; nur diese wird dann der Text von »Ueber das Unternehmen ...«!

Jacobis Kladdeneintragungen zu Pascal in Kladde VIII,111 (der Eintragungszeitraum der Kladde VIII erstreckt sich von September 1800 bis Juni 1803, diese Eintragung vor Juni 1803) und in Kladde X,29 (Zeitraum September 1804 bis Januar 1807, diese Eintragung vor Ende 1804) legen nahe, daß er schon um 1803 an einer Offenbarungschrift arbeitet, in die die Pascal-Eintragung eingeflossen ist. Vgl. unten zu S. 79, Z. 25.

Im Brief vom 17.11.1810 an Fries schreibt Jacobi: »Ich arbeite wieder an meinem alten Werk über Offenbarung [...].« Und am 7.11.1811: »Endlich, mein verehrtester Freund, ist mein altes Kind jung geworden [...].« An einem a l t e n Werk, und über O f f e n b a r u n g , und seine Schrift ist ein a l t e s Kind. Keine Erwähnung Schellings, selbst Fries gegenüber auch jetzt nicht. Am 6.5.1811 schreibt Jacobi an Fries: »Mit meiner Schrift über innere und äußere Offenbarung der ich den passendern Titel ›Philosophie und Christenthum‹ nun zu geben gedenke, bin ich endlich fertig geworden. Ich habe sie etwas gewaltsam geschlossen, aber besser so als gar nicht. Auf Ihre [Schrift] Logik bin ich begierig. [...].« Erst im nächsten Absatz erwähnt Jacobi Schelling, und zwar eher beiläufig: »Schelling sehe ich außer den akademischen Sitzungen fast gar nicht mehr; wir besuchen einander nicht und treffen uns äußerst selten.« Offenbar besteht nicht der enge Zusammenhang zwischen Jacobis Schrift und Schelling, den von Jacobi zugleich zu erwähnen gerade gegenüber Fries man hier sonst ja erwarten sollte, wenn man der Ansicht ist, Anlaß dieser Schrift sei vornehmlich Schelling gewesen. Statt dessen spricht Jacobi von seiner »Schrift über innere und äußere Offenbarung«.

Der ›Editorische Bericht‹, S. 179-184, sieht nur Schelling als Anlaß, wie schon Weischedel, S. 23-31, und durcheilt ausgetretenen Pfad. Immerhin schränkt er S. 182f. ein:

> *»Hieraus ist aber nicht erkennbar, daß dieses Buch nun eine Richtung gegen Schellings Philosophie erhalten werde. Auch in dem [...] Brief an Perthes vom 4. Mai 1811, in dem J. den Abschluß seines Manuskriptes meldet, nennt er Schelling nicht.«*

In »Nothwendiger Vorbericht« zu »Von den Göttlichen Dingen ...« bemerkt Jacobi, WW III, S. 260 (hier S. 4 Anm., ohne den hier, Zeile 37, editorisch nötigen, aber leider fehlenden Zusatz: »*Fußnote*«): »[...] im May 1808 [...] faßte ich den Entschluß [...], die Schrift von den Göttlichen Dingen zu vollenden [...] und nicht wieder abzulassen [...].« Man beachte:

1. Er formuliert »von den Göttlichen Dingen« und nicht ›Mißlungener Versuch‹, nicht ›Claudius-Rezension‹ oder dergleichen;

2. Er hatte von diesem Werk »abgelassen«, das er jetzt, 1808, »vollenden« will. Es müssen doch mehrere Jahre verflossen sind, um diese Wortwahl sinnvoll erscheinen zu lassen.

Im übrigen sagt Jacobi 1816 ausdrücklich (in der ›Vorrede‹ zu seinem Werke-Band III, S. III; hier S. 139): »Die vier verschiedenen Schriften [›Jacobi an Fichte‹, ›Ueber das Unternehmen ... ‹, ›Ueber eine Weissagung Lichtenbergs‹, ›Von den Göttlichen Dingen ... ‹], welche dieser Band [= WW III] vereinigt, sind gewissermaaßen auch zugleich entstanden; sind nur aus einander getretene Theile eines Ganzen [...].«

Diese Bemerkungen legen zumindest nahe, daß Jacobi schon in der zweiten Hälfte der 90er Jahre eine religionsphilosophische Schrift plante und auch schon entworfen hatte. Jedenfalls wäre das in dieser Neuedition zu diskutieren gewesen! Der ›Editorische Bericht‹ geht allerdings darüber hinweg: Er bringt S. 178 die eben schon zitierte Stelle »sind gewissermaaßen auch zugleich entstanden; sind nur aus einander getretene Theile eines Ganzen, das sich in jedem dieser Theile, auf eine andere Weise wiederholt« und korrigiert Jacobi:

> »*Doch ist es eigentlich nicht die Schrift* Von den Göttlichen Dingen *insgesamt, deren Entstehung so weit zurückreicht, sondern es sind nur zwei ihrer drei Teile:* [...] Weissagung Lichtenbergs [...] *und* [...] Mißlungener Versuch [...].« (So der ›Editorische Bericht‹, ebd.)

Das wird behauptet ohne eine Begründung und will Jacobi Lügen strafen!

> S. 4, Z. 37-40. u. S. 5, Z. 34-38: »In der Freude über [... die] Ideen [...] von Kajetan Weiller, [...] faßte ich den Entschluß, und that gewissermaßen ein Gelübde, die Schrift von den Göttlichen Dingen zu vollenden [...]. Wie ich dem Verfasser der Ideen die Schrift von den Göttlichen Dingen bei ihrer ersten Erscheinung in stillem Geiste widmete, so eigne ich sie demselben jetzt öffentlich zu, als ihm angehörend wie, außer mir selbst, keinem Anderen. Ich weiß auch, er stehet zu ihr, wie ich selbst zu ihr stehe. Der reinsten, uneigenützigsten Freundschaft setze ich dieses Denkmal.« (WW III, S. 260f. Anm.)

Kein Kommentar, kein Wort zur Person Weiller, gleichsam dem Vollender dieser Schrift, die doch hier historisch-kritisch ediert sein will! Nur im Kommentar 4,37-39 eine bibliographische Angabe von Weillers »Ideen zur Geschichte ...«.

Wer ist Weiller? Woher und seit wann kennen Jacobi und Weiller sich? Gibt es Korrespondenz? Jacobis Eintragung in Kladde X bezeugt den persönlichen Kontakt zwischen beiden. In Jacobis Korrespondenz ist die Bekanntschaft und der persönliche Umgang Jacobis mit Weiller belegt; z. B. Briefe 8.1.1804, 14.6. u. 16.11.1814, 9.2.1815, 8.10.1817. Es hätte die enge Verbindung zwischen Jacobi und Weiller dokumentiert werden müssen.

Cajetan v. Weiller ist neben Adolph Heinrich Friedrich v. Schlichtegroll und Friedrich Wilhelm v. Thiersch der dritte der Ausgewählten, die als Mitglieder der Bayerischen Akademie 1819 nach Jacobis Tod eine »akademische Feyer« gestalten. Vgl. »Vorlesung des Director v.

Weiller«, *in:* Friederich Heinrich Jacobi ehem. Präsident der k. Akademie der Wissenschaften zu München, nach seinem Leben, Lehren und Wirken. Bey der akademischen Feyer seines Angedenkens am ersten May 1819 dargestellt von Schlichtegroll, Weiller u. Thiersch. München 1819. In der E. A. Fleischmann'schen Buchhandlung. *S. 33-72.* Zumal sich Jacobi in seiner Schrift öffentlich zu v. Weiller bekennt und sie ihm widmet, hätte hier als die letzte Gelegenheit auf diese »akademische Feyer« verwiesen werden müssen.

> Kommentar 9,1-3 (WW III, 199) Unsere Welt ... Gespenster] [...] *Bei der Formulierung* Weissagung Lichtenbergs *könnte J. sich orientiert haben an* Johann Lichtenbergers, eines Einsiedlers Weissagungen [...] 1526. [...] 1793.

Jacobi hat weder etwas aus dieser Schrift entlehnt oder gar zitiert, noch besaß er sie. Das Wort »Weissagung« war doch durch Luther schon allgemein bekannt. Jacobi verwendet ›weissagen‹, ›Weissagungen‹, ›Weissagung‹ z. B. im fingierten Brief ›An Erhard O**‹ (in: Eduard Allwills Briefsammlung [erstmals in der Ausgabe] Königsberg 1792. S. 300 u. 303; WW I, S. 240f. u. 243); übrigens findet sich wie hier ebd. auch ›Gespenster‹ wieder. – Als erster verweist Klaus Hammacher – wenngleich kaum überzeugend – ausführlich auf Lichtenberger (Hammacher, *in* Streitsachen 3, S. 131f. Anm 23): Parallelen seien die kriegerischen Auseinandersetzungen mit Frankreich damals und jetzt sowie das Prophetische Lichtenbergers und Lichtenbergs/Jacobis. Diese Parallelen bringt der Kommentar nicht und macht dadurch Jacobis ›Orientierung‹ vollends unverständlich. Aber auch in Jacobis Kladden findet sich kein Niederschlag zu Lichtenberger. Es ist ja die Kladde aus diesem Zeitraum (Kladde V, und es sind ebenso auch die folgenden) vorhanden. Auf Hammacher wäre daher im Kommentar und im Literaturverzeichnis jedenfalls hinzuweisen gewesen.

Unbedingt hätte hingewiesen werden müssen auf Jacobis Eintragung Kladde VIII,27 (Zeitraum September 1800 bis Juni 1803, die Eintragung etwa Ende Mai 1801): »Lichtenberg bemerkt: Wir würden noch so subtil werden, daß wir an Gott nicht mehr glauben würden, als jetzt an Gespenster. [...]« Diese Eintragung belegt

1. wann Jacobi auf Lichtenbergs Satz gestoßen ist, korrigiert den ›Editorischen Bericht‹ und stellt dessen »*vermutlich*« zu dieser Schrift S. 177f. auf sichere Füße (die Eintragungen in die Kladden aus Lichten-

bergs Nachlaß beginnen im Februar 1801 und dokumentieren, daß Jacobi ab diesem Monat das Buch rezipierte); und legt nahe

2. daß Lichtenberger, der auch in der Kladde an dieser Stelle keinen Niederschlag findet, seinen Namensnachfolger nicht über die Taufe gehalten hat.

Übrigens: Es gibt keine ›Weissagungen Lichtenbergs‹, wie der dieser Kommentarstelle folgende Kommentar 9,10-26 vorgibt. Die Kommentarstelle endet:

> *»Lichtenbergers* Weissagungen *haben jedoch nur die Schicksale der Kirchen und der Staaten zum Gegenstand; sie betreffen nicht das Verhältnis von aufgeklärtem Denken und Religion.«*

Wem gilt eigentlich diese Einschränkung? Jacobi, weil er sich dennoch angeblich an diesem Werk ›orientiert‹ hat? Oder dem Kommentator, weil er dennoch glaubt, Jacobi habe sich an diesem Werk ›orientiert‹?

> S. 13, Z. 27 (WW II, S. 208): Timoleon und Cato]

Kein Kommentar. Bei »Timoleon« wäre hinzuweisen gewesen auf ›Woldemar‹ (Ausgabe 1796, im sog. Gastmahlsgespräch; WW V, S. 82-84), auf ›An Fichte‹ (S. 32; WW III, S. 37), auch auf KJB 3166: »Timoleon. Ein Trauerspiel mit Chören, von Friederich Leopold Graf zu Stolberg. Manuscript für Freunde. Copenhagen 1784«, allein schon, um zu zeigen, wie wichtig Jacobi diese Person war und welche ethische Haltung sie repräsentiert, nämlich zum Tyrannenmord; vgl. den Zusammenhang, aus dem das Motto des – nicht nachgewiesenen – Müller-Zitates stammt: Auch dort geht es um Tyrannenmord. – Es wird doch auch sonst gelegentlich auf Parallelen in anderen Werken Jacobis hingewiesen; etwa 15,18-32: auf ›Allwill‹; 41,22-23: auf ›Fliegende Blätter‹; 59,3-4 auf ›Woldemar‹. Und, wer Timoleon war, hätte gesagt werden müssen. Ebenso, welcher Cato gemeint ist. (Die historische Person Pitt – S. 35, Z. 14 – wird doch auch erläutert.) Daß Jacobi an Cato den Jüngeren dachte, das erfährt man, ohne Begründung, erst aus dem Personenverzeichnis.

> Kommentar zu 13,33-14,34 (WW III, S. 208) »Wer ... verehre sie.«] Marcus Aurelius Antonius: Pensées de l'empereur Marc-Aurele-Antonin, *traduites du Grec par M. de Joly. Paris 1803. (KJB 2625: Paris 1770), 61:* A ceux qui [...].

Warum wird diese Stelle aus einer französischen Ausgabe belegt? Auch noch aus einer Ausgabe, die offenbar erst zwei Jahre nach Jacobis Schrift erschienen ist: 1803. Und nicht einmal aus der Ausgabe, die Jacobi besessen hat: KJB 2625, aus dem Jahre 1770. Warum wird nicht, wie z. B. bei Epictet (so zu 18,9-13), eine griechische Quelle aufgesucht?

Es wäre übrigens, bei den häufigen Zitaten aus den Stoikern in dieser Schrift, entgegenkommend gewesen, von Jacobis Verhältnis zu den Stoikern etwas zu hören. Etwa: »Du kennst diese beyden Wähler [zugunsten des Triebes zum Guten oder des Triebes zum Vergnügen] unter den Namen der Stoiker und Epikuräer, und weißt, daß ich mich lange Zeit zu den ersten gehalten habe. [...] [Ich] bin von meinem Stoicismus im Stiche gelassen worden, den ich dann auch wieder im Stiche ließ; doch ohne darum zu den Epikuräern, überzugehen.« (Jacobi: Zufällige Ergießungen eines einsamen Denkers. [...] *** den 31ten März 1793. *In:* WW I, S. 300f.; zur genauen Datierung dieser Schrift vgl. Schneider, S. 350-354.)

Kommentar zu 15,18-32 [11. Zeile:] »[...] *Bipontina 4.320* [...]

Das soll eine bibliographische Angabe sein. Aber ›Bipontina‹ erscheint nicht im Siglenverzeichnis. Dann kann *»Bipontina«* nur als Verlagsort gelten; es fehlt dann die Jahreszahl ›1783', der Hinweis auf Jacobis Besitz dieses Werkes, also ›KJB ...‹, und der Zusatz ›Bd‹ (vor *›4.320'*). Nun ist aber ›Bipontina‹ ein Adjektiv, und gemeint ist wohl die damals bekannte ›Typographia Bipontina‹ oder ›Societas Bipontina‹ in Zweibrücken; vgl. Brockhaus, 1967, sub verbo ›Bipontiner‹. – Darum sollte hier der Kommentar korrekterweise entweder so schreiben: *›Biponti 1783 (KJB 2754), Bd 4.320‹* oder ›Bipontina‹ ins Siglenverzeichnis stellen.

Übrigens – und gar nicht nebenbei – natürlich sollte es keinen Zeilenfall geben zwischen *»Bd«* und *»4.320"* wie er sich leider häufig findet; z. B. S. 203, erste Zeile: *»Bd«* Zeilenfall *»5.23-33"*. Typographisch gesündigt wird häufig: S. 192, Z. 18 v. u.: »*18.*« Zeilenfall »*Februar*«; oder S. 211 Mitte: »*KrV B*« Zeilenfall »*399-432"*. Schlimm sind auch solche Zeilenfälle wie z. B. dieser S. 9, nämlich der von Zeile 6 auf Zeile 7:

»[...] Sahest du nicht auch das Nächste?
– Sahest du nicht, oder wolltest du nur nicht [...]«.

Hier wird das Wort Jacobis geschädigt! Man sah nicht: Der Gedankenstrich soll den Fragesatz abschließen und nicht die folgende Zeile anführen. Richtig wäre es also so:

»[...] Sahest du nicht auch das Nächste? –
Sahest du nicht, oder wolltest du nur nicht [...]«.

(Vgl. den Erstdruck D_1, S. 3 und WW III, S. 199)

Auf S. 51 haben wir gleich beide Versionen: Vgl. Z. 8f.: Fragezeichen Zeilenfall Gedankenstrich und Z. 19 korrekt: Fragezeichen Gedankenstrich Zeilenende! Weh tut auch S. 5, Z. 19f.: »Ue-» Zeilenfall »berschrift«, und schmerzlich sind auch, wenngleich milder, die vier Trennungen am Ende der Zeilen 35-38 auf der S. 78.

Und da wir gerade bei Satztechnischem sind: Der rechte Kolumnentitel auf den (ungeraden) Seiten 9 bis 31 lautet: »Von den göttlichen Dingen · Weissagung Lichtenbergs«. Er hätte lauten müssen ›Weissagung Lichtenbergs‹, also ohne »Von den göttlichen Dingen«; denn

1. Jacobi faßt diese Schrift ausdrücklich als Einleitung auf zu ›Von den göttlichen Dingen ...‹; vgl. hier, S. 6, Z. 1f.: »[...] a l s E i n l e i t u n g [...]. Ich wünsche, daß keiner meiner Leser es verschmähen möge, sich durch sie einleiten zu lassen.«

2. Die Schrift ›Von den Göttlichen Dingen ...‹ beginnt ausdrücklich erst mit der Titelwiederholung des Titelblatts: »Von den göttlichen Dingen und ihrer Offenbarung.« ab S. 41, hier S. 33, vgl. die Werkeausgabe (WW III, S. 245).

3. Jacobi hat ›Ueber eine Weissagung Lichtenbergs‹ in seiner Werkeausgabe WW III ebenfalls nicht unter ›Von den Göttlichen Dingen ...‹ eingereiht, sondern als eigene Schrift angesehen; ebd., S. 197-243. Von einer *»Umstellung«*, wie der Editorische Bericht S. 175 meint, kann nicht die Rede sein.

4. Folglich ist die textkritische Anmerkung S. 33 unten: »1-3 Von den ... [göttlichen Dingen und ihrer] Offenbarung. *fehlt in D_2«,* fehle also in WW III, S. 245, leichtfertig. Eben diese Titelzeile steht (mit Motto und folgendem Pascal-Zitat, also gestaltet wie das Buchtitelblatt) auch dort n a c h der Lichtenberg-Weissagung und v o r der Claudius-Rezension.

Richtig ist der Kolumnentitel auf der Seite 5: »Notwendiger Vorbericht« (warum eigentlich nicht ›Nothwendiger ...‹?), also ohne ›Von den göttlichen Dingen‹.

Kommentar 17,33-36 (WW III, S. 216) Auch im Thiere ... Nahrung:] *Vgl.* J. an Schlosser über dessen Fortsetzung des Gastmahls von Platon. *In:* Orpheus, eine Zeitschrift in zwanglosen Heften.

> *Hg. von Dr. Carl Weichselbaumer. 1. Heft. Nürnberg 1824, 103-114, WW VI,68.*

Es fehlen Ort und Datum des Briefes: »E u t i n , den 25. April 1796«; und es wäre die Quelle »*WW VI.68*« bzw. vollständig ›WW VI,63-94, hier S. 68‹ e i n z i g (oder mindestens zuerst) zu nennen gewesen; denn die im Kommentar z u e r s t genannte Quelle »Orpheus [...] *von Dr. Carl Weichselbaumer*« ist nicht autorisiert und kein vollständiger Abdruck. Das bemerkt schon Friedrich Roth, der Herausgeber dieses sechsten Bandes, im ›Vorbericht‹, WW VI, S. IIIf.

Wir brechen die Durchmusterung nach Lücken und Flüchtigkeiten in der historisch-kritischen Edition von Jacobis »Ueber eine Weissagung Lichtenbergs« hier ab und wenden uns seiner sogenannten ›Claudius-Rezension‹ zu. Diese Schrift blieb ja bis zu ihrer Einverleibung in Jacobis Werk »Von den Göttlichen Dingen und ihrer Offenbarung« unveröffentlicht, und sie trägt auch jetzt noch fragmentarische Züge. Das zeigt gleich die erste Zeile:

> S. 35, Z. 1: »Der Recensent gehört unter diejenigen ...« (WW III, S. 263)

Dieser Beginn der Schrift bleibt h i e r ohne Kommentar. Wie soll der Leser wissen, wer mit »Der Recensent« gemeint ist? Das h i e r zu erklären oder h i e r wenigstens auf Jacobis Bemerkung S. 5, Zeile 6 und 15 sowie auf den ›Editorischen Bericht‹, S. 178, zu verweisen wäre brotnötig gewesen.

> Kommentar zu 35,23-28 (WW III, S. 264) Denn da . . . dem Herzen,] Claudius, Sämmtliche Werke, *Bd 6,* Nachricht, *[II]:* [...] [Dazu der Text vollständiger:] »Denn da der Verfasser [Claudius] in der vorläufigen Anzeige seines sechsten Theils, und jetzt wieder in der Vorrede [...].« (WW III, S. 264)

Der Kommentar übersieht: Es geht um z w e i v e r s c h i e d e n e (wenngleich nahezu wortgleiche) Texte: Eine ›A n z e i g e‹ und eine ›V o r r e d e‹. Diese ›Vorrede‹ ist die im Kommentar genannte »Nachricht«, abgedruckt 1798 im VI. Teil der Werke, jene von Jacobi erwähnte ›Anzeige‹ aber eine von Claudius im ›Hamburgischen Correspondenten‹ schon am 28.6.1797 eingerückte Subskriptionsanzeige, ebenfalls »Nachricht« überschrieben. Siehe oben zu S. 3, Z. 3f. und Kommentar 3,3-4. –

Jacobi hat guten Grund zu unterscheiden. 13 Zeilen tiefer zitiert Jacobi Claudius:

S. 35, Zeile 37 bis S. 36, Zeile 2: »Aller guten Dinge wären eigentlich nur Drey, sagt der Verfasser [Claudius] in der schon erwähnten Anzeige; aber er könnte sich nicht helfen, und müßte versuchen: Ob sie nicht auf S e c h s e zu bringen wären.« (WW III, S. 265)

Und dieses Zitat stammt aus Claudius' A n z e i g e , und die meint Jacobi, geht es doch 1797 um Claudius' V o r h a b e n , einen sechsten Teil herauszubringen, und nicht um die »Nachricht« im dann 1798 schon vorliegenden VI. Teil, dort S. I.

S. 36, Zeile 7: »Nulla dies sine linea!« (WW III, S. 265)

Ohne Kommentar! Das Wort ist überliefert von Plinius d. Ä., Naturalis historia 35, 84, und ist ursprünglich vom Pinselstrich des Malers ausgesagt. Plinius schreibt das Wort dem Maler Apelles zu: »Apelli fuit alioqui perpetua consuetudo numquam tam occupatum diem agendi, ut non lineam ducendo exerceret artem, quod ab eo in proverbium venit.« Dieser – hier leider fehlende – Hinweis würde dann die von Jacobi einige Zeilen tiefer gewählte Formulierung »Manieren der Kunst« erhellen.

Kommentar zu 37,5 (WW III, S. 267) unseres Freymeisters] *[...] Claudius [...] war 1774 in die Loge* Zu den drei Rosen *aufgenommen worden und ferner Mitglied der christlich orientierten Andreas-Loge* Fidelis.

Statt »ferner« sollte hier genauer ›1777 oder 1778‹ stehen. Die Nennung der Jahreszahl von Claudius‹ e r s t e m Eintritt verpflichtet auch zur Angabe der Zeit seines z w e i t e n Eintritts. Die Loge wurde vom Logenmeister der Loge ›Zu den drei Rosen‹, Jakob Mumssen, 1777 gegründet; ihre feierliche Einsetzung erfolgte erst am 30.11.1778. Die Loge ›Zu den drei Rosen‹ war ebenfalls ›christlich orientiert‹. (Der Zusatz ›christlich orientiert‹ ist überflüssig, da er ohnehin für alle Logen des 18. Jahrhunderts zutraf, und hier, nur von der einen Loge ausgesagt, unterstellt er, die andere Loge wäre nichtchristlich orientiert gewesen; nach Hinweis Klaus Hammachers.) Dieser Loge trat Claudius am 12.8.1774 bei. Vgl. Claudius-Ausstellung, S. 121f. – Schließlich hätte der Kommentar, wenn er schon von der *Andreas*-Loge ›Fidelis‹ spricht, auch klassifizierend die Loge ›Zu den drei Rosen‹ *Johannis*-Loge nennen müssen.

> Kommentar 42,16-19 (WW III, S. 278) Ein berühmter Heerführer ... les hommes] *S. die Anm. zu GA III,3.250:* Es handelt sich um einen anglo-navarresischen Bandenführer. Vergl. »Chroniques de J. Froissart«, par Siméon Luce, Tome VI, 1360-1366, Paris 1876, S. 72, § 495: [...].

Diese Anmerkung wird wortwörtlich aus der Fichte-Ausgabe (= *GA,* hier 1972) übernommen. Es sollte jedoch – jedenfalls in einer historisch-kritischen Jacobi – Edition – keine Ausgabe nach Jacobis Tod als Beleg für Jacobis Kenntnis gewählt werden. Woher weiß Jacobi davon? Eine zeitgenössische Ausgabe wäre zu nennen oder sonst der Erstdruck: Chroniques de Jehan Froissart ed. A Verard. 1495. [Wiegendruck, 4 Bände]

Wir brechen die Durchsicht der ›Claudius-Rezension‹ hier ab. Es folgt nur noch die Kritik einer Kommentarstelle, die Angabe eines nicht erkannten Spinoza-Zitats und der Hinweis auf eine nicht gefundene bzw. falsch zugewiesene Belegstelle.

> Kommentar 47,2-10 (WW III, S. 287f.) Es ist ... wurde Orthodoxie,]

Eine ausschweifende 12-zeilige Anmerkung zum Bilderstreit im VIII. und IX. Jahrhundert. Allerdings bleibt das im Kommentar genannte *»Konzil von 814"* (eigentlich eine Synode) ohne Ortsangabe und das im Text Zeile 10 (vgl. ebd., S. 288) erwähnte »Jahresfest« ganz ohne Kommentar.

> S. 64, Zeile 33-36: »Wir begehren oder wollen einen Gegenstand nicht ursprünglich darum, weil er angenehm oder gut ist; sondern wir nennen ihn angenehm oder gut, weil wir ihn begehren oder wollen, und wir begehren oder wollen ihn, weil es unsere sinnliche oder übersinnliche Natur so mit sich bringt.« (WW III, S. 322)

Kein Kommentar zu dieser Stelle! Es ist – Michael Brüggen weist darauf hin – Benedict de Spinoza, Ethica, pars III, prop. 9 scholion. Aus dieser Anmerkung zitiert schon Wizenmann am 5.7.1783 in seinem Brief an Jacobi, sich mit »erklären Sie Sich mit den Worten des Spinoza« auf Jacobis Brief an ihn vom 25. Mai beziehend. (JBW[9] I,3, S. 165f.; vgl. M. Brüg-

---

9 Friedrich Heinrich Jacobi Briefwechsel Gesamtausgabe Begründet von Michael Brüggen und Siegfried Sudhof† Herausgegeben von Michael Brüggen, Heinz Gockel und Peter-

gens Kommentar zur Stelle in ebd., II,3) – In [Jacobi:] Ueber die Lehre des Spinoza in Briefen an den Herrn Moses Mendelssohn. Breslau 1785. S. 25 Anm. weist Jacobi auf dieses scholion hin. (WW II, S. 67; JWA 1,1, S. 25) Und im Kommentar JWA 1,2, S. 408 (Kommentar zu 25,25) wird zu dieser Stelle das scholion gar zitiert! Diese Ausgabe JWA – also die, in der auch der hier vorliegende Bd. 3 erscheint – hätte auf diese Stelle des eigenen Kommentars hinweisen müssen.

Wäre dies hier nachgewiesen, wäre es ein weiterer, nicht unbedeutender Beleg dafür, wie sehr auch der Jacobi der späten 90er Jahre, der von 1811 bis hin zu dem von 1816 (denn die Stelle wird ja in WW III nicht getilgt) sich Spinozas versichert wußte. Vgl. auch seine Beteuerung hier S. 72; WW III, S. 111.

S. 64, Zeile 40f.: »L'intelligence du bien est dans le coeur«; (WW III, S. 322) und der Kommentar zu dieser Stelle 64,40-41: *Diese Wendung konnte nicht nachgewiesen werden; vgl. aber* Pensées [de Pascal (so im Original, nicht aber hier)] sur la religion *[...] XXVIII, 58 [...]:* C'est le cœur qui sent Dieu, & non la raison. Voilà ce que c'est que la foi parfaite, Dieu sensible au cœur.

Die Wendung i s t nachweisbar! »[...] car l'intelligence des bien promis dépend du coeur [...]«. Sie steht in dem im Kommentar angegebenen Werk Pascals, aber an anderer Stelle: XVIII, 14, (= S. 112). Warum läßt man mit öffentlichen Mitteln einen zweibändigen Katalog der Bibliothek Jacobis erstellen (KJB, siehe Anm. 5), wenn er sogar von Jacobi-Forschern nicht genutzt wird? Man sehe Jacobis Exemplar, KJB 357, in der Staatsbibliothek zu Berlin Preußischer Kulturbesitz, Sign. 8° Nh 3142. Dort ist diese Stelle von Jacobi unterstrichen und angestrichen! – Es ist übrigens dieselbe Ausgabe (nicht unbedingt dasselbe Exemplar), von der oben zugleich gesagt wird,

diese Wendung konnte nicht nachgewiesen werden.

Übrigens, und das galt auch schon für das nicht nachgewiesene Müller-Zitat (oben 1,6-8): Formulierungen wie *»hat sich nicht nachweisen lassen«* und *»konnte nicht nachgewiesen werden«* legen nahe: Es ist nicht nachweisbar. Demnach wird Jacobi nahezu unterstellt, er hätte jeweils als Zitat ausgegeben, was nicht ein solches ist. Es empfiehlt sich, dann vorsichtiger zu schreiben: ›... *wurde nicht gefunden*‹.

Paul Schneider. *Band I,3 (Briefe),* Stuttgart - Bad Cannstatt 1987 *u. Band II,3 (Kommentar), ebd.* 2001.

Wenden wir uns jetzt den folgenden Passagen zu, welche in der Edition (in den ungeradseitigen Kolumnentiteln) ›Von den göttlichen Dingen‹ überschrieben sind.

> S. 79, Z. 25 Pascal: Ce qui passe la Géométrie nous surpasse. (WW III, S. 353)

Dieses Pascal-Zitat belegt – über Jacobis eigenen Nachweis hinaus – der Kommentar. Er liefert aber nicht den folgenden, werkgeschichtlich wichtigen Hinweis: Das Zitat steht schon in Jacobis Kladde VIII,111 (vor Juni 1803) und in Kladde X,29 (Eintragung vor Ende 1804), das ist innerhalb des langjährigen Zeitraumes, in dem Jacobis (»zweyte Abtheilung«) ›Von den göttlichen Dingen‹ – denn h i e r steht das Zitat! – entstanden sein muß.

Jacobi bringt S. 93, Zeile 21-30 (WW III, S. 380) ein Aristoteles-Zitat »Daß die Dinge [...]« und weist es in einer Fußnote nach: »Arist. Metaph. I. 3. S. Fülleborns Beyträge St. II. 160, 161"; dazu bringt der

> Kommentar 93,21-30 (WW III, S. 380) »Daß die Dinge ... A n a x a g o r a s « .] Aristoteles: Metaphysica. *I,3 (984b 11-19), in* Erstes Buch der Aristotelischen Metaphysik, *in* Beyträge zur Geschichte der Philosophie, *hg. von Fülleborn, Bd 1, St. 2.22 (so statt:* 160, 161*).*

Der Kommentar suggeriert mit *»(so statt:* 160, 161*)«*, auf Jacobi sei kein Verlaß, er gebe falsche Stellen an. Tatsächlich steht das Zitat auf S. 161, und der Inhalt der vorangegangenen Zeilen auf S. 160, nämlich in: Beyträge zur Geschichte der Philosophie. Herausgegeben von Gustav Georg Fülleborn. I. und II. Stück. Neue überarbeitete Auflage. Züllichau und Freystadt 1796.

Und ein zweites Aristoteles-Zitat S. 106, Zeile 31-39 bis S. 107, Zeile 31-34 wird von Jacobi ebenfalls in einer Fußnote (vgl. WW III, S. 406) nachgewiesen mit »(nach Fülleborns Uebers. Beyträge B. I. S. 159, 160)«. Der Kommentar meint wiederum, eine Ungenauigkeit Jacobis belegen zu müssen, belegt allerdings seine eigene, denn da steht im

> Kommentar 106,31-107,34 (WW III, S. 406) »Wenn alles ... eigenes.«] Aristoteles: Metaphysica [...] *hg. von Fülleborn. Bd 1, St. 2.20f. (so statt* 159, 160*).*

Wiederum insinuiert der Kommentar mit *»(so statt:* 159, 160*)«*, Jacobis Angaben seien unzuverlässig. Doch das Zitat steht bei Fülleborn, eben in der ›Neuen, überarbeiteten Auflage‹, S. 159f.!

Der Fülleborn ist dem Kommentar ein Born an Ungenauigkeiten! An den genannten Kommentarstellen (93,21-30 u. 106,31-107,34) wird nicht angegeben, welcher Ausgabe (Jahreszahl) man Jacobis angeblich falsche Belege entnommen haben will; im Literaturverzeichnis ist er unter ›Fülleborn‹ nicht zu finden, seine Schrift steht ohne Verweis unter ›Beyträge‹ (während man im Literaturverzeichnis Reinhold einen Verweis zubilligt auf ›Beyträge‹, und zwar mit »Reinhold *s.* Beyträge zur leichtern Uebersicht«). Und in jenem Literaturverzeichnis ist nur die erste Ausgabe gemeint, man hält sich an KJB 90, und man übersieht, daß Jacobi vom ›I. und II. Stück‹ schon die zweite Auflage 1796 benutzte.

Den Eindruck einer verordneten oder aber auch nur ausgeführten Flüchtigkeit vermittelt der ganze Band. Unter »Zeichen, Siglen, Abkürzungen« werden die Siglen S. 169-171 in kurze bibliographische Angaben aufgelöst, denen man an anderer Stelle, im Literaturverzeichnis, wieder nachgehen muß, um sie eindeutiger zu bestimmen. *»WW«* steht für »J.: Werke«, und man darf sich aussuchen, welche. *»BW«* meint mit »J.: Briefwechsel« die Gesamtausgabe des Briefwechsels Jacobis (S. 170), *»JBW«* wird sie im Kommentar genannt (z. B. S. 198), und *»JWB«* heißt dieselbe Augabe im Literaturverzeichnis (S. 252). Es darf also wahlweise zugehen. So auch S. 169: »*AA* Kant: Gesammelte Schriften *bzw.* Schelling: Historisch-kritische Ausgabe« (als Abkürzung wäre dies ja noch möglich, aber nicht als Sigle). *»H«* wird als Sigle geführt, dabei ist es eine Abkürzung für *Handschrift*. *»LM«* wird zu »Lessing: Sämtliche Werke *(hg. Lachmann und Muncker)*« aufgelöst, und im Literaturverzeichnis steht ebenfalls »Sämtliche Werke«; richtig ist allerdings ›Sämtliche Schriften‹. *»SW«* soll (vgl. S. 256) eine Sigle für ›Schelling, Sämmtliche Werke‹ sein, steht aber unter *Abkürzungen*. – Jean Pauls sämtliche Werke wurden nicht von *»Berens«* (S. 207, 231), sondern von Berend herausgegeben. Ein Werk J. G. Hamanns wird S. 229 so wiedergegeben: »Hamann: Golgotha und Scheblimini *(1784)«;* Hamanns Titel von 1784 lautet jedoch: »Golgatha und Scheblimini!«, also auch mit Rufzeichen. Hamann erhält im Literaturverzeichnis bibliographisch nur die Angaben für drei Sammelausgaben, die seiner Werke, seines Briefwechsels und seiner Londoner Schriften. Aber z.B. Herder und Kant genießen den Vorzug, daß ihre hier relevanten, zeitgenössischen Ausgaben genannt werden; ein Zeichen, daß Hamann schwieriger zu bibliographieren ist. Daß es zu Jacobis Werken *WW* mindestens einen Reprint gibt, wird S. 251 nicht erwähnt, wohl aber S. 254 der Reprint zu Lessings Schriften *(LM): »ND Berlin, New York 1979";* nur war der Neudruck schon Berlin 1968 aufgelegt worden, und der hier genannte ein Reprint des Reprints, offenbar auch nur einzelner Bände. – Warum in den Literaturangaben unvermittelt in die Kursive übergegangen wird, ist nicht verständlich. Zum Beispiel S. 255: »[Pascal, Blaise] – Œuvres *publiées suivant l'odre chronologique par Léon Brunschvicg.* Oder S. 254: »Lichtenberg, Georg Christoph: Vermischte Schriften *nach dessen Tode aus den hinterlassenen Papieren gesammelt [...]«.* Oder S. 226: »[...] L. Annaei Seneca: Opera *ad optimas editiones collata«.* Es kann nicht erkenntlich werden, wie das zeitgenössische Titelblatt aussah, wird doch ausdrücklich S. 169 gesagt: *Kursive Bembo-Schrift in den Apparaten und im Kommentar: Herausgeberrede.* Danach müßten auch *alle* angebenen Verlagsorte und Jahreszahlen Zusätze des Herausgebers sein. – S. 257 wird eine Rezension im »Deutschen Museum« mit *»KJB 104"* belegt als in Jacobis Besitz. Doch ausgerechnet das Heft 1, in dem diese Rezension steht, wird in KJB 104 ausgeschlossen. (Die Angabe »KJB 103" wäre zutreffend gewesen.) – Den lateinischen Titel »B. d. S. Opera poshuma [...]« sollte man lateinisch ergänzen, also ›B[enedictus] d[e] S[pinoza]‹ oder ›B*enedictus* de S*pinoza*‹ (nahezu ebenso KJB 1334 u. 1336), nicht jedoch »B*aruch* de S*pinoza,* Opera posthuma [...]«, wie S. 257, da beide Versionen gültig sind. – Das Personenregister beteuert S. 259, *»nur die historischen Personen«* erfassen zu wollen: *»Nicht berücksichtigt sind Personennamen, die Bestandteile eines zitierten Titels sind (z. B.* Spinoza *in* Ueber die Lehre des Spinoza *...) sowie die Namen [...] in bibliographischen Angaben.«* Just aus Anlaß des gerade genannten Titels findet sich jedoch »Spinoza« unter »220« im Personenverzeichnis wieder. So ist die Zahl der Namensnennungen, die im ›Editorischen Bericht‹ und im ›Kommentar‹ in Titeln regieren, aber im Personenverzeichnis zu historischen Personen auferstehen, nicht gering. Hier einige Belege: Fichte *220, 240;* Lichtenberg *173;* Müller *175, 188;* Pascal *175f., 188;* Schelling *220;* Spinoza *194, 220.*– Man liest Carl, Caroline, Kajetan, Karl, Kaspar, doch ist nicht ersichtlich, warum man nicht vereinheitlicht, entweder zum »C«, das wäre in allen diesen Fällen historisch, oder zum »K«, das wäre lexikographisch korrekt gewesen. – Man gönnt Johannes Müller ein »von«, Adolph Heinrich Friedrich Schlichtegroll noch ein »v.«, aber Kajetan Weiller auch das nicht, obwohl auch er den Adelstitel führte. Der Eintragung »Leon III., Kaiser« hätte man zu ›Kaiser‹ den Zusatz ›byzantinischer‹ gewünscht, zu »Jean II.« ›König von Frankreich‹ und zu »Aretin, Christoph v.« ›Freiherr‹, also ebenso wie »Stolberg, [...] Graf zu«. – Ist zu vermuten, dies alles ist das Ergebnis einer Nötigung zur Eilfertigkeit?

Es folgen Anmerkungen zum Editorischen Bericht.

> *S. 175: »Erschienen ist der Band gegen Ende des Jahres 1811.« und S. 176: »[...] daß das Buch noch im November oder spätestens im Dezember 1811 erschienen sei.«*

Allein aus rezeptionsgeschichtlichen Gründen sollte das Erscheinen eines Werkes so genau wie möglich in einer historisch-kritischen Edition angegeben werden. Es gibt Hinweise. Jean Paul am 13.8.1811 an Jacobi: »Endlich las ich im Morgenblatte von der endlichen Erscheinung deines neuesten Werks [...].«; Jacobi an Goethe, 1.9.1811: »[..] Schrift von mir, die gegenwärtig unter der Presse ist [...].« Jacobi an Fries, 7.11.1811: »Endlich, mein verehrtester Freund, ist mein altes Kind jung geworden und die Hebamme wird es Ihnen schon vor die Thür gelegt haben.« Am 9. November ersucht Jacobi F. Bouterwek um eine Rezension des Werks; vgl. Jacobis Brief an ihn vom 1.2.1812. Schließlich B. G. Niebuhr an Jacobi, 21.11.1811: »Die Mittheilung Ihrer Schrift, die ich vor wenigen Tagen von dem lieben und edlen Nicolovius als Ihr Geschenk erhalten habe [...].«– Danach dürfte ›Von den Göttlichen Dingen‹ Ende Oktober oder Anfang November erschienen sein.

> *S. 177: »Auch das Erscheinungsdatum [von WW III] läßt sich nicht exakt eingrenzen. Das Buch dürfte im Sommer 1816 erschienen sein [...].«*

Jacobi an Bouterwek, 2.3.1816: »[...] als wirklich an meinem dritten Theile schon rasch fortgedruckt wird [...].« Und an Luise v. Stolberg am 2. September: »Sie werden [...] ohngefähr zugleich mit diesem Blatte den 3. Band [...] erhalten.« – Demnach wird der Band WW III sehr wahrscheinlich gegen Ende August 1816 ausgeliefert worden sein.

Im Literaturverzeichnis wird zwar Fries' Rezension von ›Schelling: Denkmal‹ (S. 250) aufgeführt, aber ausgerechnet Fries' Rezension von Jacobis ›Von den Göttlichen Dingen‹, erschienen in ›Heidelbergische Jahrbücher‹, Februar 1812, wird nicht genannt (weder unter ›Fries‹ noch unter ›Anonymus‹). Dabei wird diese Rezension sogar im ›Editorischen Bericht‹ erwähnt:

> *»Fries bedankt sich am 3. Februar 1812 bei J. [...]; sein Dank habe sich verspätet, weil er zunächst die Rezension geschrieben habe.«*

»die Rezension« – da ist sie ja! Das Literaturverzeichnis hinten übersieht, was der Kommentar vorn schreibt. Auch Hegels Rezension (vom Band III von Jacobis Werken), ebd., 1817, wird nicht erwähnt. – Übrigens: Die im Literaturverzeichnis (S. 247) unter »Anonymus« aufgeführte Rezension von ›Schleiermacher: Über die Religion‹ stammt von W. M. L. de Wette, und die zu ›Cajetan Weiller: Ideen ...‹ stammt von F. Bouterwek. Das ist schnell zu finden, denn dazu gibt es inzwischen Arbeiten.

> Kommentar 46,1 philosophischer Nüchternheit] *Vgl. unten, 158,12-16; 160,1; 165,4-12*
> [Jacobis Text vollständiger, ebd. S. 45, Zeile 40 bis S. 46, Zeile 2:] »Wir wollen es versuchen, indem wir ihn [den ›Wandsbecker Boten‹] mit philosophischer Nüchternheit auf folgende Weise dreist, aber dabey doch auf das freundlichste, anreden.« (WW III, S. 285)

Der Kommentar verweist auf Jacobis »Vorbericht zu der gegenwärtigen neuen [zweiten] Ausgabe« (auf 158,12-16 u. 160,1; WW III, S. 250 u. 253) und auf seinen »Entwurf zum Vorbericht zu der gegenwärtigen neuen Ausgabe« (auf 165,4-12), n i c h t aber auf den ›Editorischen Bericht‹, wo a l l e i n diese Stelle – leider unvollständig[10] – aufgeklärt wird. Nur dort ist aus Jacobis Brief an F. Perthes 10.11.1814 zu entnehmen, daß zu Jacobis Bedauern (auch) Claudius die Passage S. 46, Zeile 3 bis S. 47, Zeile 15, die durch diese oben zitierte Stelle eingeleitet wird, mißverstanden hat. Der Kommentar ist aber ein Zeilenkommentar, und es hätte h i e r zu finden sein müssen, was im ›Editorischen Bericht‹ dazu steht.

Und umgekehrt von Jacobis »Entwurf zum Vorbericht zu der gegenwärtigen neuen Ausgabe« selbst (= S. 165f.), der sogar mit dem Hinweis (der Perthes gilt) beginnt

> »Es ist die Stelle, wo dem von der Persönlichkeit Christi, so wie sie in den Evangelien dargestellt ist, begeisterten Boten ein n ü c h -

---

10 Unter anderem wird nicht eindeutig klar, ob die Überschrift ENTWURF ZUM VORBERICHT ZU DER GEGENWÄRTIGEN NEUEN AUSGABE – eigenhändig so, in Majuskeln? – von Jacobi stammt, wird doch S. 165 am Rand erst die zweite Zeile oder das ihr Folgende mit *»32^{v}«* (das seien *»die beiden unteren Drittel dieser Seite«*, gemeint sind ›die unteren beiden Drittel dieser Seite‹) belegt.

> t e r n e r Philosoph entgegengestellt wird [...]« (S. 165, Zeile 3-5),

kein Kommentar! Man kann also aus dem Kommentar zu dieser Stelle nicht wissen, was überhaupt der Anlaß zu Jacobis »Entwurf« ist.

Zum »Vorbericht zu der gegenwärtigen neuen Ausgabe«, also zu der ausgearbeiteten Fassung, wird pauschal hingewiesen auf:

> 158,10-159,2 (WW III , S. 250f.) Es ist . . . nicht kann.] S. oben, 44,1-47,15 sowie 54,16-36.

Was aber meint Jacobi mit »Es ist die Stelle«? Es wird im Kommentar n i c h t verwiesen auf die von Jacobi formulierte, fingierte Rede S. 46, Zeile 1 bis S. 47, Zeile 15 (WW III, S. 285-288). Es ist genau diese Stelle gemeint, denn es wird einem »begeisterten Boten ein n ü c h t e r n e r Philosoph entgegengestellt«, der das Folgende, eben diese sogar mit Anführungen versehenen Abschnitte, ausspricht.

Was schließlich weder dem ›Editorischen Bericht‹ noch dem Kommentar zu entnehmen ist: E i n z i g Claudius ist der Anlaß dieses ›Entwurfes‹ von Jacobi, der sich dann in seinem »Vorbericht zur gegenwärtigen neuen [zweiten] Ausgabe« niederschlägt. Schreibt doch Jacobi am 10.11.1814 an Perthes (nachdem er diesen Vorsatz gefaßt hat: »Ueber andere Vorwürfe die mir gemacht werden, werde ich mich nicht rechtfertigen [...].«{vgl. S. 189}): »Es liegt mir auf der Seele, daß auch er [Claudius] eine Stelle meiner Schrift von den göttlichen Dingen mißverstanden hat [...]. [...] daß ich nicht zu jenen Idealistikern gehöre, zu denen mich der Wandsbecker Bote in seinem achten Bande S. 128. und in dem ganzen Gespräche mit Bertram zählt. [...] Ich werde mich in der Vorrede zu der neuen Ausgabe [= WW III] erklären. Unterdessen sey bei [I]hnen diese Erklärung für alle Fälle niedergelegt.« Zum Verständnis des ›Entwurfs‹ und seiner Verarbeitung im ›Vorbericht‹ hätte der Kommentar auf den – inzwischen (Altona 1812) ja erschienenen – achten Band der »Sämmtlichen Werke des Wandsbecker Bothen« verweisen und wohl auch die anhängigen Stellen daraus zitieren müssen.

Nebenbei: Es ist nicht nachvollziehbar, warum der ›Entwurf‹ in der Edition vom Herausgeber den Editionstitel »Beilage« (S. 163) erhält und im Kolumnentitel ebenfalls mit »Beilage« geführt wird. Man vermutet eine von Jacobis ›Beylagen‹ zu finden. Warum schreibt man nicht ›Entwurf [1814/1815]‹ oder gibt – besser noch – Jacobis eigenhändige Überschrift zu diesem seinen Entwurf an: »An Perthes im November 1814"?

Dienlich wäre auch zu erfahren, was Jacobi im Brief an Bouterwek vom 10.10.1816 über seine Beylagen A (S. 120-128; WW III, S. 429-449) und C (S. 131-136; WW III, S. 450-460) schreibt: »Ich bin der Meinung, daß diese zwei Beilagen allein so viel werth sind, wie das ganze übrige Buch, und mit e i n e m Wort, daß ich nie etwas besseres, als diese zwei Abhandlungen geschrieben habe.« Ein solches Wort Jacobis über diese *seine* hier edierten Schriften gehört in den Kommentar! Bedauerlich ist auch, daß nicht wenigstens hingewiesen wird auf Jacobis Reaktionen auf die Aufnahme seines Werks, etwa die auf Bouterweks Rezension (z. B. im Brief an ihn, 23.5.1812) oder die auf Hegels Rezension (im Brief an Jean Paul, 11.5.1817, und im Brief an Johann Neeb, 30. Mai). Besser noch, man hätte die wenigen Stellen zitiert, spricht doch hier der Autor über *sein* Werk.

Die letzten Zeilen des ›Editorischen Berichts‹, S. 190, lauten:

> *»Der Herausgeber dankt dem Staatsarchiv [Hamburg] für die Erlaubnis zur Publikation der Manuskripte* Philosophie und Beligion. Beschluß *und* Entwurf zum Vorbericht der gegenwärtigen Ausgabe *sowie insbesondere Herr. Dr. Günther Baum (Düsseldorf) für seine freundliche Erlaubnis, diesen von ihm gefundenen* Entwurf *im vorliegenden Band zu veröffentlichen.«*

Aber statt *›Herr.‹* lies *›Herrn‹*, doch statt ›Beligion‹ lies nicht ›Religion‹, sondern ›Christenthum‹; vgl. S. 177: »*Titelseite von Jacobis Hand:* P h i l o s o p h i e u n d C h r i s t e n t h u m / B e s c h l u ß .« Ferner: Der Herausgeber dankt dem Staatsarchiv Hamburg für die Erlaubnis zur P u b l i k a t i o n u.a. des Manuskripts ›Entwurf‹ u n d Dr. Günther Baum für die Erlaubnis, d a s s e l b e Manuskript zu v e r ö f f e n t l i c h e n . – Findet ›Publikation‹ offenbar noch eine Steigerung in ›veröffentlichen‹? Schließlich: Das R e c h t zu einer Veröffentlichung aus einem Nachlaß gewährt der Besitzer eines Nachlasses oder das aufbewahrende Archiv, nicht aber ein Dritter, der ein gesuchtes Objekt in dem Nachlaß möglicherweise entdeckt hat. (So nach einer um 1990 von der Jacobi-Briefedition eingeholten Auskunft bei Herrn Dr. Hinrich Sieveking, München, jedenfalls über das Staatsarchiv Hamburg und dessen Publikationsrechte, aus Anlaß eines anstehenden Besuches des Reimarus- und Sieveking-Nachlasses im Staatsarchiv Hamburg.) Man überläßt dem Entdecker die Erstveröffentlichung; aber ein Recht hat er mit seinem Fund nicht erworben.

Das immer wieder zu hörende Argument, es sei besser, es komme überhaupt etwas historisch-kritisch heraus denn nichts, ist ein niederträchtiges Argument. Es klingt überzeugend und verdeckt die Indolenz gegenüber wissenschaftlicher Editionsarbeit. Eine jede historisch-kritisch auftretende Ausgabe blockiert – wie gesagt – für die nächsten hundert Jahre eine neue, und sei die gerade erschienene noch so bejammernswert. Im übrigen ist der größere Teil von Jacobis Werken allgemein gut zugänglich. Allein ›Von den Göttlichen Dingen ... ‹ ist in den vergangenen 40 Jahren viermal wiederaufgelegt worden.

1. Windelband 1967;
2. Reprint Wissenschaftliche Buchgesellschaft 1968;
3. Philosophisch-literarische Streitsachen 1994;
4. Reprint Syndikat-Verlag ca. 1999.

Da bedurfte es nicht eines fünften Abdrucks, wenn nicht die kommentierende Aufarbeitung mitsamt tüchtiger Register alle Bedürfnisse erfüllt, die man einer solchen Schrift schuldig sein sollte.

»Ohe iam satis.« *(J. G. Hamann an Jacobi, 16. u. 17.2.1785)*

»›Braun waren Pharaons Kühe; doch auch von andern Farben.‹ Aber niemand ist blinder, als der nicht sehen w i l l , und dieses Nichtwollen hat hier ein Interesse, nämlich durch Seltsamkeit des Spektakels, wo Dinge, aus der natürlichen Lage gerückt, auf dem Kopf stehend vorgestellt werden, viel Neugierige herbei ziehen, um durch eine Menge von Zuschauern (wenigsten für kurze Zeit) den Markt zu beleben und so im litterärischen Gewerbe die Handelsindustrie nicht einschlummern zu lassen; welches dann doch auch seinen, wenn gleich nicht eben beabsichtigten Nutzen hat, nämlich vom zuletzt anekelnden Possenspiel sich hernach ernstlicher zur gründlichen Bearbeitung der Wissenschaften anzuschicken.« *(Kant: Über Buchmacherei. Akad.-Ausg. VIII, S. 438)*

Vierter Internationaler Kongress der Russischen Fichte-Gesellschaft:

»Platon, Machiavelli und Fichte – Die Idee einer gerechten Gesellschaft«

vom 26. – 31. Mai in Ufa (Baschkortostan)

Ein Reisebericht von

Hartmut Traub (Mülheim an der Ruhr)

Die Rolle, die die kritische Transzendentalphilosophie in den verschiedenen Kulturräumen dieser Welt spielen kann, hängt davon ab, wie sie sich gegenüber den dort bestehenden oder sich entwickelnden Mitkonkurrenten um Glaubwürdigkeit positioniert. Der Erfolg einer solchen Positionierung beruht dabei nicht zuletzt auf dem Nachweis ihrer Kommunikationsfähigkeit im Rahmen der jeweiligen geistes- und kulturgeschichtlichen Bedingungen. Das erfordert ein hohes Maß an Interesse, an Gesprächs- und Verstehensbereitschaft. Und dies um so mehr, je weiter die vorgefundenen Gepflogenheiten von den eigenen Gewohnheiten und Standards entfernt zu sein scheinen. Auf dem Wege eines solchen Verständigungsprozesses sind dann durchaus Horizont erweiternde, erhellende und auch relativierende Perspektiven sowohl auf das Fremde als auch auf das Eigene möglich.

Der »Vierte Internationale Kongress der Russischen Fichte-Gesellschaft« in Ufa bot für eine solche Horizonterweiterung vielfältig

Gelegenheit. Auf eine kulturgeschichtliche und eine bildungsstrategische Perspektive möchte ich hier kurz hinweisen.

Der westeuropäische Blick auf Russland begrenzt sich – medial vermittelt – im Allgemeinen auf das Russland um Moskau und St. Petersburg, sowie auf touristische Impressionen vom Baikalsee oder anderen klangvollen Stätten russischer Geographie. Dieser Perspektive gesellen sich je aktuelle Konfliktregionen, wie z. Zt. Tschetschenien, hinzu. Wie selbstverständlich verbindet sich mit dieser Blickrichtung die Vorstellung, Russland kultur- und geistesgeschichtlich aus und im Zusammenhang der spezifisch europäisch-christlichen, d.h. griechisch-römisch-byzantinischen, vielleicht noch germanischen Kulturgeschichte zu verstehen. Das ist durchaus sinnvoll; und diese Linie ist zweifellos auch ein tragendes Element des russischen Selbstverständnisses und auch der kulturellen Identität unserer russischen Kollegen, wie das in Gesprächen z.T. überaus deutlich betont wurde. In dieser Sichtweise ist die wiederzugewinnende Anerkennung der Tatsache begründet, dass, von den 80 Jahren der SU abgesehen, Russland über Jahrhunderte, wenn auch besonderes, so doch integrales Kulturelement der europäischen (Geistes)Geschichte war. Und dass aus dieser Zugehörigkeit nicht nur Goethe und die deutsche Klassik für die Kulturgeschichte Russlands, sondern auch Tolstoi, Dostojewskij, Puschkin u.s.w. untrennbar zum Bestand westeuropäischer Geistesbildung gehören.

Die Reise in die Grenzregion zwischen Europa und Asien, in der die Millionenstadt Ufa als ehemalige Festungsanlage und Handelsmetropole an der Schnittstelle der beiden Kontinente liegt, macht gegen diese Sichtweise aber unübersehbar deutlich, dass der europäisierende Blick sowohl ethnologisch als auch kulturhistorisch ergänzungsbedürftig ist. Russland, das ist hier augenscheinlich, ist zureichend nur als *eurasischer* Großkulturraum zu verstehen, der, musikgeschichtlich vereinfacht gesprochen, nicht nur durch Tschaikowski, sondern zumindest auch durch Katschaturian repräsentiert wird.

Als dritte prägende Kulturwurzel, was in Ufa durch den imposanten Bau der neuen Moschee unterstrichen wird, ist der orientalisch-muslimische Einfluss, nicht nur in Baschkortostan, (dessen Hauptstadt Ufa ist), sondern in den südöstlichen Republiken der russischen Föderation insgesamt. So hatten wir während des ersten Besuchs in Ufa im Jahre 2001 die Gelegenheit zu einer Begegnung mit dem geistlichen Oberhaupt der muslimischen Gemeinden Baschkortostans.

Hinter diesen drei großen geistesgeschichtlichen Strömungen verzweigt sich eine Vielzahl kleiner, nichtsdestoweniger eigenständiger

kulturvölkischer Traditionen, deren Anzahl uns für Baschkortostan mit mindestens 12 angegeben worden ist.
Nach dem Zusammenbruch der diese Kulturvielfalt überwölbenden »marxistisch-leninistischen Weltanschauung« vor 15 Jahren, befindet sich Russland immer noch in einem z. T. prekären Gärungsprozess politischer, v.a. auch geistig-kultureller Neuorientierung.

Gerade für diesen Umbruchprozess sieht sich die Russische Fichte-Gesellschaft in einer besonderen Verantwortung. Neben dem rein akademisch-wissenschaftlichen Interesse an der klassischen deutschen Philosophie verfolgt die Gesellschaft das kulturphilosophische Ziel, gegen das Aufkommen von fundamentalistischem, ideologischem und religiösem Dogmatismus, gegen spekulativen Mystizismus aber auch gegen Dezisionismus und radikalen Skeptizismus das kritische und zugleich substanzielle Angebot des transzendentalen Idealismus zu etablieren und sich dabei mit einem eigenständigen Interpretationsansatz zur Transzendentalphilosophie zu profilieren. Für wahr: Ein anspruchsvolles und überaus schwieriges Unternehmen. Und im Rahmen dieser Aufgabe war es sicher eines der Motive, die deutschen Kollegen einzuladen, dass die russischen Fichte Forscher durch die Dokumentation unseres Interesses ein Mehr an Aufmerksamkeit und Aufwertung für ihre Arbeit im eigenen Lande verbinden. Mit dem Thema: »Platon, Machiavelli und Fichte – über die Idee einer gerechten Gesellschaft«, wird dieses Anliegen von der sachlichen Seite noch einmal unterstrichen. In den sich entwickelnden politisch-ideologischen Orientierungsprozess hinein wurden klassische Modelle der Staatsphilosophie und ihre unterschiedlichen Optionen zu Organisation, Legitimation und Zielsetzung politischer Herrschaft an drei Tagen befragt und unter aktualisierenden Perspektiven, wie etwa der »Virtualität des Politischen« heute, das Verhältnis von Politik und Poesie usw., lebhaft diskutiert.

Der Bereitschaft der Internationalen-Fichte-Gesellschaft zum wiederholten Male der Einladung nach Ufa zu folgen, wurde universitätsintern (durch die Anwesenheit des Prorektors während der Eröffnung) und auch öffentlich (durch die Anwesenheit der Presse) durch Aufmerksamkeit, Anerkennung, Unterstützung und herzliche Gastfreundschaft gedankt und dies mit der Hoffnung verbunden, aus dieser Zusammenarbeit eine Tradition werden zu lassen. Als besonderer Ausdruck der Gastfreundschaft ist sowohl die Unterkunft in den universitätseigenen Appartements, die Nutzung des ebenfalls universitätseigenen Kleinreisebusses, vor allem aber das anspruchsvolle und abwechslungsreiche Kultur- und Freizeitrahmenprogramm anzusehen, das neben dem Einblick in die ökonomisch prosperierende Großstadt Ufa den Besuch des Rudolph-Nurejew-Museums im Rahmen eines Ballettabends, den Besuch der Kunstgalerie mit Werken von Michael Nesterow, eine Stadtrundfahrt und einen Ausflug zu den heilenden Quellen von Krasnousolsk beinhaltete.

Für die Entwicklung eines wachsenden Interesses am Studium und der Erforschung der klassischen deutschen Philosophie bestehen dank der Bemühungen der Kollegen und Kolleginnen in Ufa auch für Russland insgesamt gute Chancen. Ein erfolgversprechender Anknüpfungspunkt über Ufa hinaus nach Moskau hat sich während des Kongresses für die Erforschung und Übersetzung einer umfangreichen Kritik an der marxistischen Rezeptionsgeschichte von Fichtes *geschlossenem Handelsstaat* ergeben. (An dieser Arbeit, deren zentrale Thesen in einem Vortrag präsentiert wurden, haben wir unserer Interesse bereits angemeldet.)

Es ist zu hoffen, dass der »italienische Netzwerkgedanke« auch für die Kooperation zwischen den verschiedenen Orten der Idealismusforschung in Russland, zwischen Ufa, Moskau, St. Petersburg und den noch nicht erschlossenen Forschungsstätten, etwa Kaliningrad, seine fruchtbare Kraft entfalten kann. In München hat Reinhard Lauth diesem Wunsch nach innerrussischer Kooperation durch seine exklusive und herzliche Begrüßung der gesamtrussischen Delegation besonders Ausdruck verliehen.

Für eine Unterstützung des Entwicklungs- und Integrationsprozesses der russischen Fichte-Forschung bietet sich für die *Internationale – J. G. Fichte – Gesellschaft* eine besondere Chance, weil es trotz des Zusammenbruchs der intensiven deutsch-russischen Partnerschaften während der DDR Zeiten auch heute noch unter den Lehrenden, aber auch unter den Studierenden, erfreulicherweise einiges Interesse an der deutschen Sprache gibt. Für russische Kolleginnen und Kollegen und für deren Studenten wäre dabei das zu fördern, was für westeuropäische Kontakte seit langem selbstverständlich ist: der Austausch von Studenten, die Übernahme von Gastdozenturen usw. Hier besteht die Möglichkeit zu einem, wenn auch kleinen Beitrag, den auch eine philosophische Gesellschaft zu europäischen (Re)Integration beisteuern könnte.

Rezensionen

Rezensionen

Stefano Bacin: *Fichte a Schulpforta* (1774-1780). *Contesto e materiali* (lstituto ltaliano per gli Studi Filosofici – Fichtiana, Nr. 20), Guerini e Associati, Mailand 2003 (393 S.)

Die Münchner Herausgeber der J.G. Fichte-Gesamtausgabe haben vor einigen Jahren damit begonnen, Fichtes zwischen 1809 und 1814 (dem Todesjahr des Philosophen) entstandene Werke zu edieren. Diese Werke stehen in engem Zusammenhang mit der Lehrtätigkeit Fichtes an der neu gegründeten Berliner Universität. Von dieser Spätphase von Fichtes Denken waren bisher – ausgenommen ganz weniger Texte, die Fichte selbst veröffentlicht hat oder einzelne posthume Werkausgaben – nur jene Texte zugänglich, die Immanuel Hermann Fichte in der ersten Hälfte des 19. Jahrhunderts in seine Werkausgabe der philosophischen Hinterlassenschaft seines Vaters aufgenommen hat. Diese Ausgabe ist jedoch unvollständig und mangelhaft: Zum einen wurden etliche wichtige Manuskripte Fichtes oder Kollegnachschriften erst nachträglich gefunden, zum anderen sind die von Immanuel Hermann Fichte veröffentlichten Texte durch eigenmächtige Interpolationen weitgehend verfälscht sind.

So hat denn auch Immanuel Hermann Fichte die Darstellung der Wissenschaftslehre, die sein Vater von Januar bis März 1810 vorgetragen hat, und die sich als Manuskript im Fichte-Nachlass der Deutschen Staatsbibliothek zu Berlin Preußischer Kulturbesitz befand, nicht in seine Ausgabe aufgenommen. Fichte selbst hatte zwar 1810 eine knappe Schrift:

»*Die Wissenschaftslehre in ihrem allgemeinen Umrisse*« veröffentlicht, die wegen ihrer Einheitlichkeit und der Schärfe, mit der ihre Thesen formuliert waren, längst die Aufmerksamkeit der Fichte-Forscher auf sich gezogen hatte, doch war diese Schrift de facto bloß als Abschluss und Zusammenfassung der zu Beginn des Jahres gehaltenen Vorlesung über die Wissenschaftslehre gedacht. Diese Vorlesung wurde erst jetzt nachträglich in Band II,11; S. 287 bis 392 der Gesamtausgabe veröffentlicht.

Es war diese Fassung der Wissenschaftslehre, die der Untersuchung von Katja V. Taver zugrunde lag. Die Münchner Herausgeber der Kritischen Edition, Reinhard Lauth und Hans Gliwitzky, hatten der Autorin den schon für die Gesamtausgabe transkribierten und bearbeiteten Text zur Verfügung gestellt. Es ist zu erwarten, dass im Gang der Gesamtausgabe und der Texte der letzten Phase des Fichteschen Denkens die Zahl kritischer Erforschung dieser Spätphase anwachsen wird, wie zahlreiche Anzeichen und einige schon veröffentlichte Arbeiten sowie der Fichte-Kongress vom Oktober 2003 in München es erwarten lassen. Wegweisend für die Erforschung von Fichtes Spätphase und deren wesentlicher Fragestellungen ist der Aufsatz von Reinhard Lauth: *Fichtes System in seinen späten Berliner Vorlesungen,* der als Einführung in die italienische Ausgabe der Fichtes Wissenschaftslehre von 1811, hrsg. von Gaetano Rametta, veröffentlicht istFichtes Jahre in Schulpforta – allgemeiner: seine ganze frühe intellektuelle Ausbildung – sind für die Forschung lange ein dunkler Zeitraum geblieben. Das nach wie vor geltende Bild des ›titanischen Philosophen‹ hat die Situation insofern sozusagen verschlimmert, als sich damit die These durchgesetzt hat, der junge Fichte könne nur ein »großer Autodidakt« (um einen Ausdruck von Max Wundt zu benutzen) gewesen sein.

Bacins Buch versucht nun – und dies ist ihm unseres Erachtens völlig gelungen –, den zeitgenössischen Kontext des angehenden Philosophen so genau wie möglich zu rekonstruieren, um so jegliche Art historiographischer Hagiographie zu vermeiden. Zu diesem Zweck räumt es mit all den unbegründeten Theorien und Behauptungen auf, die – mit Blick auf die späteren Jahre des Philosophen – insofern eine historische Verstellung verursacht haben, als man mittels eines für legitim gehaltenen *hysteron proteron* die bekannten späteren Jahre auf die früheren projiziert hat. Die Bacins Buch zugrundeliegende Methode zeigt, dass es illegitim ist, zeitlich voneinander entfernte Texte nur deswegen einander anzunähern, weil sie *prima facie* ähnlich klingende Stellen enthalten. Bacin führt aus, man dürfe die frühen Ideen und Einflüsse, die in einer Schrift vorkommen, nur als Basis für die Auslegung späterer und komplexerer Gedanken betrachten. Ansonsten liefe man Gefahr, jenen Andeutungen »einen unproportionierten und unnachweisbaren Wert« zuzusprechen. Wenn man bloße Vermutungen zu vermeiden imstande sei, könne man über jene Ideen erfolgreich zu den historischen Quellen der Bedeutungskerne vordringen, die den Keim für die späteren Bearbeitungen bilden (124). Ein Beispiel dieses methodologischen Verfahrens sei hier erwähnt: Wenn in der *Oratio de recto praeceptorum poeseos et rhethorices usu* (1780) von *ingenium* die Rede ist, kann man Bacin zufolge nur insofern auf Fichtes Jenaer Vorlesungen *Über Geist und Buchstabe in der Philosophie* hinweisen, als der in ihnen diskutierte Begriff von Geist die alte Bedeutung von »ingenium« enthält. Gottscheds *Dichtkunst* (nach Ansicht des Verfassers Fichte wohl bekannt) dürfte hier die dazu notwendige, diese Folgerung begrifflich ermöglichende Brücke darstellen, da in ihr »ingenium« durch »Geist« wiedergegeben ist (96, 144).

Das Buch gliedert sich in zwei Teile: im ersten (13-126) wird der Kontext geschildert, in dem Fichtes Ausbildung in Schulpforta stattgefunden hat; im zweiten (127-366) sind all diejenigen Materialien gesammelt, die für den in Frage stehenden Zeitraum von Bedeutung sind: Fichtes Brief an den Vater (1775), die Zuschrift Fichtes und anderer Kommilitonen an den Rektor von Schulpforta (1780), die sogenannte *Valedictionsrede* (1780), J. A. Ernestis Begleitbrief zum Entwurf der neuen Schulordnung (1766), die von Ernesti verfasste *Erneuerte Schulordnung für die Fürsten- und Landschulen* (1773) und einige Briefe F. A. Weißhuhns über Schulpforta (1. Aufl. 1786, 2. Aufl. 1789). Alle Texte des zweiten Teils wurden von Bacin mit einem umfassenden und präzisen Fußnotenapparat versehen.

Wie man dieser Liste entnehmen kann, haben wir es mit einer homogenen Sammlung von Schriften zu tun, unter denen die *Erneuerte Schulordnung* sowie Weißhuhns Briefe hervorragen. Beide Texte werfen nämlich ein deutliches Licht auf das alltägliche Leben von Schulpforta und geben uns zahlreiche Informationen darüber, was Fichte sicherlich gelesen hat. Was man so erfährt, ist zweifelsohne von großem Interesse für die Fichte-Forschung, die sich damit bisher praktisch nicht, oder wenn überhaupt[1], dann nur *en passant* befasst hat.

---

1 R. Preul, Reflexion und Gefühl. Die Theologie Fichtes in seiner vorkantischen Zeit, Berlin 1969; M. Kessler, Kritik aller Offenbarung. Untersuchungen zu einem Forschungsprogramm Johann Gottlieb Fichtes und zur Entstehung und Wirkung seines »Versuchs« von 1792, Mainz 1986; A. G. Wildfeuer, Praktische Vernunft und System. Entwicklungsgeschichtliche Untersuchungen zur ursprünglichen Kant-Rezeption Johann Gottlieb Fichtes, Stuttgart-Bad

Der Verfasser zeigt überzeugend das in den erwähnten Texten enthaltene hermeneutische Potential und regt auch zu möglichen, für die Rekonstruktion der ganzen philosophischen Reflexion Fichtes bedeutenden Schlussfolgerungen an. Hier ein paar Beispiele. Ernestis Schulordnung bestätigte damals ganz klar die schon konsolidierte Vorrangstellung des Lateins gegenüber dem Altgriechischen: Dies könne als Grund für die Distanz angeführt werden, die Fichte von Autoren wie Hölderlin, Hegel oder Schelling trennt, die zum alten Griechenland eine besondere Affinität fühlen (45). Aufgrund der Briefe Weißhuhns wisse man außerdem, dass einige jüngere Lehrer Lessings *Laokoon* in ihren Lektionen über antike Dichter benutzten (88).

Ein Kapitel für sich stellt Fichtes philosophische Lektüre in Schulpforta dar. Damit wird zunächst die These Max Wundts widerlegt, der zufolge der Crusius-Schüler Christian Friedrich Pezold den jungen Fichte zum ersten Mal in philosophische Auseinandersetzungen eingeführt hätte. Für Bacin sind hingegen Ernestis *Initia doctrinae solidioris* (1736) das Buch, »mit dem die philosophische Bildung Fichtes begann« (53). Langfristige Auswirkungen dieser Lektüre Fichtes sieht der Verfasser für die historische Interpretation einiger Thesen, die sich in späteren Werken unseres Philosophen finden. Die in Fichtes *Vorlesungen über Logik und Metaphysik* von 1797 angeführte Unterscheidung zwischen natürlicher und künstlicher Logik (GA IV, 1, 190-191) weise z. B. ganz klar auf die gleichnamige Gegenüberstellung hin, die nicht bei Platner vorkomme (wie man erwarten könnte, da diesen Vorlesungen seine *Philosophischen Aphorismen* zugrunde liegen), sondern eben bei Ernesti (58). Auch Ernestis sich auf die rhetorische Tradition gründender Begriff von Dialektik, dem zufolge letztere keine Logik der wahrscheinlichen Erkenntnis, sondern die Wissenschaft vom eingehenden Verständnis des Wahren und des Falschen sowie deren subtile Erklärung darstellt, scheine ein *Pendant* zu finden in Fichtes Benutzung dieses Begriffs, der gemäß die Dialektik »die Wissenschaft der formalen logischen Funktion, – auch als *Kunst* mit derselben umzugehen« *(Logik Erlangen,* GA II, 9, 80) ist. Ein ähnlicher Versuch, mehr oder minder direkte begriffliche Beziehungen zwischen Fichtes Texten und zeitgenössischen, in Schulpforta benutzten Lehrmitteln hervorzuheben, bezieht sich auf Christian Fürchtegott Gellert und dessen *Moralische Vorlesungen* (1770). Die damals sehr bekannte Gegenüberstellung von Kopf und Herz finde einen Präzedenzfall in Gellerts Buch (66). Ba-

Cannstatt 1999; A. J. La Vopa, Fichte. The Self and the Calling of Philosophy, 1762-1799, Cambridge 2001

cins Vorschlag ist auch deswegen interessant, weil nach ihm Gellert als mögliches fehlendes Bindeglied zwischen der klassischen Schulphilosophie und deren Rezeption durch Fichte betrachtet werden könnte: In den *Moralischen Vorlesungen* wird nämlich auf die ethischen Abhandlungen eines Baumgarten oder eines Crusius hingewiesen, es ist auch von der *Bestimmung des Menschen* Johann Joachim Spaldings die Rede, die sich bekannterweise mit einem Thema befasst, das auch in einer gleichlautenden Schrift Fichtes behandelt werden wird. Gellerts Vorlesungen, so Bacin, »berühren viele zentrale Themen und Begriffe der zeitgenössischen philosophischen Kultur [...] wie die der Bestimmung des Menschen oder des Gewissenstriebs, die dann später in Fichtes Reflexion weiterentwickelt werden« (67).

Die Kontinuität zwischen unserem Philosophen und einigen Autoren der Schulphilosophie wird von Bacin auch in einer zweiten Hinsicht gezeigt. Man könne nämlich nicht bloß feststellen, dass Fichtes erste Lektüre in Schulpforta ein direktes Echo in den späteren Texten findet, sondern dass auch Stellen seiner frühen Schriften, die unter deutlichem Einfluss von bekannten Autoren stehen, ihr Gegenstück in den späteren Jahren erhalten. Dies ist z. B. der Fall der klassischen Theorie der Künste, der zufolge das *docere, movere et delectare* Objekt des Redners ist – eine Lehre, die von Quintilian über Ernesti und Gottsched bis zur *Oratio valedictoria* Fichtes gelangt und die auch später in Schriften wie der *Practischen Philosophie* und den Vorlesungen *Über Geist und Buchstabe* in seiner Philosophie nachweisbar ist (142-143).

Max Wundts These, das Verfahren der Wissenschaftslehre sei »als eine Fortsetzung und Weiterführung der von Fichtes Vorgängern [unter anderem von Christian Wolff] in der Philosophie angebahnten Methode« zu begreifen[2], stützt sich nur auf eine mehr oder minder annehmbare Ähnlichkeit im theoretischen Prozedere (in unserem Fall mathematischer Art). Bacins Buch hingegen begnügt sich damit, die theoretisch weniger weit gehende, aber dafür historisch beweisbare Tatsache festzuhalten, dass der junge Fichte sich mit Wolffs Lehrmittel für Mathematik [sc. mit den *Auszügen aus den Anfangs-Gründen aller Mathematischen Wissenschaften]* befassen musste (48-49).

Das aus dieser Untersuchung resultierende Bild von Fichte kann auch deswegen als innovativ für die Forschung bewertet werden, weil es Aspekte in sich enthält, die bisher zu wenig beleuchtet wurden. Viele

---

2 M. Wundt, Fichte-Forschungen, Stuttgart-Bad Cannstatt 1976 (Nachdruck der Ausgabe Stuttgart 1929), S. 285.

davon tragen dazu bei, die Ausbildung in Schulpforta, allgemeiner: einen großen Teil der spekulativen Reflexion des Philosophen von Rammenau als in der damaligen Schulphilosophie verankert zu betrachten. Genauer, sie erweckt den Eindruck, sehr stark unter dem Einfluss der sogenannten Popularphilosophie zu stehen. Aus diesem Grund scheinen alle Thesen, die Fichtes gesamtes philosophisches Unternehmen nur oder vorwiegend unter dem Zeichen des Transzendentalismus interpretieren, historisch und deswegen auch historiographisch bedenklich. Die durch die Lektüre Kants motivierte »kopernikanische Wende« fügt sich im Gegenteil in eine theoretische Ausbildung ein, die ganz deutlich aufklärerisch ist. Das schon erwähnte, so weit wie möglich zu widerlegende Bild des großen Autodidakten wird auch durch solche hermeneutischen Unaufmerksamkeiten genährt.

Faustino Fabbianelli (Cagliari)

Katja V. Taver: *Johann Gottlieb Fichtes Wissenschaftslehre von 1810. Versuch einer Exegese.* »Fichte-Studien-Supplementa«, Bd. 12, Rodopi, Amsterdam – Atlanta GA, 1999, 396 S.

Die Münchner Herausgeber der J.G. Fichte-Gesamtausgabe haben vor einigen Jahren damit begonnen, Fichtes zwischen 1809 und 1814 (dem Todesjahr des Philosophen) entstandene Werke zu edieren. Diese Werke stehen in engem Zusammenhang mit der Lehrtätigkeit Fichtes an der neu gegründeten Berliner Universität. Von dieser Spätphase von Fichtes Denken waren bisher – ausgenommen ganz weniger Texte, die Fichte selbst veröffentlicht hat oder einzelne posthume Werkausgaben – nur jene Texte zugänglich, die Immanuel Hermann Fichte in der ersten Hälfte des 19. Jahrhunderts in seine Werkausgabe der philosophischen Hinterlassenschaft seines Vaters aufgenommen hat. Diese Ausgabe ist jedoch unvollständig und mangelhaft: Zum einen wurden etliche wichtige Manuskripte Fichtes oder Kollegnachschriften erst nachträglich gefunden, zum anderen sind die von Immanuel Hermann Fichte veröffentlichten Texte durch eigenmächtige Interpolationen weitgehend verfälscht sind.

So hat denn auch Immanuel Hermann Fichte die Darstellung der Wissenschaftslehre, die sein Vater von Januar bis März 1810 vorgetragen hat, und die sich als Manuskript im Fichte-Nachlass der Deutschen Staatsbibliothek zu Berlin Preußischer Kulturbesitz befand, nicht in seine Ausgabe aufgenommen. Fichte selbst hatte zwar 1810 eine knappe Schrift: »*Die Wissenschaftslehre in ihrem allgemeinen Umrisse*« veröffentlicht, die wegen ihrer Einheitlichkeit und der Schärfe, mit der ihre Thesen formuliert waren, längst die Aufmerksamkeit der Fichte-Forscher auf sich gezogen hatte, doch war diese Schrift de facto bloß als Abschluss und Zusammenfassung der zu Beginn des Jahres gehaltenen Vorlesung über die Wissenschaftslehre gedacht. Diese Vorlesung wurde erst jetzt nachträglich in Band II,11; S. 287 bis 392 der Gesamtausgabe veröffentlicht.

Es war diese Fassung der Wissenschaftslehre, die der Untersuchung von Katja V. Taver zugrunde lag. Die Münchner Herausgeber der Kritischen Edition, Reinhard Lauth und Hans Gliwitzky, hatten der Autorin den schon für die Gesamtausgabe transkribierten und bearbeiteten Text zur Verfügung gestellt. Es ist zu erwarten, dass im Gang der Gesamtausgabe und der Texte der letzten Phase des Fichteschen Denkens die Zahl kritischer Erforschung dieser Spätphase anwachsen wird, wie zahlreiche Anzeichen und einige schon veröffentlichte Arbeiten sowie der Fichte-Kongress vom Oktober 2003 in München es erwarten lassen. Wegweisend für die Erforschung von Fichtes Spätphase und deren wesentlicher Fragestellungen ist der Aufsatz von Reinhard Lauth: *Fichtes System in seinen späten Berliner Vorlesungen,* der als Einführung in die italienische Ausgabe der Fichtes Wissenschaftslehre von 1811, hrsg. von Gaetano Rametta, veröffentlicht ist.[1] Wir können sagen, dass die Untersuchung von Katja V. Taver diese neue Entwicklung erfolgreich eingeleitet und die bahnbrechende Rolle eines Vorreiters eingenommen hat. Dies einerseits schlicht, weil die Autorin früher als Andere über Fichtes Spätphase gearbeitet hat, andererseits aber auch, weil die Grundlage ihrer Monographie die *früheste* Darstellung der Wissenschaftslehre im eigentlichen Sinne ist, die Fichte an der Berliner Universität vorgetragen hat. – Zwar gab es schon Arbeiten zu den späten Darstellungen der Wissenschaftslehre, doch konnten diese sich nicht auf Texte abstützen, die den geltenden historisch-kritischen Anforderungen gerecht wurden, noch verfügten diese über eine vollständige Übersicht über die *Gesamtheit* von Fichtes Schaffen in jenen Jahren. Katja V. Taver hat einen Komplex von Interpretationsschemata und von Begriffs- und semantischen Abklärungen erarbeitet, die für die Fichte-Forschung bei der Untersuchung von Fichtes letztem Systemzyklus von großem Nutzen sein können.

Auch ist zu bedenken, dass dem Text der Wissenschaftslehre 1810 – wie die Herausgeber der Gesamtausgabe festhalten – ein »eher rhapsodischen Charakter« eignet. Man kann an ihm »die Folgen der langen Krankheit des Philosophen« ablesen, welche ihr voraus ging. Dieser Umstand lässt den »Versuch einer Exegese«, wie die Autorin im Untertitel

---

1 Reinhard Lauth: Il sistema di Fichte nelle sue tarde lezioni berlinesi, veröffentlicht als Einführung in J. G. Fichte, Dottrina della scienza. Esposizione del 1811, hrsg. von Gaetano Rametta, Guerini e Associati, Mailand 1999, SS. 11 – 52. Zur Fichtes Spätphase siehe auch: Günter Zöller, Leben und Wissen. Der Stand der Wissenschaftslehre beim letzten Fichte, in: E.Fuchs/M. Ivaldo/G. Moretto, Der transzendentalphilosophische Zugang zur Wirklichkeit. Beiträge aus der aktuellen Fichte-Forschung, Frommann-Holzboog, Stuttgart-Bad Cannstatt 2001, S. 307- 330

ihre Arbeit über diese Fassung der Wissenschaftslehre bezeichnet, als noch willkommener erscheinen: Es handelt sich um eine geduldige und sorgfältige Arbeit der Erklärung, der Interpretation und des Kommentierens des komplexen und oft sich auf bloße Stichwörter beschränkenden Fichte-Textes. Wer immer auch nur minimal mit dem Denken Fichtes vertraut ist, weiß auch, wie schwierig es ist, sich eine vertrauenswürdige Darstellung der philosophischen Bedeutung der grundsätzlichen in der Diskussion stehenden Terme zu verschaffen, und sei dies auch auf einfachster Ebene. Der Autorin kommt auf diesem Feld das Verdienst zu, präzise und sachkundige Hypothesen aufzustellen. Um dieser exegetischen Aufgabe gerecht zu werden, erörtert und vertieft sie die Terme und grundlegenden konzeptuellen Bewegungen der Wissenschaftslehre von 1810 mit Rückgriff auf andere Darstellungen von Fichtes Denken und hilft so letztendlich, Fichte mit Fichte zu verstehen, während sie andererseits in kompetentem Gebrauch die Sekundärliteratur beizieht. Des Weiteren zeigt sich, dass Katja V. Taver sich dem Denken Fichtes aus einem entschlossenen Interesse am systematischem Denken nähert. So schreibt sie einleitend: »Die Frage, weshalb heute sich mit Fichte befassen, läuft hinaus auf die Frage, weshalb heute sich mit Philosophie überhaupt befassen.?« So ist ihre Exegese nicht eine aseptische und »neutrale« Abhandlung (die von nicht offengelegten verborgenen Voraussetzungen ausgeht, die dogmatisch angenommen wurden), sondern in Tat und Wahrheit eine philosophische Bearbeitung, die nicht davor zurückschreckt, sich mit dem Wesen der fokussierten Fragen zu messen.

Ich habe auf den »eher rhapsodischen, bruchstückhaften Charakter« von Fichtes Text aus dem Jahre 1810 hingewiesen. Umso wichtiger ist es für den Leser dieses Textes und den Forscher, über ein Auslegungsschema dieses Textes zu verfügen, das die lebendigen Formulierungen der Fichteschen Gedankengänge wiederherstellt, ein Schema als dynamisches und bewegliches Orientierungsmuster, auf Grund dessen es dem Leser ermöglicht wird, sich den Fichteschen Text selbständig und autonom anzueignen. In eins mit der begrifflichen und semantischen Klärung, die ich schon erwähnt habe, hat sich Katja V. Taver dieser hermeneutischen Aufgabe des »Versuchs einer Exegese« unterzogen. Die Autorin hat die Gedankenbewegung, die Fichte in der Wissenschaftslehre 1810 vollzieht, in sechs grundlegende Teile untergliedert, die den sechs Kapiteln ihrer Abhandlung entsprechen: 1.: Fichte geht aus von der Erscheinung des absolut absoluten Seins, das – über eine kritische Auseinandersetzung mit Spinoza – bestimmt wird als das Sein Gottes außer seinem Sein. Dies wird begriffen als ein Wissen, dessen schematisches und symbolisches Wesen erörtert wird. 2.: Die Erscheinung ist in ihrem Wesen reflexiv: – Sie ist Erscheinung des Absoluten und versteht sich als solche. So gefasst, ist sie von Grund auf »Vermögen« (Enérgeia) des Erscheinens und der Sichtbarmachung des Lebens. 3.: Diese Sicherscheinung der Erscheinung ist zu verstehen als Reflexibilität, als Einheit von Selbst- und Fremdreferentialität, als jene Einheit von intentionalem und reflexivem Sehen, welches als Entstehungsprinzip allem Wissen zugrunde liegt. 4.: Die Reflexibilität ist das Band zwischen dem Ich und dem Absoluten, denn aus dieser Reflexibilität und deren Vollzug ergibt sich die Entstehung eines reflektierenden Ich als Schema des göttlichen Lebens. 5.: Die Reflexibilität ist selbst wiederum reflexiv – Ebene der Reflexibilität der Reflexibilität – und hier vollzieht sich der Übergang von faktischer zu transzendentaler Reflexion. 6.: Die systematische Gedankenbewegung vollendet sich in der Darstellung des Standpunkts der »höheren Moralität« – oder »religiösen Moralität« – als ein sich Wissen und sich Wollen als Schema, begriffen als Schema des Göttlichen.

Diese rein formale Charakterisierung der Exegese von Katja V. Taver, welche ich hier gezeichnet habe, gibt gewiss nicht die ganze Komplexität und den ganzen gedanklichen Reichtum ihrer Exegese wieder. Ich möchte bloß nochmals auf die zentrale Stellung hinweisen, welche die Autorin dem Begriff der »Reflexibilität« beilegt, der eine zentrale Rolle in der Lehre von der Erscheinung einnimmt, indem er deren reinen Möglichkeitscharakter, sowie den Begriff des »Soll«, als jenem Moment, hervorhebt, das der stets »kreativen« Verwirklichung der Möglichkeit als solcher zugrunde liegt. Auch hat die Autorin Fichtes Denken eines »transzendenten Absoluten« erfasst und thematisiert, das dem gesamten Feld der Erscheinungen und der schematischen Struktur der Erscheinung selbst zugrunde liegt. Katja V. Taver beschließt ihre Untersuchung mit einem Blick auf die historischen Hintergründe und die Aktualität der aufgeworfenen Fragen, die ihre Abhandlung charakterisieren, etwa der, dass »die Lehre des späten Fichte von einem Absoluten, dessen Gedanke der Einzelne in seiner Individualität und individuellen Aufgabe ist«, keineswegs obsolet ist, ebenso wie auch Fichtes Lehre von der Interpersonalität, »wonach Ego, einen möglichen Gedanken des Einen Seins darstellend, in alter Ego ebenfalls einen Gedanken des sie umfassenden Einen erkennt und anerkennt«, ihre Aktualität behauptet. Hieraus ergibt sich, dass, »wenn ich mich als ein Soll in Gott begreife, ich auch den Anderen als eine mögliche

Wahrheit in Gott begreifen muss, jenen Anderen, dessen Unverletzlichkeit es zu anerkennen und dessen Freiheit es zu fördern gilt.«

Marco Ivaldo (Neapel)

Armin Wildfeuer: *Praktische Vernunft und System. Entwicklungsgeschichtliche Untersuchungen zur ursprünglichen Kant-Rezeption Johann Gottlieb Fichtes* (Spekulation und Erfahrung, Bd. II/40). Stuttgart-Bad Cannstatt: Frommann-Holzboog 1999, 596 Seiten).

Fichtes noch ursprünglichere Einsicht?

Wildfeuers Dissertation ist eine systematisch-historische Untersuchung zur noch immer kaum erforschten frühesten Periode im Fichteschen Denken. Der Autor versucht zu zeigen, dass die Erforschung dieser Periode lohnt; ich würde noch hinzufügen, es lohnt sich, seine Studie gelesen zu haben, und dies nicht nur deshalb, weil sie unter Betreuung eines anspruchsvollen, im Jahre 2000 leider verstorbenen Doktorvaters, Hans-Michael Baumgartner, entstanden ist. Im Folgenden soll der Gedankengang dieses interessanten Buches nachvollzogen werden.

Wildfeuers Ausgangsthese zufolge erhielt das Fichtesche Denken die wesentlichen Anstöße nicht erst durch die Kant- oder Reinhold-Rezeption. Die Frühphilosophie Fichtes (1780-90) lässt sich auch keineswegs als ein unveränderliches (»totes« in den Begriffen von Fichte selbst) Stadium von »Determinismus« und »System der Notwendigkeit« nach dem Muster von Karl-Ferdinand Hommel (1722-1781) klassifizieren. Im Gegenteil: Die vom Letzteren vertretene Auffassung der Vernunft qua »Epiphänomen der Naturkausalität« (Wildfeuer, 22) wird bei Fichte bald gegen seine eigene, noch unabhängig von Kant und Reinhold formulierte These, dass die Freiheit und Einheit der menschlichen Vernunft irgendwie möglich sein müsse, ausgespielt. Eine solche Annahme (welche künftig zum Fichteschen *credo* wird) kommt schon in der *Valediktionsrede* (1780) zum Ausdruck, in der sich Fichtes jugendliche Entwürfe als lebendige und durchaus dialektische Gedanken behaupten. Der inneren Spannung solcher Denkungsart getreu, versucht Armin Wildfeuer den Weg des Philosophen zum fruchtbaren Komplex von Spekulation und Erfahrung, Freiheit und Determination, Spontaneität und Passivität, Einheit und Duplizität (bzw. Triplizität), von absolutem und empirischem Ich innerhalb des menschlichen Geistes in dessen Ganzheit und sonach auch innerhalb des vollkommenen Systems eben desselben Geistes auszulegen.

Diesem Programm gemäß, beschäftigt sich der Autor vornehmlich mit der »entwicklungs-geschichtlich orientierten« (13) Rekonstruktion, die der gegenwärtigen Fichte-Forschung einen relevanten Anstoß geben kann. Das Neue wird von ihm erst im Zusammenhang dieser historischen Darstellung erörtert; der Versuch enthält fünf Teile:

I. *Philosophie als Wissenschaft und System. Das Problem der Vernunft einheit und der Primat der praktischen Vernunft bei I. Kant, K. L. Reinold und J. G. Fichte* (ca. 100 Seiten)

Hier wird zunächst der Gedanke der »Wissenschaftslehre« gründlich dargelegt, der sowohl »Theoretisches« als auch »Praktisches« innerhalb einer und derselben Vernunft als spezifische »Handlungsart« des menschlichen Geistes umfasst. Sonach wird die *WL* als Bericht durch eine (transzendental-geschichtliche) Erforschung der Vernunft bestimmt. Wildfeuer versucht, dem fruchtbaren Ideenwechsel zwischen Kant, Reinhold und Fichte nachzugehen, der für die heutige Fichte-Forschung als dokumentierter Ausgangspunkt des eigentümlichen Systementwurfs Fichtes gilt. Berufen sich doch die meisten Interpreten im wesentlichen nicht auf frühere Stadien von Fichtes Denken. Der Autor stellt also die Konzepte Kants und Reinholds dar, um endlich »das komplexe Kant-Bild« Fichtes zu verdeutlichen und die zugrundeliegende Einheit der drei Vermögen der Vernunft (so wie sie in den Kantischen *Kritiken* charakterisiert worden sind) festzustellen. Die daraus folgende »teleologische« Fassung der Vernunft (»teleologia rationis humanae«) wird von Fichte mit dem deduktiven »aetiologischen« Systementwurf (v.a. waren es die ersten Grundsätze) Reinholds kombiniert, weil Kants »Propädeutik« lediglich eine bloße Idee des »Ganzen« postuliert. Diese Kombination bzw. »Transformation« und »Vollendung« (56-77) des Kantianismus ist in der *WL 1794* gut ersichtlich. Schritt für Schritt entbergen Wildfeuers Ausführungen den *Angelpunkt* aller drei Philosophien, die »der Kausaliät aus Freiheit« (Zwecksetzung der Vernunft) allerdings eine besondere Dominanz zuschreiben. Wildfeuer spitzt die These Peter Baumanns´ noch weiter zu: »war [der Primat des Praktischen] ... bei Kant regulativ und wurde er bei Reinhold teil-konstitutiv, so wird er bei Fichte als umfassend-konstitutiv zum Ausgangspunkt seines gesamten Philosophierens« (24).

Der erste Teil des Buches bringt mit seinem enzyklopädischem Reichtum mehr Rekonstruktives als Konstruktives. Im Vergleich mit den Klassikern zum Thema: Fichtes Position zwischen der Skylla von Kant und der Charybdis von Reinhold und anderen Zeitgenossen (vgl. z.B. K. Hammacher, R. Lauth, M.J. Siemek und W.H. Schrader) zeigt sich erst in den letzten zwei Kapiteln etwas tatsächlich Neues. Erstmals rekurriert Wildfeuer auf das gespannte Verhältnis zwischen Kant und Fichte, das sich am besten in folgender Maxime Kants erblicken lässt: »Gott bewahre uns vor unsern Freunden, vor unsern Feinden wollen wir uns wohl selbst in Acht nehmen« (Akad.-Ausg. XII, 371, zit. nach: Wildfeuer, a.a.o., 85). Die letzten Passagen widmet der Autor der Doppelsinnigkeit der praktischen Vernunft in der *WL 1794,* indem er an der heute schon unaufgebbaren These von Marek J. Siemek (*Die Idee des Transzendentalismus in der Philosophie Fichtes und Kants*) festhält, wonach die praktische Funktion der Vernunft keineswegs auf »Kantisch-ethischen Sinn« (108) zurückzuführen ist. Im Gegenteil: Ihr kommt der Primat deshalb zu, weil reines »Tun« die Wurzel der Vernunft als solcher bildet und der Einheit der letzteren zu Grunde liegt. Demzufolge lässt sich der erste Teil der *WL 1794* nur als ein scheinbar »theoretischer« lesen; in der Tat bildet das Theoretische höchstens eine »Seite« des Praktischen und ermöglicht, als freie Vorstellungskraft, die maßgebliche transzendentale Auffassung des freien Geistes im Ganzen. Nun stehen wir mit beiden Füßen auf dem eigentlichen Boden der Philosophie Fichtes: Diesen erklärt Wildfeuer als »die ursprüngliche Einheit, und nicht Dualität, von Verstand und Willen, Erkennen und Handeln, theoretischer und praktischer Vernunft« (114).

Erst von einer solchen ideengeschichtlichen Basis her wagt der Autor seine eigene, originelle Untersuchung zu unternehmen und die Prämissen von Fichtes Denken in seiner jugendlichen philosophischen Tätigkeit aufzusuchen; womit die Frage beantwortet werden soll, wie sich die Fichtesche Denkungsart in der »vorkantischen« Periode dargestellt hat, da sie nicht auf diese oder jene Art »Kantianismus« bzw. »Reinholdismus« zurückzuführen ist. Die Ergebnisse sind im zweiten Kapitel des Buches enthalten:

II. *Spekulation und Denkungsart: Bausteine einer vorkantischen Vernunfttheorie Fichtes* (ca. 160 Seiten)

Nun geht Wildfeuer auf das Wesentliche seiner Untersuchung ein. Er sucht nach den Prämissen der Auseinandersetzung mit Kant im »vorkantischen Denken Fichtes« (ebd., 117). Mithilfe der Vorläufer dieser Richtung: R. Preul und E. Hirsch wendet er sich der Theorie des Gefühls (»Überzeugungsgefühl«) zu, die ohnehin zum Schwerpunkt der spekulativen Lehre beim späten Fichte wird (und die der Fichte-Forschung, wenigstens in den letzten Jahrzehnten, am Herzen liegt). Als Ausgangspunkt dient Wildfeuer die sog. *Valediktionsrede* (1780), in der der 18-jährige Fichte zum ersten Mal über die dreifache Struktur des menschlichen Gemüts (»animus«) als eines Ganzen spricht: dazu gehören die Anlagen (»semina innata«) zur »ratio« (Intellekt), zum »affectus« und zur »phantasia« im Sinne eines produktiven Vorstellungsvermögens; diese sollen von uns Menschen gewissermaßen »in Gang gebracht« werden. Am Beispiel der Tätigkeit eines »wahren Künstlers« zeigt Fichte, dass die benannten Vermögen spontan und erzeugend (d.h. weder reaktiv noch deterministisch) in einem Akte des menschlichen Gemüts als koordiniert zusammenwirken. (Ähnlich äußert sich Fichte etwa 10 Jahre später in einem Brief an Reinhold in Bezug auf Kant) Dieses Zusammenwirken geschieht nach bestimmten »Kunstregeln«, die *gleichsam abbildend die Struktur der menschlichen Vernunft selbst reproduzieren* (125), während der Erzeugungsakt seinen »Zweck« (im Sinne der »Selbsttätigkeit«) »im Geist des Menschen« (123-144) haben muss. Mit diesen gelungenen Analysen erläutert Wildfeuer nicht nur Fichtes ursprüngliches Konzept der Freiheit, sondern auch – was besonders bedeutsam ist – die Idee einer gleichstrukturierten Verfassung des freien Geistes als solchen, die »die intersubjektive Kommunikation [»communium«] ermöglicht« (126), wobei die letztere vermutlich einer nach allgemeinen Regeln geordneten Harmonie zwischen den vereinzelten Subjekten und deren religiösem, ethischem und ebenso politischem ‚Miteinandersein‹ gleich kommt. Es ist nicht zu leugnen, dass die jüngste Theorie Fichtes, die als anthropologische und ebensowohl erziehungstheoretische gedacht worden ist, den Ideen von J.-J. Rousseau verpflichtet ist und später zur Grundlage der sowohl religiösen und sittlichen als auch politischen Versuche Fichtes in den 1790er Jahren wird.

Den frühesten Schriften gemäß konzentriert sich Wildfeuer auf den Fichteschen Weg zur Idee der »propria deliberatio« und der »eigen(ständigen) Überlegung« seiner selbst (144), die jede Erkenntnis ermöglicht, insofern, als diese ein freier Akt sein soll. »Dabei liegt eine

Besonderheit der Fichteschen Theorie darin, daß jede adäquate Erkenntnis [...] alle Gemütskräfte gleichermaßen involviert« (145). Dies bedeutet, die wahre Erkenntnis macht die Einheit des Subjekts aus, und diese bildet selbst den Probierstein der Wahrheit. Dies hat auch zur Folge, dass die »angemessene« Erkenntnis von der »unangemessenen« sich dadurch unterscheidet, dass die erstere alle subjektiven Kräfte und Aktivitäten beansprucht, was gerade im Gefühl der Überzeugung (nach der *WL 1794* heißt es das Gefühl des »Beifalls«) seinen Ausdruck findet. Demnach liegt »Maß und Garantie richtiger Erkenntnis ... folglich nicht im Objekt, sondern im Subjekt« (145): nichtsdestoweniger scheint der Begriff des Gefühls ziemlich problematisch zu sein, denn jenes liegt »mit Theorie und Praxis im Widerstreit« (158).

Nicht einzig aus diesen Gründen ist Fichtes hier noch begründeter Aufbau der konsistenten Vernunfteinheit Mitte der 1780er Jahre zusammengebrochen. Das Modell, so betont Wildfeuer anschließend, ist »dennoch in mehrfacher Hinsicht für die weitere Entwicklung des Fichteschen Denkens von Bedeutung« (158), wird aber gegen 1785 durch »eine vollständige Bestimmtheit und durchgängige Determination alles Seins und Geschehens« (161) zurückgedrängt. Jedoch schon in den *Aphorismen über Religion und Deismus* geht es Fichte erneut darum, die Einheit der Vernunft auf eine diesmal spekulative Weise zu erörtern. Der deistisch gedachte Determinismus lässt sich aber nur schwer mit Denk- und Willensfreiheit versöhnen, somit ist »Gott als Prinzip [...] das erste, wodurch nicht nur etwas geschieht, sondern auch erkannt wird« (169). Diese fatalistische Fassung des menschlichen Geistes wird dann mit dem Kantischen Freiheitsbegriff aus der *KrV* mit dem Ergebnis konfrontiert, dass dieser »inhaltlich wie formal gerade etwas absolut Unbestimmtes bezeichnet, das aber die systematische Einheit eines [streng wissenschaftlichen; E.N.-J.] Systems nicht garantieren kann« (174-175). Weder ein Gesamtkonzept des menschlichen Geistes noch eine selbstgesetzgebende moralische Praxis können aus einer derartigen Freiheit resultieren. Die Freiheit – wenn sie sich hier überhaupt denken ließe – müsste eine Art *privatio* (*Verfall, Sünde*) bedeuten. Fichte hingegen räumt in dieser Frage dem »objektiven System des Deismus« einen Vorrang ein, dessen »subjektive Gültigkeit« in »Religion, Moralität und Recht« (176) zu Stande kommt und sich als ein Schweben beschreiben lässt, das zwischen dem (Kantischen) Gefühl der »Einheit von mir mit mir selber« und dem Gefühl von Sehnsucht bzw. Trieb danach, mit dem Absoluten (was dem Ich in der Früh- und Gott in der Spätphilosophie Fichtes entspricht) wieder eine Einheit zu bilden verweilt. All das sind Motive, die an unzähligen Stellen von Fichtes Werken ihren Niederschlag finden. Wildfeuers Behandlung der *Aphorismen* führt zu der klaren Schlussfolgerung, »daß sich die Herkunft des strengen Fichteschen Determinismus nicht unter Verweis auf die Leibniz-Wolffsche Schulphilosophie des 17. znd 18. Jahrhunderts belegen läßt« (199). Die äußerst enigmatische lässt Schrift eine Menge zentraler Fragen »ungeklärt«, wie etwa diejenige nach dem Verhältnis zwischen Moral und Prädestination. Vermutlich hat Hegel in *Glauben und Wissen* Recht, wenn er den frühen Fichte mit Spinoza vergleicht.

Schließlich wendet sich Wildfeuer einem weiteren Deterministen aus Fichtes Epoche zu, nämlich K.-F. Hommel, der 1770 als »Alexander von Joch« sein Werk *Über Belohnung und Strafe nach türkischen Gesetzen* veröffentlicht hat. Der Titel suggeriert, dass die moslimische Religion eine Art Fatalismus darstellt. Die Schrift gilt nach Wildfeuer als »direkte Quelle für Fichtes vorkantischen Determinismus« (210) und zugleich als Versuch eines (allerdings lückenhaften) Systems, für das es *kein Drittes* zwischen Freiheit und Schicksal gibt. Hommels Leistung besteht darin, dass er die Kausalität im Sinne des »zureichenden Grundes« nicht nur »physikalisch«, sondern auch und vor allem »moralisch« und »geistig« versteht (217). Von der Kritik am Freiheitsgefühl (»eine bloße Erscheinung«) geht er zu seinem Verständnis der menschlichen Natur über, was die Rede über die autonome Selbstbestimmung ausschließt. Diese Natur ist daurch gekennzeichnet, dass sowohl der Verstand als auch der Wille »schlechterdings Sklave" (219) ist, insofern wir Menschen nur etwas zu wollen vermögen, über dessen Abbild und Vorstellung wir verfügen. Demgemäß wird die Hommelsche Vernunft zum »Epiphänomen der Naturnotwendigkeit«. Dies bedeutet aber nicht, dass der Mensch keinen Willen besitzt und völlig versklavt ist. Der Wille kann nur *etwas Bestimmtes* wollen, und dies nicht deshalb, »bloß, weil man es will«, denn das hat »keinen vernünftigen Sinn« (236). Sondern, so führt Hommel ganz im Geiste Fichtes aus: »die Eigenmächtigkeit oder die Freiheit des Menschen [...] [ist] eine angeborene Kraft sich zu bewegen, und zu wollen nicht nur etwas so vorgelegt ist, sondern auch zu wollen sein eigenes Wollen [...] Wer nachdenken und auf seine Seele Acht haben will, kann der Erfahrung und seiner Empfindung einer scheinbaren Freiheit nicht mehr zuschreiben als: daß sein Wille und die Bewegung zugleich entstehe. Daraus läßt sich aber noch nicht schließen, daß eines des andern Ursache sei, oder eines aus dem andern abstamme« (zit. nach Wildfeuer, 237-251).

Hommels Theorie fällt aus der Tradition der praktischen Philosophie wegen des Vorrangs des Verstandes über den Willen heraus; gerade hier liegt der Grenzpunkt des vorkantischen und vorfichteschen Empirismus,

Sensualismus sowie Determi- nismus. Ab 1785 verlässt Fichte diesen Standpunkt und wendet sich wieder dem Gedanken der Selbsttätigkeit des Geistes zu, was unter dem Einfluss von Ch. A. Crusius, eines Theologen und Gegners des Fatalismus, geschieht. Crusius ist dafür bekannt, dass er »zu einer Konzeption des Willens [gelangt], der frei motiviert, aber nicht determiniert ist« (258). Die Berührung mit Crusius, Schulze und Plattner u.a. gab Fichtes Denken einen neuen Anstoß. Zunächst nimmt er aber nicht den Primat des Willens über den Verstand an, sondern den des Praktischen überhaupt. (Im weitern Verlauf des II. Kapitels fasst Wildfeuer die Hauptmotive der Freiheits-Debatte aus den 1780/90er Jahren zusammen, was für den ganzen Gedankengang nicht all zu relevant ist).

III. *Kants Idee der Vernunft und das Problem der Einheit von theoretischem und praktischem Vernunftgebrauch* (ca. 80 Seiten)

Auf der dritten Etappe seiner Ausführungen beschäftigt sich Wildfeuer mit Fichtes Wende zum Konzept, das ihn von dem Hommelschen Fatalismus und »Vernunftmonismus« zu einer »organologisch strukturierten endlichen Vernunft« im Sinne der *Kritischen Schriften* Kants führt. Dabei ist zu betonen, dass Fichte (wie auch Reinhold und Schelling) von einem *kritisch-propädeutischen* zu einem ausgearbeiteten System überzugehen beabsichtigt, und dem letzteren muss das »völlig autonome« und »sinnentwerfende Vermögen« zugrunde liegen, das die transzendentale Bedingung der Möglichkeit eines jeden Vernunftgebrauchs darstellt, selbst aber unbedingt, »real« und »spontan« bleibt. »Die [bislang; E.N.J.] in Frage stehende Annahme der Gegebenheit des Unbedingten hat daher den Charakter eines *synthetischen* Grundsatzes der Vernunft, den Kant als *oberstes Prinzip der reinen Vernunft* bezeichnet« (ebd., 293) und den Fichte (zwar nicht ohne Reinholds Einfluss) aufs Neue formuliert. Eben in solch einem Grundsatz lässt sich die von Kant lediglich postulierte »Vernunfteinheit« systematisch (d.h. »wissenschaftlich«) fassen und diese Auffassung selbst verweist auf den wesenhaften Vernunftgebrauch »als Vermögen der [synthetischen] Prinzipien« (293). In detaillierten Analysen zeigt Wildfeuer dann, wie es bei Fichte zum radikalen Primat des Praktischen kommt, der als »transzendentaler Handlungsbegriff« außer Diskussion steht und der die ursprüngliche, absolute »Tat-Handlung« innerhalb der »empirischen« Existenz des Menschen abbilden soll (gemeint ist damit der Zweckbegriff und die Zwecksetzung als durchaus sittliche Funktion der rein-praktischen Vernunft).

Nicht ganz plausibel ist, wozu die von Wildfeuer im 3. Teil des Buchs eingeführte Zusammenfassung der gesamten praktischen Philosophie Kants (samt dem »Reich der Zwecke«, den regulativen Ideen der Vernunft usw.) dient. Aber zum Glück kehrt der Autor dann doch schnell zum Wesentlichen zurück, nämlich in dem Augenblick, da er im Zusammenhang mit der berühmten Selbsterklärung Kants aus der *Kritik der Urteilskraft* (»hiermit endige ich also mein ganzes kritisches Geschäft«) einräumt: mit der Auslegung der Urteilskraft formuliert Kant präzis sein Interesse an der Einheit aller Vernunftgebiete. Zugleich aber – so Wildfeuer – »sieht die *KU* explizit davon ab, diese reflexive Einheit als objektiv gültige, theoretisch beweisbare Erkenntnis auszugeben« (353); dennoch zeigt sich die Fruchtbarkeit der *KU* darin, dass »der Mensch [...] (und so jedes vernünftige Wesen in der Welt), als eine moralisches Wesen, [...] nicht weiter gefragt werden [kann], wozu (quem in finem) er existiere. Sein Dasein hat den höchsten Zweck in sich« (*KU,* AA 5, 435). Schließlich »kann sich das endliche Wesen keinerlei theoretischen Begriff von dieser ‚Weisheit‹ machen, [...] aber es vermag doch ihre Unbegreiflichkeit zu begreifen« (365).

Dass Armin Wildfeuer einen solchen begrifflichen Versuch (den wir leicht mit dem Gedanken der Wissenschaftslehre verknüpfen können) zunächst für eine »lediglich sekundäre [...] Vermittlung von theoretischer und praktischer Philosophie« [354] hält, scheint mir ebenso fragwürdig zu sein, wie seine Erörterung des Primats des Praktischen erst »innerhalb der *KpV*« und nicht der *KrV*. Das Hauptargument für die Relevanz der Kantischen *Kritik der Urteilskraft* ist nämlich nicht ausschließlich darin zu sehen, dass sich die Fichte-Forschung auf Fichtes paradigmatische Kant-Lektüre beruft, sondern dass sie seit 20 Jahren von M.J. Siemek ebensowohl *auf kantianische Weise* begründet worden ist.[1] Letzten Endes resümiert Wildfeuer trefflich: »die Urteilskraft ist weder die ›theoretische‹ noch die ›praktische‹ Vernunft, eben weil sie ein Vermögen ist, das *Verhältnis* jener beiden zueinander zu verstehen, [...] daß der reflektierenden Urteilskraft gerade kein eigenes Gebiet zukommt, dies geht aber aus Kants expliziten Äußerungen in den von Siemek angeführten Stellen eindeutig hervor. Inwieweit diese Interpretation von Fichte selbst inauguriert ist, wird noch zu prüfen sein« (354).

Solch ein Übergang zum einheitlichen Reich der Vernunft ist zugleich für den Übergang vom propädeutischen Prä-System Kants zum vollkommenen System Fichtes konstitutiv und manifestiert sich bereits bei

1 Vgl. M.J. Siemek, Die Idee des Transzendentalismus

Kant in der »Subsumption des Besonderen unter das Allgemeine«, die sich z.B. in der Moralphilosophie aufgrund mittels der Maximen vollzieht, deren Übereinstimmung mit Gesetzen durch die moralische Urteilskraft überprüft wird, wogegen »[d]ie Aufgabe der (reflektierenden) Urteilskraft [...] nun darin [besteht], durch eine Reflexion der Vernunft [...] auf ihr eigenes einheitsstifftendes Verfahren die nicht direkt miteinander verknüpfbaren ›Gebiete‹ Natur und Freiheit, für die die Vernunft a priori gesetzgebend sein soll, als verbindbar zu *beurteilen*« (357). Somit werden die Antinomien zwischen Natur und Freiheit einerseits und Verstand und Vernunft andererseits aufgehoben.

IV. *Fichtes ursprüngliche Interpretation der Kantischen Kritiken (1790/91) auf dem Problemhintergrund seines vorkantischen Denkens* (ca. 60 Seiten)

In diesem Kapitel gehen wir zum Thema: erste Begegnung Fichtes und seine Auseinandersetzung mit Kant zwischen 1790-93 über. Es ist wohl bekannt, dass unter dem Namen *Philosophie der Freiheit* (*WL 1794*) auch die Vollendung des *kritischen Unternehmens* Kants zu verstehen ist. Jeder Leser dieses Werkes ist sich aber dessen bewusst, dass »Fichtes rasche Aneignung der Kantischen Philosophie und seine euphorische erste Lektüre der Kantischen Kritiken« (ebd., 369) von Anfang an selbst ein »kritisches Geschäft« war und dies durchaus nicht gleich ein erfolgreiches. Armin Wildfeuer macht auf die Fehlinterpretation der *KrV* aufmerksam, welche Fichte mit der Theorie der Erfahrung nach dem Muster von Hommel verwechselt hat. Noch in der *WL 1804* heißt es, dass »in der *Kritik der reinen Vernunft* ... ihm [sc. Kant] die *sinnliche Erfahrung* das Absolute [war]« (zit. nach: Wildfeuer, a. a. o., 372).

Dennoch hat Fichte von Kant nicht nur die kritische Methode und das Vokabular übernommen, sondern auch einiges aus dessen Gotteslehre und Moralphilosophie, in dem er »das Christentum von aller dilettantischen Spekulation zu reinigen« (375) versucht. Das wesentliche in der *KrV* blieb Fichte jedoch verborgen und seine Erklärung, Kant sei »der scharfsinnigste Verteidiger der Freiheit, der je war« bedeutet durchaus nicht, dass Fichte den Kantischen Freiheitsbegriff (oder genauer: Kausalität aus Freiheit) hoch geschätzt hat.

Erst die Begegnung mit der *Kritik der praktischen Vernunft* ließ Fichte einen »revolutionären« Schritt zum Freiheitssystem machen, so dass er sich von seinem ehemaligen Dogmatismus distanzieren konnte.

Dies war durch keine andere »Rettung, als durch die Anerkennung einer praktischen Vernunft« möglich (*Versuch einer Kritik aller Offenbarung,* zit. nach: Wildfeuer, 396). An einem der »vorkantischen« Motive hält Fichte jedoch fest: dies ist nach Wildfeuer »ein wahrhaftes ethisches Überzeugungsgefühl als ein Apriori aller ethischen und religiösen Erkenntnisse« (401), ein »unmittelbares« Moment des sittlichen Lebens des Menschen, das nicht mit Reflexion und philosophischer »Konstruktion«, sondern vielmehr mit einem *Gewissens-* und *Glaubensakt* zu tun hat.[2]

»Nach der ersten Rezeption der praktischen Philosophie«, fährt Wildfeuer fort, »beginnt Fichte, nach der Applikabilität der Kantischen Moraltheorie zu fragen« (414); an dieser Stelle entsteht der Eindruck, als fehle hier zumindest eine kurze Darstellung der Fichteschen Kritik an Kants kategorischem Imperativ. Statt dessen wendet sich der Autor erneut der Fichteschen Deutung von Kants *Kritik der Urteilskraft* (diesmal im Zusammenhang der *WL 1794*) zu. Die zweite Variante der Argumentation (die erste findet sich im dritten, oben bereits kommentierten Kapitel), die Wildfeuer zusätzlich mit Hegels Standpunkt aus *Glauben und Wissen* konfrontiert, hat den Zweck, die spekulativen Versuche Fichtes und Hegels »Über-Kant-Hinauszugehen« (437) zu vergleichen.

V. Ansätze einer Überwindung der Kluft zwischen theoretischer und praktischer Vernunft im »Versuch der Kritik aller Offenbarung« (1. Aufl.) von 1791/92 (ca. 100 Seiten)

Das Schlusskapitel des Buches beginnt der Autor mit dem Leitfaden der Fichteschen Moraltheologie bzw. Vernunftreligion nach dem *Versuch der Kritik aller Offenbarung* (1791; logisch und chronologisch gesehen sollten diese Analysen in den Paragraphen über *WL 1794* vorkommen). Allerdings wird hier nicht nur nach »der Möglichkeit des Offenbarungsbegriffs« (nach der »übernatürlichen Kausalität von Gott in der Sinnenwelt«), sondern auch nach der »des Handelns unseres nicht-sinnlichen Willens in der Sinnenwelt« (445) gefragt, das zwischen »Sittlichkeit und Sinnlichkeit« vermitteln soll. Fichte und Kant versuchen, den »moralischen Beweis des Daseins Gottes« (*KaO,* zit. nach: Wildfeuer, 462) aus dem Endzweck, d.h. dem Höchsten Gut, abzuleiten. Soll das letztere möglich sein, so muss notwendig die göttliche Kausalität angenommen wer-

---

2 Vgl. hierzu zwei Texte von W. H. Schrader: Konstruktion versus Unmittelbarkeit und Die Theorien des Gewissens.

den. »Dies nun: es existert ein Wesen, in welchem die höchste moralische Vollkommenheit mit der höchsten Seligkeit vereint ist, ist mit dem Satz: der Endzweck des Moralgesetzes ist möglich, völlig identisch« (*KaO,* zit. nach: Wildfeuer, 470). Diese Argumentation ermöglicht Wildfeuer, die Fichtesche Lösung außerhalb der kantischen Alternative zu erörtern: »weder a priori noch a posteriori ist ein Beweis zu erbringen, daß eine Erscheinung, die sich als Offenbarung ausgibt, wirklich eine göttliche Offenbarung ist. Die Sicherung der Realität des Begriffs ist und bleibt damit problematisch« (454): vielmehr muss es das Gewissen sein, das uns darin (allerdings nur subjektiv) bestätigt. Mit dem Konzept einer solchen vernünftigen Offenbarung wird das Wesen der Moralreligion bei Fichte verdeutlicht, deren Darstellung dann im Kapitel »Das Moralgesetz als Gebot Gottes« erfolgt.

Weil aber Fichte selbst der an sich problematische Gottesbegriff nicht ausreicht, versucht er, die sinnliche Freiheit mit einem anderen Begriff zu begründen, worin Armin Wildfeuer einen »Anstoß« für die Fortentwicklung von Fichtes praktischer Philosophie sieht. Die durchaus ethische Auslegung des Rechtsbegriffs in der *Offenbarungsschrift* ist vom späteren Fichteschen Rechtsbegriff ganz unterschieden. Fichte meint mit dem Recht etwas *Rechtes schlechthin,* was freilich kein Gesetz und insbesondere kein Zwangsgesetz bedeutet, sondern aus der ursprünglich sittlichen, freien Natur des Menschen herkommt (die Natur versteht Fichte deutlich nach dem »naturrechtlichen« Muster von Rousseau, zugleich aber nach dem »Übersinnlichen« von Kant. Ein Sittengesetz und ein dadurch errichtetes ethisches »heiliges Reich« wird in den späten, sowohl rechts- als auch religionsphilosophischen Schriften Fichtes zum Endzweck jeder vernünftig geordneten Gemeinschaft freier Wesen insofern, als die beiden Gesetzgebungen in einer »gemeinschaftlichen Abhängigkeit [...] des Müssens und des Sollens« koinzidieren. (S. 490) In dem Entwurf der sittlichen Aufhebung beider, bei Kant noch voneinander getrennten Welten von Recht und Moral, sieht Wildfeuer »die Nähe zur späteren Interpersonalitätslehre« und den Ansatz für die Gemeinschaft »kommunikationsfähiger Partner«, was nicht nur die menschlichen Subjekte, sondern auch und sogar »Gott und Mensch« betrifft, insofern »die Vernunft in allen Subjekten das gleiche aussagt«. (523) Und nicht zuletzt ist darin eine deutliche Überschreitung des »Rahmen[s] der kantischen Lehre« zu sehen. (491)

Die von Wildfeuer ausführlich behandelten Motive aus der *Offenbarungsschrift* beweisen, dass der *Versuch* dem strengen Korpus der frühen Philosophie Fichtes zugehörig ist. In der *Schlußbemerkung* wird das Ziel seiner Forschung: die Rekonstruktion des Fichteschen Weges zum konstitutiven Primat der praktischen Vernunft in seinen anfänglichen, religionsethischen Versuchen, noch einmal hervorgehoben. Und dieses Ziel hat der Autor mit großem Erfolg erreicht. Was mir jedoch in dieser enzyklopädischen, mit hunderten von Passagen aller eminenten Autoren bereicherten Darstellung fehlt, ist nur die Disziplin und Knappheit des Gedankenganges, dessen Reichtum das Wesentliche oft verbirgt, wodurch dieses nicht immer konklusiv zur Darstellung gelangt. Hätte man aber alles *sonnenklar* gemacht, so würden die Fichteaner die Forderung nach *dem Primat des Praktischen* gar nicht einlösen können, weil die Reflexion stets auch Praxis ist.

Ewa Nowak-Juchacz (Posen)

Günter Zöller, *Fichte's Transcendental Philosophy: The Original Duplicity of Intelligence and Will.* Modern European Philosophy Series. Cambridge: Cambridge University Press, 1998.

This brief, but lucidly written and well-argued volume collects together eight essays on Fichte's Jena systems. The essays were individually authored, but fit together harmoniously to present a more or less seamless view of Fichte's philosophical achievements 1794-1800. Zöller's constant reference back to Kant's understanding of transcendental philosophy is one of the book's unifying elements; constant attention to the difference between the well-known first Jena system *(Grundlage der gesammten Wissenschaftslehre,* 1794/95) and the recently available second system *(Wissenschaftslehre nova methodo,* 1796/99*) is* the other unifying device.

The first of Zöller's interpretive guide stars is Kant's transcendental project: the attempt to deduce a thick theory of human knowing by asking after the conditions that must be supposed on the side of the knowing subject in order to account for human cognition and willing. Fichte early on decided to broaden the Kantian project by asking after not only the subjective, but the objective conditions of cognition, so that both self and world are elucidated by the philosopher's postulation and subsequent analysis of a complex of conditions which one might call the ›worldknot‹ of experience. Key to Fichte's idiosyncratic use of »transcendental method« is the seeming arbitrariness or sheer freedom of the initial postulation of a dense synthesis and the virtually inexhaustible stream of analysis that is generated in its unraveling. For Fichte, philosophical elucidation (or analysis) of the enduring synthesis justifies the initial posit of free activity or the ascent from empirical awareness to its transcendental conditions; philosophy thus generates a seemingly inexhaustible discourse that illuminates but in no sense dissolves the prediscursive knot of self and world. Nowhere does it attempt, much less achieve, an exhibition of a transcendent origin for the ›worldknot‹. A simple or unitary source for either awareness or objectivity is beyond reach; the transcendental field that opens up in experience and which is clarified by philosophy is their ultimate and irreversible interdependence. Zöller clearly understands Kant's project and Fichte's fidelity to it even as he widened its scope and undermined its transphenomenal implications. Zöller's identification with this Kantian basis provides a secure foundation for his more detailed explorations of Fichte's Jena writings.

Zöller's other guide star is Fichte's rejection of the ultimate difference between theory and practice, or cognition and willing. Under the banner of Kant's methodological dictum »the primacy of the practical,« Fichte offered, starting in 1795, a model of cognition in which the basic structure of presentation (including primitive awareness and its focal differentiation into subject and object) is an offshoot of a spontaneity or free activity that is self-affecting; this primitive self-affection he called ›feeling,‹ equally the ground of cognitive presentation and conative relation.

It is on the basis of these two transformed Kantian problematics, the *complementary* difference between intelligence and will and the *interactive* difference between subject and object in transcendental world construction, that Zöller formulates the book's thesis: following out Kant's hints about the mutually conditioning structure of consciousness and the worlds it both creates and experiences, Fichte points to a complex of mutually distinguishing but interrelated activities, intelligence and will, as the complicated point of origin for both the experienced world of freedom and the world of fact. This complementarity is the »original duplicity of intelligence and will« of the book's subtitle, which Zöller better explains as »essential cooperation: [which means that] the original duplicity is at the same time an original complicity.« Perhaps the English terminology Zöller employs for this task is unfortunate; ›duplicity‹ and ›complicity‹ carry negative connotation when used, as they typically are in common speech, to describe human behavior.

Zöller divides his discussion into four parts, the first concerned with Fichte's relation to Kant and with the methodology of the *Wissenschaftslehre,* the second with the relation of knowing and doing, the third with the parallel relation between intelligence and willing, and the fourth specifically with willing in general and the ›pure will.‹ In all these essays, one of his main concerns is to show the continuity in Fichte's thought between the first presentation of *Wissenschaftslehre* in 1794/95 and the »new presentation« of 1796/99.

The first of the two essays on what *Wissenschaftslehre* attempts to do deals with Fichte's programmatic and critical essays, 1794-1801; these are *On the Concept of the Wissenschaftslehre* (1794), the First Introduction to the *Attempt at a New Presentation* (1797), and the 1801 *Crystal Clear Report to the Public.* Fichte detected a crucial flaw in Kant's philosophy, argues Zöller. As he expanded the compass of his philosophy, Kant did not stay true to the methodology of the *First Critique,* transcendental idealism, but strayed into a »critically mitigated nonempirical realism« in his treatments of morals and of aesthetic and scientific teleology. Even in the *First Critique* transcendental idealism remains a theory about the form of sensibility, spatial-temporal intuition. Since Kant failed to extend the methodology to the treatment of the categories, the general approach of inquiring into the grounds of possibility for a phenomenon or its constitutive elements – supposedly Kant's claim to fame – is not exploited in the treatment of the intellectual elements (concepts, principles, judgments) within the domains of feeling, cognition and volition.

In light of Kant's methodological failure, then, Fichte conceives his *Wissenschaftslehre* as a radicalized transcendental philosophy, one which gives scientific or systematic form to human cognition and action by depicting the origin of consciousness (and its contents) in laws that are mind-given. The methodology of such an account is constructive and ›transcendental‹, since the philosopher freely deploys abstraction and reflection upon her experience. On this basis two mutually exclusive philosophical accounts are seen to be equally possible: an idealism based on the primacy of the I, or a realism based on the primacy of the thing-in-itself. The choice between the two is left an existentialist imperative: »Choose what you will be!«, or rather, make your choice on the basic of the human being you already are. This leads Fichte to advance an idealist philosophy based on the notion that the self is radically independent, spontaneous activity. Knowledge is thus constructed according to a law that the intelligent being »gives itself its own laws in the course of its acting.« Zöller also notes that in Fichte's hands, ›critique‹ (which in Kant's hands was mostly critique of metaphysics) becomes ›metacritique,‹ inquiry into the possibility, rules and conditions of a philosophy (in this case, mostly critique of natural consciousness). The project takes the form of a deliberative philosophical reconstruction of cognition as it occurs in life, or the elaboration of a system that exists only in and through reflection. Fichte terms such a reflective system Fichte a ›fiction‹, a picture of consciousness as if it were elaborated according to abstract principles or mind-given laws.

Zöller's second essay, »An Eye for an I« covers some of the same ground. Given the nature of his material and the stubborn fact that Fichte's philosophy, to be understood at all, must be understood as a series of changes worked upon Kant's philosophy, some basic points about Fichte's notion of philosophy as ***Wissenschaftslehre*** (theory of knowledge) and of ***Wissenschaftslehre*** as idealism can bear repeating. But remarks offered here about the experimental nature of Fichte's project are new and illuminating. Unlike other domains of explanation, philosophy's object here is not ready to hand, but must first be achieved by employing a method of ***abstraction*** (systematically disregarding what is merely empirical) and ***reflection*** (focusing on what is nonempirical). The double method leads to a distinction between two series of acts in the philosophical experiment, those of the individual I of the philosopher doing the experiment and those of the preindividual I upon which the experiment is conducted. The philosopher discovers, by experimenting on his own mind – or rather by experimentally uncovering in his own mind that which is not his own – a general structure of consciousness. As Fichte used to urge his (no doubt somewhat bewildered) students, »Think yourself, and observe how you do that.« Following out this abstractive-reflective methodology, Fichte fashions a philosophical reconstruction of the I that mirrors its natural complexity. The antifoundationist legitimation (or ›deduction‹) of this endeavor is provided by the convergence of the I's principled self-construction and the reconstruction of empirical consciousness and its objects – ultimately by the deduction of an individual, empirically concrete I that is bounded by an interaction with other intelligent beings and awakened to independent agency through an interactive`solicitation‹ of rational agents, one upon the other.

A latter section of this second essay attempts, for the first time, to integrate Fichte's work in 1794 with the new perspective of the ***Wissenschaftslehre nova methodo.*** Where the earlier work has three more of less discordant principles derived from »facts of consciousness« – an absolute I, a not-I and the limited or divisible I which is their synthesis, all dynamically integrated in the *striving* to eliminate the not-I – the new version of *Wissenschaftslehre* begins from the postulation of basic principles that are nonempirically intuited or given in »intellectual intuition.« Though on a Kantian understanding, the philosopher's claim to intellectual intuition sounds preposterous (since human intuitions are sensible only, according to him, while concepts are devoid of content), Fichte uses the term to primarily signify the original structure of the I and only derivatively to signify the philosopher's grasp of the nature of the pure I. »Intellectual intuition« means that the I is a knowing that is a doing, and equally a doing that is a knowing – or, more technically, that its very being is to posit itself *as positing.* Intellectual intuition thus involves an immediate and prereflective self-consciousness; this is the property of the pure I, the I as such, not the mediated selfconsciousness that comes to the empirical I in reflection. Fichte expresses this insight, tantalizingly, through a simile: *the I is an eye,* a mirror that mirrors itself, so that whatever we see, »we see everything in us, we see only ourselves, only as acting.« Zöller is admirably clear that, despite the fact that the pure I is the original consciousness involved in every other consciousness, it is not accessible at the empirical level but must be inferred by philosophical reflection directed back upon on empirical consciousness. In assessing the project of the *Wissenschaftslehre,* Zöller notes that though one might read Fichte's work in its initial moves as a solipsistic idealism, all it really does is to ›deduce‹ (or heuristically elucidate) a generic form of subjectivity that must be factually instantiated by a community of interacting individuals on the ethical and social-political level, a community under law, and on an ultimate metaphysical level, by a harmoniously coordinated realm of spirits.

A third essay explores themes common to both versions of the Jena *Wissenschaftslehre,* ›positing‹ and ›determining.‹ Fichte's use of `positing‹ to designate the grounding dimension of knowledge in the 1794/95 *Foundations of the Entire Wissenschaftslehre is* novel. Zöller traces its roots back to controversies between Reinhold and Schulze on the possibility of a first principle for all philosophy, and to Fichte's wish to embed the cognitive or theoretical wholly in the practical. Strictly speaking, it is only the absolute I that ›posits‹ itself, and this I is called I only in anticipation of the empirical location of consciousness that emerges from the more metaphorical ›positings‹ of not-I and the finite, determinable I. Fichte's thought is not radically egological here, as it will be in the *nova methodo* system, stresses Zöller. The I's self-positing instead points toward a ground of spontaneous, selfreverting activity. Fichte introduces the concept of ›determination‹ when he moves to the construction of the limited or finite I out of the opposition of the I's self-positing and the not-I's posited in opposition to it. The theoretical and practical parts of the theory are elaborated as the play between the finite I and the (apparently) opposed not-1. In the theoretical section, *determination is* the logic of the play between the sheer positing of the absolute I and the apparent passivity of the limited I in the face of the not-I. The ›reality‹ of the not-I turns out not to be explicable on theoretical grounds; the passivity of the I in presentation is presupposed by, but does not explain, the not-I's standing. Only the 1795 *Wissenschaftslehre's* practical part – where Fichte invokes elements such as the action of »something alien,« or ›feeling,‹ or the self-finitizing character of the I as intelligence--approaches the accomplishment of this quite problematic deduction. Fichte's solutions here are not very satisfactory at that: there is space for a not-1 only because the 1 posits itself as self-posited, a situation that Zöller opaquely calls »autopredicative positing« or, more plainly, *reflection.* Reflection is the I's fundamental trait, viz., attending to its own activity. Fichte is hardly clear about how finitude and determinacy enter in here, but Zöller is correct in looking to the »check« in the theoretical domain and »obligation« in the practical as the closest Fichte gets to finding a transcendental ground of determinacy.

Zöller devotes a fourth essay to Fichte's philosophy of action and his ethics, noting that though Fichte wished to exert a ›real-life‹ moral influence upon his students and through them, upon social and political life, the two-part practical philosophy expounded in the 1796/97 *Foundations of Natural Law* and the 1798 *System of Ethics* is a transcendental theory of action, not a normative ethics. The basic preper-sonal structure of consciousness, elucidated in the *Wissenschaftslehre* itself, permits a description of the conditions of moral knowledge and action. Whereas Kant had used the term `reason‹ to describe the set of a priori conditions that underlie empirical cognition, Fichte uses the term ›I‹ to signify the radical heterogeneity between the transcendental ground of cognition and action – a »super-I« of sorts-and the empirical cognition and action seen in the finite human person. Since for both Kant and Fichte, individualized human consciousness is situated in the middle of a continuum of social-communal interactions, the reason or ›I‹ that is its explanatory ground is a tension of infinity and finitude. This transcendental ground enacts itself as a process of self-realization within the finite, the salient feature of which is a juxtaposition of subjectivity and objectivity that is in turn mirrored at a higher level in the opposition of theoretical and practical consciousness. The factors distinguished in this analysis exist as united in consciousness: the finite agent's action is based on the nature of consciousness as such, while at the same time it is conditioned by the interpersonal actions and barriers of concrete social life. Transcendentally viewed, action involves a many-sided provision for, and simultaneous limitation upon, the freedom of individuals. What Fichte tries to do in his practical philosophy is explain why rationality must be embodied in a society of coordinated but free individuals, why no model of freedom other than this socially situated self-limitation (for the sake of the possibility of others‹ free action) can count as rational – that is, as exhibiting the deep structure of the I as such.

The basic strategy of Fichte's practical philosophy, argues Zöller, is to argue that morally constrained action is both a condition for and a consequence of self-conscious rationality. This two-sided argumentation is reminiscent of the regressive and progressive treatments of the nature of consciousness in the transcendental deductions of Kant's first *Critique.* Basic to Fichte's view of the transcendental I is that it is a two-sided synthesis of *agility* (the spontaneity of subjectivity) and *intelligence* (the dual and object-oriented nature of consciousness). Since this knot is never to be untied, much less cut, consciousness appears in the finite individual as both knowing and acting. Self-knowledge must, therefore, be ultimately characterized as the knowing of the agent by the agent in the midst of its act: »I find myself as myself only [in] willing.« From the side of its content too, action displays this same self-knotting or self-locating character: consciousness simultaneously gives itself a world in (and against) which to act and gives itself the task of attaining total independence within it. Morality becomes the translation of the I's unconditional spontaneity into a categorical »ought«: I ought to determine my freedom according to the concept of total independence. Freedom becomes the basic goal of action, and mutual freedom of a plurality of agents under the constraint of law its socially embodied agenda.

The remaining essays in the volume explore in more detail Fichte's version of the grand project of German philosophy after Leibniz, to present subjectivity and its structure as fundamental ontology, and in particular the interrelation between intelligence and will which Zöller finds at the core of Fichte's Jena systems. The fifth essay, »Willing as Thinking«, explores the account of willing and thinking that Fichte offered in the revisions of and metaphilosophical reflections upon the 1794/95 *Wissenschaftslehre.* These are found chiefly in the two »Introductions« of 1797/98 and the *nova methodo* lectures of 1796/99. These texts focus on the phenomenon of thinking as the entry-point into philosophy (rather than the abstract I and not-I of the earlier version) and the closely associated theme of willing. Starting out, as Kant had, to furnish a system of what is necessary in experience, Fichte calls upon his reader to think for herself the ›ground of experience‹. Such a ground is never actually given or ready to hand, but must be enacted by the individual who is invited to, in Fichte's famous words, »think yourself, and notice how you do this.« This simultaneous abstraction and reflection initiates one into the philosopher's activity, experimentally constructing a pure I that is simple self-positing or self-reversion.

The philosopher's experiment produces »intellectual intuition,« immediate knowledge of the I's original activity, a knowledge not yet worked up by concepts. Like Kant's sensible intuition, this intellectual self-intuition is blind, and needs to have the determinacy of concepts added in order to become what it is: concrete individual subjectivity. Thinking, then, works upon the inchoate presence supplied by intellectual intuition, and brings to a stand, defines and determines the sheer activity of the latter. It proceeds by way of the principle of *determinability* or opposition, the strategy of moving back from every determinate aspect to the unspecified or merely determinable state that preceded it and is its ground. Fichtean ›thinking,‹ argues Zöller thus alternately employs two principles, the principle of grounding and the principle of opposition.

As applied to the I itself or to pure I-hood, thinking involves *agility* or the activity of determination. It consists in a transition or going-over from determinablity to determination on the part of the I, or its unfolding in a progressive series of free self-determinations. In this thinking, the only thing the I intuits is these free activities which, however, all have a double structure: in one aspect the activity is constructive or productive (›real activity‹), while in another it observes itself (›ideal activity‹). That both of these activities can occur only by accompanying one another is the »original duplicity« of the I, the feature whereby it is subject-objectivity. That they are the inevitable features of the sole I that enacts itself is the »absolute identity« of the I. Against this background of the I's original double nature, the closely associated features of *thinking* and *willing* can be displayed. Though one can distinguish deliberation from willing in a narrow sense, Fichte insists that willing is a kind of thinking, viz., selfdetermined thinking. Yet Fichte's whole concept of thinking is volitional in a sense too, since thinking is nothing other than free self-determination. Thinking is, among other things, willing, while willing is always a species of thinking.

Zöller completes this quite abstract account of the interinvolvement of wiling and thinking with an explanation of *pure willing,* the synthesis of absolute freedom and facticity whereby the I finds itself having to freely act within a determinate situation not of its choosing. It is this pure willing that underlies the I's thinking and functions as the explanatory ground of consciousness. Though characterized as volitional (and thus determinable), pure will has an intellectual (or determined) aspect whereby the I appears as a finite I juxtaposed to a plurality of other I's. The social conditions of finite existence, then, represent a ›sensification‹ of the will. Thinking poses the question of how a rational being can explain its possibility; the only answer available is cast in terms of perpetual but oblique reference to a community of consciousness, where the I is always shadowed and summoned by its other, which is equally the I.

The sixth essay returns to familiar ground, but recasts materials already presented under two headings: the character of *consciousness* as both subject and object of its thinking, and the nature of its *thinking* as both real (finite) and ideal (absolute). These themes are pursued especially through the 1796/99 *Wissenschaftslehre nova methodo* lectures. A seventh essay, »Determination to Self-Determination, »picks up the thread of the I's situated willing and follows it through the *Ethics* and the *nova methodo* lectures. Zöller begins by again situating Fichte's philosophy within its Kantian heritage, transcendental philosophy, here interpreted not as a local strategy within the account of cognition, but as a broad framework for explaining human practice in the widest, social-political as well as moral, perspective. Fichte translates Kant's slogan »the primacy of the practical« into a transcendental theory of the subject that underscores the role of will. Zöller begins his account of the practical philosophy with the contentneutral description of the moral law (dating back to the 1793 edition of *Critique of All* Revelation) as a constant striving toward action, driven by an interaction between will as such and a ›sensory drive.‹ For Fichte, a drive endows a presented matter, in this case sensory perceptions, with a form; the synthesis achieved imposes a eudaimonistic calculus on the sensory presentations and imbues the activities of the embodied I with a prudential order. This order is subjected to the I's free choices as well, explained by a pure drive, »willing because one wills.« Both these levels of embodied willing are in turn subject to the absolute spontaneity of a transcendental freedom, which guarantees the independence of the I's practical determination from the laws of nature. It is easy to see that in this early account, Fichte closely follows the path of Kant's moral philosophy.

Zöller turns again to the 1798 *System of Ethics* for a clearer picture of willing. While the 1794/95 *Foundations of the Entire Science of Knowledge* presented a synthesis or ideal unity underlying concrete consciousness, the *Ethics* begins with finite consciousness or subject-objectivity and presents the various activities of the I, theoretical and practical, as so many views or aspects of that ideal unity. The subject as thinking finds itself in the place of the object, as thought, in the situation of willing; the consciousness of this thinking-willing is my first direct self-experience. Claiming he is unable to give a theoretical or real explanation of this situated activity, Fichte appeals to ›intellectual intuition,‹ one's experience of one's self-givenness. Zöller describes this somewhat cryptically as a »voluntaristic conception of thinking and [a] corresponding intellectualistic conception of willing.« Generally following Kant's moral philosophy, Fichte describes this willing as *autonomous* in three distinct ways: it consists in free choices, made under the conceptual determination of the moral law, which in turn furthers the I's basic drive toward self-realization. Fichte followed Reinhold's reading of Kantian practical philosophy in this respect, replacing a moral psychology that opposed a `selfish‹ drive to an ›unselfish‹ drives with a three-part scheme: one basic drive (to self-realization) is doubly instantiated as a ›natural drive‹ (empirical causality as displayed in nature) and a ›purely intellectual drive‹ (the willed impulse toward the execution of an act). Ethical action then becomes a willed appropriation of the natural drive, or the overlay of will upon natural forces. While this account does not explain the particular content of any action, it structurally explains the causal efficacy of free will within a natural order in terms more elegant than Kant's talk of the ›supersensible causality‹ of the will.

Zöller continues this meditation on willing into the *nova methodo* lectures, where the idea of the finitude or situatedness of original willing is spelled out in its mental and corporeal aspects. Fichte here again replaces opaque Kantian talk of supersensible and sensible worlds, but with an equally opaque language of ›ascending‹ and ›descending‹ orders of activity. Zöller points to one virtue of this account, that: Kant's perplexing talk of the noumenal in quasi-ontological terms is turned into a pure exercise of thought: an intelligible world is invoked as a pure *ens rationis* to explain the unexplainable, the original determination of the I to concreteness or physically and socially situated experience.

The collection's final essay, »The Unity of Intelligence and Will«, finally brings Zöller's interpretive thesis to plain statement: Fichte radically extended Kant's program for unearthing the transcendental conditions of experience into an integrated account of the conditioning structures of consciousness and of the worlds of cognition and action to which they give rise. Fichte's effort is nonreductive (and nonfoundational): his account retains the complexity of the two lived worlds even in formulating their principles, so that an »original duplicity of intelligence and will« is offered as the explanation of the interlocked, complementary worlds of experience and freedom. In this culminating essay, Zöller traces the theme of unity and complementarity through the *nova methodo* lectures and the *1800 Vocation of Man.*

In his lectures of 1796/99 on *Wissenschaftslehre,* Fichte introduced a parity of thinking and willing, founded on an analysis of intellect as equally requiring ideal (cognitive) and real (volitional) activities. From the first, however, willing is subordinated to thinking, or cast in the form of thinking. Thought takes willing as its original object and assumes the complicated stance of *willing thought,* or the thinking of willing. Zöller proceeds to explain this complicated idea in two parallel ways: a meditation upon Fichte's noumenalism and one on thinking as synthetic unity.

Fichte's ›noumenalism‹ is a complicated affair, part of an *ascending* account of cognition (and willing) in preindividual or abstract terms. The activity of thinking is to determine the determinable, but thought itself produces the determinable in and through the workings of the imagination. As it delimits and defines the determinate, thinking produces objects or the sense world, but it does so only by juxtaposing it to an intelligible world of *noumena.* ›Noumena‹ signifies not things that are objective and transcendent, as in Kant, but immanent or transcendental structures – similar to Kant's transcendental object or its correlated transcendental subject-that provide, as it were, the template for the synthesis of experience. From a purely transcendental point of view, then, it is a threefold thinking that imbues sensible object with intelligible relations-the thinking of *willing,* of *phenomena,* and of *noumena.* This ascending (or pure transcendental account) of consciousness is mirrored by a *descending* (or transcendental-historical) account, wherein the will is seen to produce first determinateness, then individuality, then concrete situation of its individual *Gestalt* in a spatio-temporal locus. Just as the ascending account subjected the sensible to the intelligible, so the descending account subordinates the intelligible to the sensible and regards the volitional world of individualized consciousness as the materialization or ›sensification‹ of the noumenal.

Much in this account is highly abstract and preliminary. A second section on ›synthetic thinking‹ takes the theme of thinking and willing toward the finite, situated and individual character of self-consciousness. It is synthetic thinking that gives rise first to a series of explanatory (or presupposed) distinctions such as synthesis and analysis, free thinking and constrained thinking, determination and determinacy. These »duplicities« in turn account for the distinctions that characterized finite, individuated consciousness: knowing and willing, mind and body, self and world. The synthetic thinking behind these distinguished items is both formal and material: it produces the determinable as such (Kant's sensible manifold) and determines it through thinking. Synthetic thinking, then, is the *Wissenschaftslehre nova methodo's* replacement for the cumbersome and abstract triple positings of the 1794/95 *Grundlage.*

The ›thinking‹ of synthetic thinking both introduces finitude and temporality into pure will, and prescribes the law of finite being as well: *to be determined to self-determination.* It poses the original limitation of willing or the primary task of acting over against that limitation. Zöller explains how this unfolds as *feelling,* the situated character of finite individuality, and how this is further specified as ›solicitation to freedom‹. Willing realizes itself as a community of individuals in dynamic interaction; the concrete or appearing form of individual consciousness is a finite willing, challenged to free activity in interaction with other similar beings. Personality thus manifests within *interpersonality,* subjectivity within *intrasubjectivity.* Other wills function in the second Jena *Wissenschaftslehre* as noumena, meaning both entities of thought and entities that are in their own right thinking beings. If individuation involves being determined by an other whom I think, ultimately individuation is fully accounted for by an ultimate Other, a first individual, an incomprehensible or inexplicable being. Nonetheless, insists Zöller, all of this explanation is deployed within the space of thinking or pure willing, or as Fichte put it, »Everything is appearance, even the I itself.« The determining dual aspects, the others, the transphenomenal ultimate Other are all noumena-entities presupposed *by* and determined *inside* thinking. Though it gets noticeably harder to detect Kant in the background, all of Fichte's moves in the second Jena system are still transcendental explanation: seeing what must be presupposed within consciousness in order to explain the very consciousness one is experiencing.

Zöller closes off this difficult but valuable chapter with a brief investigation of the popular 1800 essay, *Vocation of Man.* Fichte there integrates basic descriptions of the cognitive terrain (»knowledge«) and of the moralpractical domain (now called »faith«) with meditations on freedom and the ultimate ground of interpersonal community. These latter show the influence of Jacobi's »philosophy of faith,« and respond to some of the charges raised against transcendental idealism in the

Atheismusstreit that forced Fichte to migrate from Jena to Berlin. They also prefigure the different and difficult turn Fichte's thinking takes in 1801, where the nonfinite ground of individuation and the interpersonal character of finite thinkers relative to one another are explained as an »intelligible world.« Zöller claims this essay recaptures some of the early influence that Jacobi's essays and novels had worked on Fichte, moderating the claims of reason or knowledge in favor of those of feeling and belief. Jacobi's influence may also explain some of the proto-romantic or proto-existential cast of Fichte's thought.

What can be said of Zöller's efforts in this book? That the individual essays are careful, that individual items within Fichte‹ thinking are brought to lucid account is beyond doubt. No can one fault the book on the grounds of omission: all of the themes, the major explanatory strategies Fichte employs, all of his proliferating terminology are brought into the tapestry of the discussion.

One cannot help wishing, however, that Zöller had written one book instead of collecting eight essays-were it possible for him to do so. The fact that Fichte himself was forever incapable of producing a final presentation of *Wissenschaftslehre,* that his philosophy remained ever project and not product testifies against that possibility. As Zöller rightly emphasizes, the wish to represent and explain the complexity of consciousness without reduction or oversimplification is essential to Fichte's vision of his task. A false philosophy can be simple, and a simple philosophy is likely to be false to what it represents and explains. At least as Fichte does it, philosophical thinking is both free and overdetermined. I doubt that there is a way for the scholar to avoid the excesses of Fichte's thinkingtoo many explanations, too many levels of analysis, too much argumentation, too many synonymous terms and two many complementary (or ›duplicitous‹) explananda and still engage its core. Zöller's plural essays are valuable, each by itself and all taken together. Each will repay the reader's serious effort. I have tried to summarize each essay extensively so that each reader can choose the thread she judges most reliable to gain entrance to the labyrinth; whether she can emerge again from the labyrinth, once entered, is best judged empirically.

Michael Vater (Milwaukee)

Civil Society, Religion, and the Nation

Modernization in Intercultural Context
Russia, Japan, Turkey

Edited by Gerrit Steunebrink and Evert van der Zweerde
Assistant Editor: Wout Cornelissen

Amsterdam/New York, NY 2004. XVI, 328 pp.
(Studien zur Interkulturellen Philosophie/Studies in Intercultural Philosophy/Etudes de philosophie interculturelle 14)

ISBN: 90-420-1665-5 € 70,-/US $ 98.-

Japan, Russia, and Turkey are major examples of countries with different ethnic, religious, and cultural background that embarked on the path of modernization without having been colonized by a Western country. In all three cases, national consciousness has played a significant role in this context. The project of Modernity is obviously of European origin, but is it essentially European? Does modernization imply loss of a country's cultural or national identity? If so, what is the "fate" of the modernization process in these cases? The presence of the idea and reality of civil society can be considered a real marker of Modernity in this respect, because it presupposes the development of liberalism, individualism and human rights. But are these compatible with nationalism and with the idea of a national religion?

These questions are the more pressing, as Japan is considered part of the Western world in many respects, and Russia and Turkey are defining their relation to the European Union in different ways. An investigation of these three countries, set off against more general reflections, sheds light on the possibilities or limitations of modernization in a non-European context.

USA/Canada: 906 Madison Avenue, UNION, NJ 07083, USA
Call toll-free (USA only)1-800-225-3998, Tel. 908 206 1166, Fax 908-206-0820
All other countries: Tijnmuiden 7, 1046 AK Amsterdam, The Netherlands.
Tel. ++ 31 (0)20 611 48 21, Fax ++ 31 (0)20 447 29 79
Orders-queries@rodopi.nl **www.rodopi.nl**
Please note that the exchange rate is subject to fluctuations

Philosophie, Gesellschaft und Bildung in Zeiten der Globalisierung

Herausgegeben von Hermann-Josef Scheidgen, Norbert Hintersteiner und Yoshiro Nakamura

Amsterdam/New York, NY 2005. 348 pp.
(Studien zur Interkulturellen Philosophie 15)

ISBN: 90-420-1785-6 € 70,-/US $ 98.-

Der Begriff „Globalisierung" wird zunehmend nicht nur in den Disziplinen der Ökonomie und der Kommunikationswissenschaft diskutiert, sondern auch in den Gesellschafts- und Erziehungswissenschaften sowie insbesondere in der Interkulturellen Philosophie. Der Diskurs über Globalisierung verläuft dabei teilweise analog demjenigen über Inter- und Multikulturalität.
Die Beiträge dieses Bandes geben ein breites Spektrum wieder. Sie reichen von der Konstatierung der Globalisierung als einer Rahmenbedingung, zu der man sich als Wissenschaftler reflexiv oder reaktiv zu verhalten habe, über die Analyse diverser Teilaspekte und über visionäre Einforderungen utopischer Globalisierungsauslegungen bis zur Negierung ihrer erkenntnistheoretischen Bedeutung. Das Gemeinsame dieser Vielfältigkeit ist die Bestimmung des Globalen als eines Szenarios der Begegnung.

USA/Canada: 906 Madison Avenue, Union, NJ 07083, USA.
Fax: (908) 206-0820 Call toll-free: 1-800-225-3998 (USA only)
All other countries: Tijnmuiden 7, 1046 AK Amsterdam, The Netherlands.
Tel. ++ 31 (0)20 611 48 21, Fax ++ 31 (0)20 447 29 79
Orders-queries@rodopi.nl **www.rodopi.nl**
Please note that the exchange rate is subject to fluctuations

Whewell's Critics

Have They Prevented Him from Doing Good?

John Wettersten

Amsterdam/New York, NY 2004. 429 pp.
(Poznań Studies in the Philosophy of the Sciences and the Humanities 85)

ISBN: 90-420-1644-2 Bound € 100,-/US $ 135.-

Contents